AF493830

MANUEL-FORMULAIRE

DES

OFFICIERS DE L'ÉTAT CIVIL

PAR

A. DE TAILLANDIER

ANCIEN RÉDACTEUR AU MINISTÈRE DE LA JUSTICE
CONSEILLER A LA COUR D'APPEL DE RIOM

CINQUIÈME ÉDITION

PARIS
DIRECTION DES PUBLICATIONS ADMINISTRATIVES
ET
BIBLIOTHÈQUE MUNICIPALE ET RURALE
22, RUE CAMBACÉRÈS, 22

1913

MANUEL-FORMULAIRE

DES

OFFICIERS DE L'ÉTAT CIVIL

MANUEL-FORMULAIRE

DES

OFFICIERS DE L'ÉTAT CIVIL

CHAPITRE PREMIER

RÈGLES GÉNÉRALES

SECTION PREMIÈRE

PERSONNES CHARGÉES DE RECEVOIR LES ACTES DE L'ÉTAT CIVIL

1. — Les actes de l'état civil sont reçus par le maire ou par l'adjoint (L. 28 pluviôse an VIII, art. 13 et 16) (V. nos 2, 7 et 8). Voir pour les actes dressés à l'étranger, en mer ou aux armées, les nos 224, 227, 264, 669

Les officiers de l'état civil ne peuvent agir que dans leur commune.

Ils doivent s'abstenir de dresser les actes intéressant leur famille (Lettres min. just., 25 février et 21 juillet 1808, 16 novembre 1824).

§ 1er. — *Délégation donnée par le maire.*

2. — Le maire peut déléguer par arrêté ses fonctions à un ou plusieurs de ses adjoints et, en l'absence ou en cas d'empêchement des adjoints, à des membres du conseil municipal. Ces délégations subsistent tant qu'elles ne sont pas rapportées (L. 5 avril 1884, art. 82).

3. — La question de savoir dans quelles conditions le maire, qui est chargé spécialement du service de l'état civil, a la faculté de déléguer à ses adjoints et aux membres du conseil municipal les pouvoirs dont il est investi, s'était déjà posée lors d'un procès auquel avait donné lieu la célébration d'un mariage à Montrouge par un membre du conseil municipal délégué par le maire pour procéder aux mariages. Par arrêt du 7 août 1883, la Cour de cassation avait décidé que la faculté de délégation donnée au maire, et dont il lui appartient d'user de sa propre initiative, était distincte du cas où le législateur, en prévision de l'absence légitime ou de l'empêchement de cet officier public et pour éviter toute interruption dans le service de l'état civil, a pris soin d'y pourvoir en désignant lui-même les citoyens qui seraient de droit substitués au maire. Elle ajoutait que si ce pouvoir de délégation était soumis dans son exercice à certaines règles et si le maire devait suivre l'ordre établi par la loi, une irrégularité dans la délégation ne saurait avoir pour effet d'enlever au membre de la municipalité, désigné par le maire pour le remplacer, la capacité nécessaire pour remplir les fonctions d'officier de l'état civil et ne saurait entraîner la nullité des actes auxquels il a concouru en cette qualité.

Cet arrêt de la Cour de cassation rendu avant

la promulgation de la loi du 5 avril 1884 n'a donc pas déclaré la nullité d'un mariage célébré à Paris par un conseiller municipal, délégué par le maire, alors que l'adjoint au maire n'était ni absent, ni empêché.

Néanmoins le ministre de la Justice avait adressé déjà au préfet de la Seine des instructions ainsi conçues :

« Un arrêté, par lequel un maire charge un membre du conseil municipal de remplir, par suite d'empêchement du maire et des adjoints, les fonctions de l'état civil, ne doit pas être revêtu de l'approbation préfectorale, sa mise à exécution présenterait de graves dangers.

« Les adjoints au maire sont investis du caractère d'officiers municipaux, et, comme conséquence, le maire peut, par un arrêté permanent, se départir de ses fonctions de l'état civil pour les attribuer à l'un d'eux, lequel devient son représentant en vertu de cette délégation. Il n'en est pas de même d'un conseiller municipal. Aux termes des lois du 20 septembre 1792 (Art. 24), du 21 mars 1831 (Art. 3) et du 9 mai 1866 (Art. 4), si le maire et les adjoints se trouvent légalement empêchés ou absents, ils peuvent, il est vrai, être remplacés par un conseiller municipal dans l'ordre du tableau ; mais, dans ce cas, il ne s'agit pas d'une délégation du maire, mais d'une délégation légale prévue pour un cas déterminé, afin d'empêcher toute interruption dans le service de l'état civil.

« La portée de cette délégation ne peut être étendue. On ne peut admettre, en effet, que les officiers municipaux d'une commune aient des empêchements légitimes qui les dispensent, d'une façon permanente, de remplir l'une des principales obligations inhérentes à leurs fonctions. En fut-il ainsi, qu'il ne peut appartenir au maire de le prévoir par avance. Ce magistrat peut exceptionnellement remettre le service de l'état civil à l'un des conseillers municipaux, dans les cas prévus par la loi; il n'y a pas à proprement dire une délégation; mais il excède ses pouvoirs lorsqu'il investit un conseiller municipal des fonctions permanentes de l'état civil. En ce qui concerne les mariages, notamment, la présence d'un officier de l'état civil est un élément essentiel à l'existence du mariage; or il n'y a d'officiers d'état civil que ceux auxquels la loi confère cette qualité » (V. n° 7).

4. — Les adjoints ne peuvent remplir concurremment avec le maire les fonctions d'officier de l'état civil qu'en vertu d'une délégation spéciale du maire, et ils doivent faire mention de cette délégation de pouvoirs dans les actes qu'ils délivrent (Circ. min. just., 30 juillet 1807).

5. — A Paris, les adjoints peuvent exercer sans délégation du maire et simultanément avec lui les fonctions d'officier de l'état civil (Avis du Conseil d'Etat, 8 mars 1808).

6. — A Lyon, le maire délègue spécialement deux de ses adjoints dans chacun des six arrondissements de la ville. Ils sont chargés de la tenue des registres de l'état civil (L. 5 avril 1884, art. 73).

FORMULE D'ARRÊTÉ DE DÉLÉGATION[1]

Nous, maire de la commune de........

Vu l'article 13 de la loi du 28 pluviôse an VIII et l'article 82 de la loi du 5 avril 1884[2] :

Arrêtons :

M........, premier adjoint au maire de la commune de........, est délégué, pour exercer, en notre lieu et place, les fonctions d'officier de l'état civil de ladite commune.

Fait à........, le........

Le maire,
(*Signature et cachet.*)

7. — Les articles 82 et 84 de la loi du 5 avril 1884 règlent deux situations bien distinctes. Le premier autorise le maire à déléguer par arrêté une partie de ses fonctions à un ou plusieurs de ses adjoints, et, en cas d'absence ou d'empêchement des adjoints, à des membres du conseil municipal; cette disposition, loin d'être faite pour le cas d'absence du maire, suppose au contraire sa présence dans la commune, puisque c'est sous sa surveillance et sa responsabilité que l'adjoint ou

1. Cet arrêté doit être inscrit sur le registre de la mairie. Une expédition en est adressée au sous-préfet ou, si la commune dépend de l'arrondissement chef-lieu, au préfet. Une expédition doit être annexée aux registres de l'état civil.

2. Dans le cas où la délégation serait donnée à un conseiller municipal en cas d'empêchement des adjoints, il faudrait ajouter un considérant spécial : « En raison de l'empêchement de nos (*ou* notre) adjoints. »

le conseiller municipal délégué remplit la part des fonctions qui lui a été attribuée; elle implique encore pour le maire le droit de choisir parmi ses adjoints, et, en cas d'absence ou d'empêchement des adjoints, parmi les membres du conseil municipal, celui qui lui paraît le plus apte à s'acquitter des devoirs dont il entend se décharger. Le cas d'absence ou d'empêchement du maire est prévu par l'article 84, qui dispose que ce magistrat municipal est provisoirement remplacé dans la plénitude de ses fonctions par un adjoint, dans l'ordre des nominations, et, à défaut d'adjoint, par un conseiller municipal délégué par le conseil, sinon pris dans l'ordre du tableau; dans cette hypothèse, un conseiller municipal peut valablement procéder à un acte rentrant dans les attributions du maire, lorsque les adjoints et les conseillers inscrits avant lui sur le tableau sont absents ou empêchés (Crim., 14 février 1901).

§ 2. — *Absence ou empêchement du maire.*

8. — En cas d'absence, de suspension, de révocation ou de tout autre empêchement, le maire est provisoirement remplacé dans la plénitude de ses fonctions par un adjoint, dans l'ordre des nominations, et, à défaut d'adjoint, par un conseiller municipal désigné par le conseil, sinon pris dans l'ordre du tableau (L. 5 avril 1884, art. 84).

9. — Les adjoints ou les conseillers municipaux qui remplacent le maire absent ou empêché tiennent donc leurs pouvoirs de la loi elle-même et n'ont pas besoin d'être délégués pour suppléer légalement le maire (V. n° 7).

10. — Les maires et adjoints continuent l'exercice de leurs fonctions sauf les dispositions des articles 80, 86 et 87 de la loi du 5 avril 1884, jusqu'à l'installation de leurs successeurs.

Toutefois, en cas de renouvellement intégral, les fonctions de maire et d'adjoints sont, à partir de l'installation du nouveau conseil jusqu'à l'élection du maire, exercées par les conseillers municipaux dans l'ordre du tableau (L. 5 avril 1884, art. 81).

11. — En cas de dissolution d'un conseil municipal ou de démission de tous ses membres en exercice, et lorsqu'un conseil municipal ne peut être constitué, une délégation spéciale en remplit les fonctions (Même loi, art. 44). En ce cas, le président et, à son défaut, le vice-président de la délégation spéciale remplit les fonctions de maire (Même loi, art. 87). Ses fonctions prennent fin dès l'installation du nouveau conseil.

12. — Les démissions des maires et adjoints sont adressées au sous-préfet; elles sont définitives à partir de leur acceptation par le préfet, ou à défaut de cette acceptation un mois après un nouvel envoi de la démission constaté par lettre reccommandée (L. 8 juillet 1908).

Le maire ou l'adjoint démissionnaire conserve, en principe, l'exercice de ses fonctions jusqu'à l'installation de son successeur, à moins qu'il ne soit autorisé ou contraint par le préfet à remettre son service à son suppléant, conformément à l'article 84 de la loi du 5 avril 1884 (Avis de la section de l'intérieur du Conseil d'Etat des 13, 14 et 20 janvier 1885).

Le maire ou l'adjoint dont l'élection, soit comme maire ou adjoint, soit comme conseiller municipal, a été annulée doit cesser l'exercice de ses fonctions dès la notification de l'arrêt qui a définitivement prononcé l'annulation (Même avis).

Aux termes de l'article 81, § 2 de la loi du 5 avril 1884, les maires et adjoints continuent l'exercice de leurs fonctions jusqu'à l'installation de leurs successeurs, sauf les dispositions des articles 80, 86 et 87 de la même loi : ces trois exceptions à la règle générale visent exclusivement les cas d'incompatibilité, ceux de suspension ou de révocation, et celui où, après dissolution d'un conseil municipal ou démission de tous ses membres, une délégation spéciale a été nommée pour en remplir les fonctions. La disposition de l'article 84 de ladite loi portant qu'en cas d'absence, de suspension ou de tout autre empêchement, le maire est provisoirement remplacé dans la plénitude de ses fonctions par un adjoint dans l'ordre des nominations ou à défaut d'adjoint par un conseiller municipal désigné par le conseil, sinon pris dans l'ordre du tableau, est dès lors sans application au maire volontairement démissionnaire qui ne doit cesser ses fonctions qu'à la date où son successeur commence les siennes (Cass., 2 mai 1910).

§ 3. — *Refus ou négligence du maire.*

13. — Dans le cas où le maire refuserait ou négligerait de faire un des actes qui lui sont prescrits par la loi, le préfet peut, après l'en avoir requis, y procéder d'office par lui-même ou par un délégué spécial (L. 5 avril 1884, art. 85).

C'est ainsi que les actes de l'état civil reçus par un sous-préfet délégué par le préfet, à l'effet de gérer les affaires d'une commune sur le refus des conseillers municipaux, sont réguliers.

§ 4. — *Adjoint spécial.*

14. — Lorsqu'un obstacle quelconque ou l'éloignement rend difficiles, dangereuses ou momentanément impossibles les communications entre le chef-lieu et une fraction de commune, un poste d'adjoint spécial peut être institué, sur la demande du conseil municipal, par un décret rendu en conseil d'Etat. Cet adjoint, élu par le conseil, est pris parmi les conseillers et, à défaut d'un conseiller résidant dans cette fraction de commune, ou s'il est empêché, parmi les habitants de la fraction. Il remplit les fonctions d'officier de l'état civil (L. 5 avril 1884, art. 75).

§ 5. — *Employés des mairies.*

15. — En aucun cas les employés des mairies ne peuvent remplacer les membres de la municipalité pour la réception ou la délivrance des actes de l'état civil ou de leurs extraits ; ces employés n'ayant aucun caractère public ne peuvent donner l'authenticité aux actes (Avis du Conseil d'Etat, 6 juin et 2 juillet 1807).

SECTION II

FORMES GÉNÉRALES DES ACTES

§ 1er. — *Lieu où sont dressés les actes*

16. — En aucun cas, un maire ne peut astreindre ses administrés à se transporter à son domicile particulier pour les déclarations de l'état civil (Trib. Laon, 19 janvier 1883).

17. — Dans les villes et localités importantes, où les bureaux de la mairie sont ouverts au public pendant toute la journée, les déclarations sont reçues jusqu'à leur fermeture par le secrétaire ou l'employé chargé des écritures relatives au service de l'état civil. — L'acte inscrit sur les registres est ensuite revêtu de la signature du maire ou celle de l'adjoint remplissant, par délégation spéciale ou en cas d'absence ou d'empêchement du maire, les fonctions d'officier de l'état civil (V. n° 47).

Cette pratique, bien qu'elle soit d'un usage courant, n'en constitue pas moins une flagrante irrégularité puisque les employés de mairie ne peuvent pas remplacer les membres de la municipalité et que la présence de l'officier de l'état civil est nécessaire pour donner l'authenticité à l'acte (V. n° 15).

18. — Dans les petites communes où les bureaux de la mairie ne sont pas ouverts d'une manière permanente, le maire, qui ne saurait être obligé de se tenir à toute heure de la journée à la disposition de ses administrés, peut prendre un arrêté ainsi libellé[1] :

Nous, maire de la commune de........
Vu l'article 94 de la loi du 5 avril 1884;

Arrêtons :

Le secrétariat de la mairie de........ sera ouvert tous les jours de *deux* heures à *cinq* heures, pour la réception des actes de l'état civil et de toutes communications intéressant le public.

Fait à........, le........

Le maire,
(*Signature et cachet.*)

§ 2. — *Enonciation des actes.*

19. — Les actes de l'état civil énonceront l'année, le jour et l'heure où ils seront reçus, les prénoms, nom, âge, profession et domicile de tous ceux qui y seront dénommés (Art. 34 du Code civil).

20. — L'indication des divisions géographiques (département, arrondissement et canton) relatives à la commune où l'acte est reçu devra

1. Une expédition de l'arrêté, accompagnée d'un certificat d'affiches et de publications, est adressée au sous-préfet ou, si la commune dépend de l'arrondissement chef-lieu, au préfet. L'arrêté est exécutoire un mois après, sauf abréviation du délai par le sous-préfet ou le préfet.

être portée *une fois pour toutes* en tête du registre. Il est inutile de la reproduire dans le corps de chaque acte; on la portera sur chaque expédition, s'il est nécessaire, en tête et à gauche de la première feuille, que la délivrance en soit faite à la mairie ou au greffe du tribunal.

L'obligation d'indiquer le jour comprend virtuellement l'indication du mois. L'énonciation de l'heure ne résulterait pas de cette formule vague : avant ou après midi.

a) *Qualités des officiers de l'état civil.*

21. — L'indication des noms, prénoms et qualités du fonctionnaire qui a dressé l'acte est conforme à la lettre de l'article 34 du Code civil (Circ. préf. Seine, 20 déc. 1880), mais à l'exception des actes de mariage, le nom du maire figurera seulement à la fin de l'acte pour permettre de ne l'énoncer qu'au moment où sa signature sera apposée.

Lorsque les fonctions d'officier de l'état civil sont remplies par un adjoint ou un conseiller municipal, il convient de mentionner que c'est par délégation ou pour cause d'empêchement du maire.

Voici les formules à employer pour la désignation de l'officier de l'état civil. A Paris la formule est invariable pour l'intervention du maire ou des adjoints, ceux-ci ayant comme le maire, qualité personnelle d'officier de l'état civil. Hors Paris la formule variera suivant les cas.

A. — Maire.

Nous, *Adrien Chennevières, maire de Saint-Lubin-de-Cravant........*

B. — Adjoint.

Délégation du maire.

1° Nous, *Adrien Chennevières, adjoint au maire de Limoges, officier de l'état civil par délégation,.......*

Maire absent ou empêché.

2° Nous, *Adrien Chennevières, premier adjoint au maire de Limoges, officier de l'état civil en l'absence* (ou *par empêchement*) *du maire,........*

Second adjoint.

3° Nous, *Adrien Chennevières, deuxième adjoint au maire de Limoges, officier de l'état civil en l'absence du maire et par empêchement du premier adjoint,........*

Adjoint spécial.
(*Art. 75 de la loi du 5 avril 1884.*)

4° Nous, *Adrien Chennevières, adjoint spécial au maire de Châteaumont pour la section de la Fourche,........*

C. — Délégué provisoire.
(*Art. 44 de la loi municipale de 1884.*)

Nous, *Adrien Chennevières, président de la délégation provisoire, officier de l'état civil de la commune de Revercourt,........*

D. — Conseiller municipal.

Délégation du maire.

Nous, *Adrien Chennevières, conseiller municipal de La Seyne-sur-Mer, officier de l'état civil par délégation du maire et en l'absence* (ou *par empêchement*) *de l'* (ou *des*) *adjoint* (s)*,........*

Maire et adjoint absents ou empêchés.

Nous, *Adrien Chennevières, conseiller municipal de La Seyne-sur-Mer, officier de l'état civil désigné par* { *le Conseil* ou *son rang d'inscription au tableau* } *en l'absence* (ou *par empêchement*) *du maire et de l'adjoint* (*ainsi que des conseillers inscrits avant lui*, s'il n'y a pas eu désignation par le conseil et qu'il ne soit pas le premier inscrit)....

E. — Agents diplomatiques ou consulaires.

Noms (prénoms et nom) { *ambassadeur* / *ministre* / *consul* / *vice-consul* } *de France à...*, officier de l'état civil.

Dans cette hypothèse les mots « en notre maison commune » seront remplacés par « en la chancellerie de notre poste » pour la célébration des mariages.

b) *Qualités des comparants.*

22. — En ce qui concerne les *prénoms*, ils doivent précéder et non suivre le nom patronymique (Art. 34, 57, 63, 71, 79, etc... du Code civil). Il ne devra y avoir de trait d'union entre deux prénoms que s'ils forment par leur réunion un prénom unique. Exemple : Jean-Baptiste, Marie-Louise, mais non Edouard-Edmond, à moins que telle n'ait été la volonté formelle du déclarant lors de l'acte de naissance.

En ce qui concerne *l'âge*, il doit, en principe, être indiqué par le mot « ans ». Toutefois dans les hypothèses qui seront énumérées par la suite, la formule sera : « né à... le... ».

En ce qui concerne les *professions*, la mention « sans profession » est superflue pour les enfants âgés de moins de treize ans. — Aucune profession ne doit être indiquée pour les personnes déjà décédées, si ce n'est, dans l'acte de décès, pour celui qui vient de mourir. L'observation s'applique surtout aux parents et grands-parents. — Lorsque le mari et la femme exercent la même profession (domestiques, concierges, ouvriers ou employés dans la même maison ou dans des maisons similaires), il suffit d'énoncer une seule fois cette profession, avec le signe du pluriel, après la désignation des deux époux.

En ce qui concerne le *domicile*, aucun domicile ne doit être indiqué pour les personnes déjà décédées, sauf la restriction indiquée ci-dessus pour la profession. Le mot domicile ne doit pas être pris dans son sens strictement légal : il signifie résidence ou habitation momentanée.

23. — Les actes doivent mentionner les qualités des comparants lorsqu'elles sont de nature à compléter la constatation de leur individualité. Il en est ainsi, notamment, du titre de membre de la Légion d'honneur (Circ. min. just., 3 juin 1807).

La Légion d'Honneur et la Médaille Militaire devront, à l'exclusion de toute autre décoration, être indiquées obligatoirement pour toute personne nommée dans un acte de l'état civil : officier de l'état civil, partie, déclarant ou témoin.

c) *Titres nobiliaires.*

24. — Aucune partie ne doit recevoir dans les actes d'autres titres que ceux qui lui sont attribués à elle personnellement par des actes réguliers, tels que : lettres patentes, décrets, brevets ou actes d'investiture, décisions judiciaires, actes de l'état civil reproduisant énonciations d'actes authentiques antérieurs à 1789, autorisations spéciales et personnelles accordées par le chef du Gouvernement. L'usage, les traditions de famille, la possession ne sauraient suppléer à la production d'actes réguliers s'appliquant à la personne même qui figure dans l'acte de l'état civil, soit comme partie, soit comme déclarant, soit comme témoin (Circ. min. just., 22 juillet 1874, *Rec. off. des circ.*, tome Ier, p. 308).

d) *Limitations des insertions.*

25. — Les officiers de l'état civil ne pourront rien insérer dans les actes qu'ils recevront, soit par note, soit par énonciation quelconque, que ce qui doit être déclaré par les comparants (Art. 35 du Code civil).

26. — Ils doivent donc éviter d'énoncer des déclarations qui ne sont pas nécessaires au but que se proposent les parties, c'est-à-dire à la preuve de l'événement constaté. Un témoin ne pourrait, par exemple, faire insérer sa prétendue qualité de fils légitime ou naturel de telle personne, puisque l'article 34 exige seulement les noms, prénoms, âge, profession et domicile des personnes dénommées aux actes.

§ 3. — *Comparution par mandataire.*

27. — Dans les cas où les parties intéressées ne seront pas obligées de comparaître en personne, elles pourront se faire représenter par un fondé de procuration spéciale et authentique (Art. 36 du Code civil).

28. — La procuration spéciale est celle qui est donnée exclusivement pour l'objet en vue duquel et pour lequel la partie intéressée se fait représenter.

29. — La procuration authentique est celle qui est faite par acte devant notaire.

En temps de guerre ou pendant une expédition, les actes de procuration consentis ou passés par les militaires, les marins de l'Etat ou les personnes employées à la suite des armées ou embarquées à bord des bâtiments de l'Etat, peuvent être dressés par les autorités indiquées au n° 224 (L. du 8 juin 1893).

30. — La procuration doit être établie sur papier timbré (L. 13 brumaire an VIII, art. 12 et 13) et être enregistrée (L. 28 avril 1816, art. 43, n° 17 ; L. 28 février 1872, art. 4 ; L. 6 prairial an VII ; L. 23 août 1871, art. 1er ; L. 30 décembre 1873, art. 2).

31. — Un modèle de formule est donné aux actes de reconnaissance pour une reconnaissance faite en vertu d'une procuration.

§ 4. — *Témoins.*

32. — Les témoins produits aux actes de l'état civil devront être âgés de vingt et un ans au moins, parents ou autres, sans distinction de sexe; ils seront choisis par les personnes intéressées. Toutefois, le mari et la femme ne pourront être témoins ensemble dans le même acte (Art. 37 du Code civil, modifié par la loi du 9 décembre 1897).

33. — Actuellement les témoins comme les déclarants peuvent être du sexe féminin. Ils doivent être majeurs tandis que les déclarants peuvent être mineurs.

34. — Il n'est pas nécessaire que les témoins soient Français, qu'ils sachent signer et soient domiciliés dans la circonscription communale.

35. — Ne peuvent être témoins les individus frappés de dégradation civique ou de l'interdiction légale prononcée en vertu de l'article 42 du Code pénal.

36. — Rien ne s'oppose non plus à ce que les personnes intéressées, parents ou autres, figurent dans les actes en qualité de témoins (V. n° 540), mais le mari et la femme ne peuvent être témoins dans le même acte.

37. — Aucune loi n'impose l'obligation d'être témoin dans un acte de l'état civil.

38. — Si les comparants ne peuvent se procurer des témoins, l'officier de l'état civil peut en appeler. Dans le cas où ceux qu'il appelle refuseraient leur témoignage, il constaterait le fait et la mention ainsi faite sur les registres couvrirait suffisamment sa responsabilité.

§ 5. — *Lecture des actes.*

39. — L'officier de l'état civil donnera lecture des actes aux parties comparantes ou à leur fondé de procuration et aux témoins. Il sera fait mention de l'accomplissement de cette formalité (Art. 38 du Code civil).

40. — La mention de lecture doit clore l'acte et, par conséquent, suivre les énonciations autres que celles relatives aux signatures.

41. — Dans les provinces où la langue française n'est pas familière au peuple, les officiers de l'état civil doivent aussi donner l'interprétation de l'acte dans l'idiome du pays, afin de s'assurer qu'il est compris par ceux qui le signent ; ils en feront mention dans l'acte.

§ 6. — *Signature des actes.*

42. — Les actes seront signés par l'officier de l'état civil, par les comparants et les témoins ; ou mention sera faite de la cause qui empêchera les comparants et les témoins de signer (Art. 39 du Code civil).

FORMULES RELATIVES AU DÉFAUT DE SIGNATURE

Si l'acte est un acte de mariage, la formule sera par exemple :

Lecture faite, les époux et les témoins ont signé avec nous, *à l'exception* { *de l'époux* / *de Fernand-Louis Jugaud*[1] } *qui a déclaré ne* { *savoir signer* / *pouvoir signer pour cause d'infirmité.* }

Si l'acte est l'un de ceux où la signature du maire se trouve à la fin, la formule sera légèrement différente. Supposons un acte de naissance où le déclarant dit ne savoir signer; la fin sera ainsi rédigée :

En présence de........ (*les deux témoins*) qui, lecture faite, ont signé avec nous *Victor*, etc....... maire de........, le déclarant ne sachant signer.

(*Signature du maire et des deux témoins.*)

43. — La signature doit consister dans l'apposition du nom de la partie, du témoin ou de l'officier de l'état civil. Un simple paraphe ou un signe conventionnel, tel qu'une croix, serait insuffisant. L'officier public devrait faire la mention d'empêchement pour cause d'ignorance.

44. — L'officier de l'état civil doit toujours signer le dernier après les témoins, sa signature devant clore l'acte. Aucune signature autre que celles déterminées par la loi ne doit être apposée au bas de l'acte (Circ. préf. Seine, 20 décembre 1880).

1. L'un des témoins.

45. — L'officier de l'état civil qui a commis la grave irrégularité de ne pas signer les actes immédiatement peut la réparer en les signant après coup. S'il est décédé, on ne saurait demander aux tribunaux un jugement autorisant le nouveau maire à signer les actes restés imparfaits. Le nouveau maire n'a nullement qualité pour dresser et signer, même avec l'autorisation du tribunal, un acte ou une série d'actes qu'il n'a pas reçus, dont les constatations lui sont étrangères et dont il ne peut, par conséquent, en aucune façon certifier l'authenticité. Il convient donc en pareil cas de procéder conformément au principe posé par l'article 46 du Code civil et de suivre la marche indiquée par les articles 99 et 100 du même Code (Instructions min. just., *Bull. off. du min.*, 1877, p. 122 et 123, et 1878, p. 88).

§ 7. — *Ratures et renvois.*

46. — Si dans l'instant qui suit la rédaction de l'acte, on s'aperçoit d'une erreur, rien n'empêche de la rectifier tout de suite avec le concours de tous ceux qui ont été présents; hors ce cas, il faut un jugement de rectification (Lettre min. just., 28 prairial an XIII).

47. — Les ratures et les renvois seront approuvés et signés de la même manière que le corps de l'acte. Il n'y sera rien écrit par abréviation, et aucune date ne sera mise en chiffres (Art. 42 du Code civil, *in fine*).

FORMULES D'APPROBATION DES RATURES ET RENVOIS

RATURE

Approuvé la rature de (en lettres) mots :

(Signature des témoins, des parties et du maire.)

RENVOI

Approuvé le renvoi ci-dessus.

(Signature des témoins, des parties et du maire.)

48. — Les interlignes et les surcharges sont défendus, bien que le Code n'en parle pas. Dans tous les cas, un renvoi doit être opéré.

49. — Lorsque l'inscription d'un acte sur les registres reste inachevée, l'officier de l'état civil est obligé de mentionner la cause de l'imperfection : il signe et date cette mention (Circ. min. just., 18 février 1818).

50. — Il n'y a pas lieu de tenir compte d'une mention d'annulation apposée en marge d'un acte par l'officier de l'état civil ni des barres indûment apposées sur l'acte si l'annulation ne résulte pas d'un jugement.

§ 8. — *Espace blanc dans les actes.*

51. — Aux termes de l'article 42 du Code civil, § 1er, les actes doivent être inscrits sur les registres de suite, sans aucun blanc. Cette règle, qui littéralement ne vise que les actes considérés dans leur ensemble, a toujours été étendue aux énonciations qu'ils renferment (Circ. préf. Seine, 20 décembre 1830).

§ 9. — *Encre à employer pour l'inscription des actes.*

52. — Les encres d'aniline, quelle que soit leur couleur, n'ont aucune fixité; elles n'entament pas le papier; elles disparaissent complètement par de simples lavages soit à l'eau pure, soit à l'eau ammoniacale, sans altération des papiers qu'elles recouvrent; enfin, elles s'effacent et disparaissent sous l'action prolongée de la lumière et de l'humidité. Elles sont donc bien loin de présenter cette garantie sérieuse de conservation qui est la première qualité d'une encre servant à l'écriture des actes publics et, de plus, elles se prêtent très facilement aux tentatives de faux. — Ce ne sont pas d'ailleurs les seules encres dont l'emploi soit dangereux; on peut en dire autant, à des degrés divers, de la plupart des produits de couleurs variées, qui, depuis une quinzaine d'années surtout, ont remplacé l'encre au tanin et au sulfate de fer employée jusque-là d'une façon presque exclusive dans les écritures publiques et privées. (Rapport de M. Debray, membre de l'Institut, au comité consultatif des arts et manufactures.)

Les officiers publics doivent donc s'abstenir pour l'écriture de leurs actes et pour leurs sceaux humides d'employer les encres d'aniline. — D'après l'avis du comité consultatif des arts et manufactures, s'il n'existe pas d'encres absolument indélébiles, on peut cependant conseiller l'usage des encres au tanin et au sulfate de fer, ou l'encre de Chine délayée dans une solution alcaline au centième. La conservation de ces encres dans de bonnes conditions est indéfinie. (Circ. min. just., 1er février 1888, *Bul. off. du min.*, 1888, p. 7.)

SECTION III

DES REGISTRES DE L'ÉTAT CIVIL

§ 1er. — *Nombre des registres.*

53. — Les actes de l'état civil seront inscrits, dans chaque commune, sur un ou plusieurs registres tenus doubles (Art. 40 du Code civil).

54. — Il existe d'ordinaire dans chaque commune trois registres pour constater séparément les naissances, les mariages et les décès, plus un registre pour les publications de mariages. Ce dernier n'est pas tenu en double (Art. 63 du Code civil).

55. — Il peut être tenu en plus un registre pour les reconnaissances d'enfants naturels et pour les adoptions (V. n° 61).

56. — La pluralité des registres n'étant pas ordonnée par le Code, c'est aux préfets et aux maires à régler leur nombre. Il peut n'être tenu qu'un seul registre pour les naissances, les mariages et les décès (V. n° 92), mais ce registre unique doit être tenu en double.

57. — Le registre des publications est toujours tenu séparément.

58. — L'article 40 du Code civil n'édicte pas la règle inflexible de l'unité des registres pour chaque catégorie d'actes, et la prohibition d'établir deux séries pour une même catégorie ne résulte ni explicitement ni même implicitement des injonctions de l'article 42 du même Code.

§ 2. — *Confection des registres.*

59. — Pour que les registres soient uniformes ils sont confectionnés tous les ans non par les maires, mais au chef-lieu du département d'où l'on envoie aux sous-préfectures ceux destinés à chaque arrondissement. Le sous-préfet les transmet au greffe du tribunal civil pour être cotés et paraphés.

Les maires doivent indiquer dès le mois de novembre le nombre de feuilles que devra contenir chaque registre.

L'indication des divisions géographiques (département, arrondissement et canton) relatives à la commune où l'acte est reçu devra être portée une fois pour toutes en tête du registre. Il est inutile de la reproduire dans le corps de chaque acte.

a) *Formules imprimées.*

60. — L'emploi des formules imprimées, tant pour les registres eux-mêmes que pour les expéditions des actes, est légalement autorisé.

Pour l'établissement des formules-types données au cours de cet ouvrage, les parties fixes sont imprimées en lettres grasses et les parties mobiles différentes pour chaque acte (Exemple : l'heure, les noms et prénoms) le sont en italique.

61. — La difficulté d'utiliser ces formules pour la rédaction des actes d'adoption ou de reconnaissance des enfants naturels peut être résolue soit en se servant des imprimés des actes de naissance, soit plutôt en inscrivant les reconnaissances et les adoptions sur des registres non imprimés.

b) *Cote et paraphe.*

62. — Les registres seront cotés par première et dernière, et paraphés sur chaque feuille par le président du tribunal de première instance ou par le juge qui le remplacera (Art. 41 du Code civil).

63. — Le travail de numérotage des feuillets n'est pas imposé au président qui est seulement tenu de les parapher tous.

64. — La formalité du paraphe a lieu sans frais (Déclar. de 1736, art. 2).

65. — Ce travail accompli, le greffier retourne les registres au sous-préfet qui les fait parvenir à chaque maire.

c) *Timbre et enregistrement.*

66. — Les registres doivent être sur papier timbré (Décret 20 septembre 1792; L. 28 avril 1816, art. 62). Mais des actes ne seraient pas nuls par cela seul qu'ils auraient été inscrits sur des registres non timbrés.

67. — Les registres ne donnent lieu à aucun droit d'enregistrement (L. 22 frimaire an VII, art. 70, §§ 3 et 8).

§ 3. — *Insuffisance des registres.*

68. — Si les registres fournis sont insuffisants, le maire doit en prévenir le sous-préfet qui lui fait parvenir des registres supplémentaires, lesquels devront être clos avec ceux de l'année.

69. — Le maire peut encore acheter des feuilles de papier timbré en nombre présumé suffisant et les ajouter au registre après avoir fait coter et parapher tous les feuillets par le président du tribunal. Ces feuillets ne sont pas cotés en continuant la série des numéros du registre, mais en recommençant une nouvelle série et en inscrivant 1er feuillet supplémentaire, 2e, 3e, etc.

§ 4. — *Frais des registres.*

70. — Sont obligatoires pour la commune les frais des registres de l'état civil et des livrets de famille et la portion de la table décennale des actes de l'état civil à la charge de la commune (L. 5 avril 1884, art. 136, § 4).

71. — Les communes sont tenues de faire cartonner les registres (Circ. min. just., 12 septembre 1872, *Rec. off. des circ.*, t. III, p. 222).

§ 5. — *Déplacement des registres.*

72. — En principe, les registres ne doivent pas être déplacés. Par exception, ils peuvent l'être quand une des parties est dans l'impossibilité de se présenter devant l'officier de l'état civil ou quand un jugement ordonne leur apport devant le tribunal.

73. — Lorsque des cours ou tribunaux auront ordonné l'apport au greffe des registres de l'état civil, le maire, sur la signification qui lui en sera faite, se procurera dans la quinzaine au plus tard de nouveaux registres. Aussitôt qu'il en sera muni, il clora et arrêtera les registres dont l'apport aura été ordonné, et il mentionnera la cause pour laquelle ils sont clos avant la fin de l'année. Les cours et tribunaux comprendront les frais des nouveaux registres dans la liquidation des frais et dépens auxquels doit être condamnée la partie qui succombe. En cas d'insolvabilité du condamné, la dépense faite pour les nouveaux registres sera remboursée par la régie du domaine et de l'enregistrement (Ordonnance du 18 août 1819) (V. n° 88).

§ 6. — *Communication des registres.*

74. — Les maires ne sont pas tenus de communiquer leurs registres à toutes les personnes

(Cour de Bordeaux, 30 août 1880). Des dispositions spéciales ont même été reconnues nécessaires pour donner aux préfets (Circ. du 29 mars 1806) et aux préposés de l'enregistrement (L. 22 frimaire an VII, art. 54) le droit d'exiger cette communication (V. n° 696).

75. — Les préposés de l'enregistrement ne peuvent exiger la communication des registres les jours fériés, et les séances pour chaque jour ne peuvent durer plus de quatre heures (L. 22 frimaire an VII, art. 54).

76. — Les procureurs de la République peuvent, quand ils le jugent nécessaire, se transporter sur les lieux et vérifier les registres de l'année courante. Ils peuvent, dans le même cas, déléguer le juge de paix du canton dans lequel est située la commune dont les registres doivent être vérifiés (Ord. du 26 novembre 1832, art. 5).

§ 7. — *Inscription des actes.*

a) *Gratuité.*

77. — Il n'est rien dû pour la confection des actes de l'état civil et leur inscription dans les registres (Décr. 12 juillet 1807, art. 5, § 2).

b) *Etablissement immédiat.*

78. — Les actes seront inscrits sur les registres de suite, sans aucun blanc (Art. 42 du Code civil, § 2).

79. — Les registres étant tenus doubles, l'inscription doit se faire sans désemparer sur les deux registres. On ne peut se contenter de faire signer l'un des registres en blanc (Circ. préf. Seine, 28 décembre 1888).

c) *Actes omis.*

80. — Il est interdit aux officiers de l'état civil de recevoir des déclarations tardives. Les actes omis ne peuvent être inscrits sur les registres qu'en vertu de jugements (Avis du Conseil d'Etat, 12 brumaire an XI).

d) *Marge et numérotage.*

81. — Une marge de la largeur du quart au moins de la page doit être laissée à la gauche de chaque feuillet du registre.

L'application de la loi du 17 août 1897 (V. n°s 146 et suivants) a donné lieu à des difficultés d'ordre matériel résultant de l'insuffisance des marges ménagées sur les registres de l'état civil. Pour y remédier dans la mesure du possible, M. le garde des sceaux a autorisé les officiers de l'état civil à reporter à la fin du registre sur les feuilles restées libres et au besoin sur des feuilles de timbre ajoutées à cet effet les mentions qui n'avaient pu trouver place en marge de l'acte auquel elles s'appliquent. Dans ce cas, un renvoi mis en marge de l'acte révèle l'existence de la mention et permet de s'y référer (Note avril-juin 1898, *Bul. off. min. justice*, 1898, p. 98).

Par circulaire du 11 août 1898, M. le ministre

de l'Intérieur a prié les préfets de veiller à ce que dès l'année 1899 les registres de l'état civil (actes de mariage et de naissance) soient établis de telle sorte qu'en marge des formules imprimées il reste un espace suffisant pour permettre à l'officier de l'état civil d'y insérer le cas échéant les diverses mentions prescrites par la loi du 17 août 1897.

82. — Chaque acte inscrit sur les registres doit porter un numéro. Les numéros se suivent depuis le commencement jusqu'à la fin sans qu'il y ait lieu d'établir plusieurs séries dans le cas où le même registre serait commun aux actes de naissance, de mariage et de décès.

83. — Le numéro doit être porté en marge et en tête de l'acte (Ord. 26 novembre 1823, art. 1er; inst. du min. just., 31 décembre 1823).

84. — Au-dessous du numéro d'ordre, on met aussi en marge les noms des individus auxquels l'acte s'applique.

e) *Feuilles volantes.*

85. — Les actes ne peuvent être inscrits nulle part ailleurs que sur les registres : si on les portait sur des feuilles volantes ou si on les écrivait de toute autre manière que sur les registres, le maire s'exposerait à une action civile et même à des poursuites correctionnelles et criminelles (V. nos 190, 191, 196 et 197).

§ 8. — *Clôture des registres.*

86. — Les registres seront clos et arrêtés par l'officier de l'état civil, à la fin de chaque année ; et, dans le mois, l'un des doubles sera déposé aux archives de la commune, l'autre au greffe du tribunal de 1re instance (Art. 43 du Code civil).

87. — La clôture des registres a lieu le 31 décembre au soir. Elle est mentionnée sur chaque registre immédiatement à la suite du dernier acte ; elle est rédigée soit par le maire, soit par l'adjoint quand il remplit les fonctions d'officier de l'état civil dans la forme d'un procès-verbal ; elle est datée et signée. Il est inutile d'ajouter « à minuit » ce qui est invraisemblable.

FORMULES DE CLOTURE

Il y a lieu de distinguer trois hypothèses :

A. — Celle la plus fréquente, où la commune possède quatre registres séparés : naissances, décès, mariages et publications de mariage.

B. — Celle où la commune n'a qu'un seul registre pour les naissances, mariages et décès.

C. — Celle où, en raison de la très grande importance de la ville, il faut pour une seule année plusieurs registres destinés à recevoir des actes de même espèce.

Formule A.

Registre contenant *neuf cent vingt et un* actes de *naissances et reconnaissances, clos et arrêté* le trente et un décembre mil neuf cent *treize*.

Le maire, X...

Il est inutile de faire dans le procès-verbal de clôture le décompte des diverses espèces d'actes compris dans un même registre, comme dans l'exemple ci-dessous :

...contenant cent cinquante-sept actes, savoir :

Actes de mariage, cent quarante et un, ci		141
Transcriptions	— de jugements de divorces, treize, ci.	13
	— de mariages célébrés à l'étranger, deux, ci........................	2
	— de jugement rectificatif, un, ci....	1
	Total.....	157

Un chiffre global suffit.

Formule B.

Registre contenant *dix-sept* actes de naissances et reconnaissances, *neuf* actes de mariages et transcriptions de divorces, et *quinze* actes de décès, clos et arrêté, le trente et un décembre mil neuf cent *treize*.

Le maire, *X*....

Ici la division des actes en trois groupes est nécessaire, parce que les tables annuelles et décennales sont elles-mêmes divisées en trois.

Formule C.

Registre, formant la *troisième* partie de l'exercice courant et comprenant *deux cent soixante-douze* actes de décès, du numéro *cinq cent quarante-quatre* au numéro *huit cent quinze inclus*, clos et arrêté *le dix-sept août mil neuf cent treize*.

Le maire du XIe arrondissement de Paris,

X....

88. — Si la clôture est faite en cours d'année par suite d'une décision judiciaire prescrivant l'apport du registre au greffe du tribunal, la formule sera complétée par l'addition suivante mise à la suite du mot ACTES :

Sur le vu de la signification qui lui a été faite par exploit de *Marcas*, huissier à *Chambéry*, en date du *dix janvier* mil neuf cent treize, d'un jugement rendu par le tribunal civil de *Chambéry* le *quatorze décembre* mil neuf cent douze prescrivant l'apport de ce registre au greffe du tribunal.

(*Signature et cachet.*)

La clôture du registre en cours d'année à la suite d'un jugement ordonnant le déplacement ou la communication au tribunal est tombée en désuétude depuis que les juges ont pris l'habitude de faire photographier la page du registre qui donne lieu au procès.

89. — La formalité de la clôture doit s'accomplir alors même que le registre ne contiendrait aucun acte.

La mention se met en première page, à la suite du titre. La formule se terminerait alors ainsi :

« Qui ne contient aucun acte. »

§ 9. — *Tables de l'état civil.*

90. — Un décret du 27 février 1913 règlemente la tenue des tables annuelles et décennales de l'état civil. Il est ainsi conçu :

91. — Il est établi tous les ans, dans chaque commune, une table alphabétique des actes de l'état civil. Les tables annuelles sont fondues, tous les dix ans, en une table alphabétique unique pour chaque commune.

92. — Les tables annuelles sont faites par les officiers de l'état civil dans le mois qui suit la clôture du registre de l'année précédente : elles sont annexées à chacun des registres tenus en double.

Lorsque tous les actes de l'état civil sont inscrits sur le même registre tenu en double, les tables annuelles à annexer à ces registres sont établies séparément, les unes à la suite des autres : 1° pour les naissances ; 2° pour les mariages et les divorces ; 3° pour les décès.

Les Procureurs de la République près les tribunaux de première instance veillent à ce que la table annexée au double du registre, qui doit être déposée au greffe du tribunal, y soit envoyée par le maire en même temps et dans le même délai que ce registre.

93. — Les tables décennales sont faites dans les six premiers mois de la onzième année par les greffiers des tribunaux de première instance :

94. — Les tables annuelles sont faites sur papier timbré et certifiées par les dépositaires respectifs.

95. — Les tables décennales sont faites en double expédition pour chaque commune : l'une, établie sur papier libre, reste au greffe, et la seconde, établie sur papier timbré, est adressée à la mairie.

Les deux expéditions sont certifiées par le greffier.

Il ne peut y avoir qu'un nom par ligne.

Chaque feuille contient un nombre de noms ou lignes proportionné au format du papier employé, mais qui ne peut être supérieur à quatre-vingt-seize noms ou lignes pour le papier du format de 1 fr. 20.

96. — L'expédition destinée aux communes est payée par chacune d'elles, à raison de 1 centime et demi par nom, non compris le prix du timbre.

97. — Les tables décennales sont faites dans les formes déterminées par un arrêté concerté entre le garde des Sceaux, ministre de la Justice, et le ministre de l'Intérieur.

98. — Les tables décennales sont établies séparément, les unes à la suite des autres : 1° pour les naissances ; 2° pour les mariages et les divorces ; 3° pour les décès.

99. — Les tables décennales seront établies pour la période comprise entre le 1er janvier 1903 et le 31 décembre 1912, et ensuite par périodes successives de dix ans à partir du 1er janvier 1913.

100. — Un arrêté du 28 février 1913 rendu en vertu de l'article 7 précité édicte les prescriptions suivantes :

101. — Les tables décennales des actes de l'état civil constituent la liste établie dans l'ordre rigoureusement alphabétique de tous les noms compris dans chacune des tables annuelles de la période décennale, avec en regard l'indication de la date de l'acte auquel ils se réfèrent.

Les femmes sont mentionnées à leur nom patronymique et aussi, le cas échéant, au nom de leur mari.

Les tables décennales sont établies dans la forme qui suit :

DÉPARTEMENT
d

ARRONDISSEMENT
d

COMMUNE
d

TABLE DÉCENNALE

des actes de (naissance) de la commune de.......... du (1er janvier 1903 au 31 décembre 1912), dressée en exécution du décret du 27 février 1913.

.... an à .... an.

NOMS ET PRÉNOMS	DATES DES ACTES

101 *bis.* — Les greffiers feront parvenir par l'intermédiaire du Procureur de la République, à chaque mairie, l'exemplaire de la table décennale qui lui est destinée.

102. — Les frais de reliure des tables destinées aux communes doivent être mis à la charge de ces dernières par application des dispositions de la loi du 5 avril 1884, art. 136, § 4.

§ 10. — *Dépôt des registres.*

103. — C'est après la clôture des registres et la rédaction des tables annuelles qu'il est procédé au dépôt d'un des registres dans les archives de la commune s'il en existe d'indépendantes de la mairie, sinon ce registre reste à la mairie; l'autre registre est déposé au greffe du tribunal.

104. — L'unique registre des actes de publication des mariages est déposé au greffe (Art. 68 du Code civil).

105. — Le dépôt est fait par le maire en personne ou par un préposé.

106. — Les doubles destinés au greffe peuvent encore être déposés par l'intermédiaire des préfets et sous-préfets ou par un envoi postal au procureur de la République, sous bandes croisées et contresignées par le maire ou l'adjoint (Circ. min. just., 31 octobre 1823, *Rec. off. des circ.*, tome I, p. 167 ; ordonnance 14 octobre 1825).

107. — En réalité les maires sont tenus de faire l'apport, soit au greffe, soit au parquet, des deux doubles des registres pour les soumettre à la vérification du procureur de la République (Art. 53 du Code civil; Cass., 23 février 1847).

108. — Les deux doubles doivent être envoyés séparément pour que si l'un deux était perdu ou détruit dans le trajet, l'autre y suppléât et servît à le remplacer. Pour éviter de priver les communes trop longtemps des registres, les maires, après avoir adressé un des doubles au procureur de la République, attendront que ce magistrat leur en ait accusé réception et leur ait fait connaître quand ils devront transmettre l'autre double (Circ. min. just., 6 juin 1843, *Rec. off. des circ.*, tome II, p. 49, et lettre min. just. à min. int., 14 mars 1882, *Bull. off. du min.*, 1882, p. 10).

109. — Le maire peut, lors du dépôt, demander à l'archiviste de la commune et au greffier de lui donner décharge sur papier libre (Décl. 1736, art. 18). Cependant le greffier n'est obligé que de constater le dépôt sur un registre tenu à cet effet (Lettre min. just., 24 décembre 1814).

110. — Le maire peut aussi demander qu'un procès-verbal soit dressé pour constater l'état des registres : ce procès-verbal serait signé par lui et le dépositaire.

111. — Les greffiers ne peuvent être rendus responsables des détériorations qui ne proviennent pas de leur fait, mais du défaut de reliure des registres.

112. — C'est aux conseils généraux qu'il appartient de voter des allocations spéciales pour faire relier les registres anciens.

113. — Le dépôt au greffe des registres de l'état civil et des pièces qui doivent être annexées, étant une mesure d'ordre public et d'intérêt général, ne peut donner lieu à la perception d'aucun droit (Cir. min. finances, 24 septembre 1808 ; instr. de la régie, art: 405, n. 5).

§ 11. — *Procurations et pièces annexées.*

114. — Les procurations et les autres pièces qui doivent demeurer annexées aux actes de l'état civil seront déposées, après qu'elles auront été paraphées par la personne qui les aura produites et par l'officier de l'état civil, au greffe du tribunal avec le double des registres dont le dépôt doit avoir lieu audit greffe (Art. 44 du Code civil).

115. — L'obligation d'annexer s'étend à toutes les pièces qui ont dû être produites à l'officier de l'état civil.

116. — En cas de délégation à un adjoint ou à un conseiller municipal des fonctions d'officier de l'état civil, une expédition de l'arrêté de délégation devrait être annexée.

117. — La rédaction de l'article pourrait faire croire que la personne qui produit les pièces doit seulement les parapher au moment du dépôt : c'est au moment de leur production que cette formalité doit être remplie.

118. — Comme les pièces produites à l'appui d'un acte de l'état civil ne peuvent être matériellement attachées au folio du registre où cet acte se trouve inscrit, un classement spécial est indispensable. A cet effet les pièces relatives à chaque acte sont placées sous une chemise spéciale et forment un dossier distinct portant : 1° le numéro d'ordre de l'acte au registre ; 2° le nom de l'enfant, des époux ou du décédé, selon qu'il s'agit d'un acte de naissance, de mariage, de divorce ou de décès ; 3° la date de l'acte ; 4° le nombre des pièces. Ces dossiers sont ensuite rangés par ordre de date et il en est fait autant de liasses ou divisions distinctes qu'il y a de registres de l'état civil.

119. — Il est bon de dresser un bordereau des pièces annexées à chaque registre.

BORDEREAU DES PIÈCES ANNEXÉES

au registre des *actes* de *mariage* de la commune de *Saint-Julien* pour l'année 1912.

	NUMÉROS DES ACTES	NOMBRE DE PIÈCES
Nombre total des pièces comprises dans 20 dossiers........		

Certifié exact le *dix* janvier 1913.

Le maire,
(*Signature et cachet.*)

SECTION IV

RECONSTITUTION ET RECTIFICATION DES ACTES DE L'ÉTAT CIVIL OMIS OU DÉFECTUEUX

§ 1er. — *Reconstitution.*

120. — Lorsqu'il n'a pas existé de registres ou qu'ils seront perdus, la preuve en sera reçue tant par titres que par témoins ; et, dans ces cas, les mariages, naissances et décès pourront être prouvés tant par les registres et papiers émanés des père et mère décédés, que par témoins (Art. 46 du Code civil).

a) *Perte des deux doubles des registres.*

121. — Lorsque les deux doubles des registres d'une commune ont été détruits, le ministère public doit toujours agir d'office et appeler en cause les parties intéressées (Lettre min. just. au Procureur général, Toulouse, 27 février 1877, *Bull. off. du min.*, 1877, p. 123).

En ce cas, le maire est chargé de faire dresser un état, année par année, des personnes qui, d'après la notoriété publique ou les renseignements qu'on pourra avoir, sont nées, se sont mariées, ou sont décédées pendant le courant de chacune d'elles. Cet état ne doit pas remonter au delà de l'époque à laquelle le maire a été chargé de la rédaction des actes de l'état civil. Cet état est remis au procureur de la République qui requiert le rétablissement des actes. Une enquête sommaire est ordonnée et faite soit par un juge commis, soit par le juge de paix du canton dont fait partie la commune, si celle-ci est trop éloignée du tribunal. L'enquête achevée reste déposée un mois au greffe du tribunal où toutes les personnes intéressées peuvent en prendre connaissance. Puis le tribunal, sur les conclusions du procureur et, s'il y a lieu, sur le rapport du juge commis, rend son jugement qui contient les actes d'une année entière pour chaque commune. Les expéditions de ce jugement servent de registres pour cette année (Cir. min. just., 4 novembre 1814 et 19 octobre 1871. *Rec. off. des circ.*, tome 1er, p. 57, et tome III, p. 171).

122. — De même, lorsque le registre des publications de mariage d'une commune a été détruit accidentellement, il y a lieu de procéder à sa reconstitution, conformément à la circulaire du 4 novembre 1814, par voie d'enquête contradictoire provoquée d'office par le ministère public (Lettre min. just. au Procureur général Douai, 10 mars 1879, *Bull. off. du min.*, 1879, p. 16).

b) *Perte d'un seul double.*

123. — Lorsqu'un double des registres de l'état civil a été perdu, le ministère public peut agir d'office pour parvenir à sa reconstitution (Cour Toulouse, 1er août 1836). Un jugement rendu à sa requête ordonne qu'il sera fait une copie du double conservé : ce jugement est porté à la connaissance des parties par une insertion dans tels journaux désignés par le tribunal (Trib. Seine, 30 juin 1858).

La copie est faite au greffe par les soins du greffier sur un registre paraphé préalablement par le président du tribunal civil de l'arrondissement. C'est au tribunal qu'il appartient de vérifier la fidélité de la copie et de déclarer qu'elle suppléera au double manquant. Cette procédure implicitement prévue par la circulaire ministérielle du 4 novembre 1814 a été plus directement indiquée dans les instructions du 19 octobre 1871 (Lettres min. just. aux Procureurs généraux, Toulouse et Rouen, 16 juillet 1877, *Bull. off. du min.*, 1877, p. 123).

c) *Dispense du timbre.*

124. — Lorsque les registres de l'état civil d'une commune ont été détruits par des événements de force majeure (incendie ou inondation), il y a lieu, par une conséquence des dispositions de l'article 75 de la loi du 25 mars 1817, d'en autoriser la reconstitution sur papier visé pour timbre gratis avec mention spéciale de sa destination (Lettres min. finances, 13 et 29 juin 1877, *Bull. off. du min.*, 1877, p. 69).

125. — Mais l'exonération du timbre ne peut être accordée si la disparition des registres provient de faits de négligence.

d) *Frais de copie.*

126. — Quant aux frais de copie des actes à reconstituer, ils sont, par assimilation aux dispositions de l'arrêté du ministre de la justice du 6 mai 1872, relatifs à la reconstitution des actes de l'état civil de Paris, calculés à raison de 0 fr. 15 par acte de naissance, de reconnaissance d'enfant naturel ou de décès, et de 0 fr. 30 par acte de mariage, copiés sur le double déposé au greffe (Circ. min. just., 11 septembre 1872, *Rec. off. des circ.*, tome III, p. 219).

e) *Omissions d'actes.*

127. — Lorsque les actes destinés à constater les faits d'état civil déclarés par les partis n'ont pas été rédigés et ne figurent pas sur les registres, et que le nombre des actes omis est assez considérable pour que l'ordre public soit intéressé à leur rétablissement, le ministère public peut agir d'office, conformément à l'avis du conseil d'Etat du 12 brumaire an XI[1]. Le jugement doit, dans tous les cas, être rendu en présence des parties intéressées (Lettres min. just. aux procureurs généraux, Toulouse, Dijon et Rennes, 11 décembre 1876, 24 et 30 avril 1877, *Bull. off. du min.*, 1877, p. 122). (V. nos 131 et 229.)

128. — Lorsqu'un acte de l'état civil inscrit sur l'un des doubles prescrits par l'article 40 du Code civil a été omis sur l'autre, le ministère public ne peut faire procéder d'office à l'inscription de l'acte manquant. C'est au tribunal qu'il appartient d'or-

1. Aux termes de cet avis, les actes omis ne peuvent être inscrits sur les registres qu'en vertu de jugements : ceux-ci doivent être provoqués par les parties intéressées, sauf le droit du ministère public d'agir d'office dans les circonstances qui intéressent l'ordre public.

donner cette inscription sur les réquisitions du procureur de la République (Lettres min. just. aux procureurs généraux, Rennes et Caen, 9 mars et 18 juillet 1877, *Bull. off. du min.*, 1877, p. 30 et 124).

§ 2. — *Rectification.*

129. — Lorsque la rectification d'un acte de l'état civil sera demandée, il y sera statué, sauf l'appel, par le tribunal du lieu où l'acte a été reçu et au greffe duquel le registre est ou doit être déposé. Le procureur de la République sera entendu dans ses conclusions. Les parties intéressées seront appelées s'il y a lieu (Art. 99 du Code civil; Lettre min. just. au procureur général, Nîmes, 13 nov. 1876, *Bull. off. du min.*, 1877, p. 122).

Les demandes en rectification des actes de l'état civil doivent être formées par voie de requête présentée au président du Tribunal; elles ne peuvent être formées par ajournement que lorsqu'il y a des parties intéressés à appeler en cause (Art. 855 et 856, § 2 du C. pr. civ.).

Sont seuls intéressés à une demande en rectification d'un acte de l'état civil, dans le sens de l'art. 856, § 2, C. pr. civ., ceux qui peuvent être affectés par le jugement dans leurs droits de famille et dans les intérêts pécuniaires qui en dépendent. Est donc non recevable l'action en rectification d'un acte de mariage, formée par voie d'ajournement, contre le maire qui a présidé à la rédaction de cet acte, alors que ce dernier, étant étranger à la famille du demandeur, n'a pas à contester ni à contredire cette action, qui lui est absolument indifférente (Cour de Caen, 6 mars 1907).

130. — Lorsqu'un changement de nom a été autorisé par décret, un jugement est nécessaire pour autoriser l'inscription dudit décret sur les registres de l'état civil et la mention marginale en regard de l'acte de naissance modifié au point de vue du nom qu'il relate (L. 11 germinal an XI).

131. — Bien qu'il appartienne aux seules parties de provoquer les jugements autorisant l'inscription d'un acte omis ou la rectification d'un acte inscrit, le ministère public peut agir d'office quand l'ordre public est intéressé (Avis du cons. d'Et. du 12 brumaire an XI) et quand les omissions à réparer et les rectifications à faire s'appliquent à des actes qui intéressent des individus notoirement indigents (L. 25 mars 1817, art. 75, § 1). (V. n°s 127, 229 et 496.)

132. — Cette dernière prescription ne trouve son application qu'à l'égard des Français.

La Chancellerie a fréquemment décidé que les lois du 10 décembre 1850 et du 22 janvier 1851 ne sont pas applicables aux étrangers à moins qu'une convention diplomatique ne les ait autorisés à s'en prévaloir. Même en présence d'une convention de cette nature et en dehors d'une stipulation expresse, un étranger n'est pas fondé à demander au ministère public de provoquer d'office, en vertu de l'article 75 de la loi du 25 mars 1817, la rectification d'un acte de l'état civil le concernant,

Mais ces solutions ne s'appliquent pas à l'étranger qui a été admis par décret à établir son domicile en France. En pareil cas l'étranger jouit de tous les droits civils, et à ce titre, il est admis à bénéficier sans aucune réserve, comme le Français, des dispositions des lois sus visées (Note min. justice, 11 juin 1897, *Bul. off. min. justice*, 1897, p. 91).

§ 3. — *Tribunal compétent.*

133. — Comme il vient d'être dit (nº 129), c'est le tribunal du lieu où l'acte a été reçu et au greffe duquel le registre est ou doit être déposé, qui est compétent (Trib. Seine, 29 novembre 1856 et 14 juin 1858; Cour Rouen, 8 décembre 1859; Cour Orléans, 17 mars 1860).

134. — La rectification des actes de l'état civil dressés au cours d'un voyage maritime, aux armées ou à l'étranger sera demandée au tribunal dans le ressort duquel l'acte a été transcrit conformément à la loi; il en sera de même pour les actes de décès reçus en France ou dans les colonies et dont la transcription est ordonnée par l'article 80 (V. nos 666 et suivants).

La rectification des jugements déclaratifs des décès sera demandée au tribunal qui aura déclaré le décès; toutefois, lorsque ce jugement n'aura pas été rendu par un tribunal de la métropole, la rectification en sera demandée au tribunal dans le ressort duquel la déclaration de décès aura été transcrite conformément à l'article 92 (V. nos 666 et suivants).

135. — Un Alsacien-Lorrain ayant opté pour la nationalité française peut demander la rectification des actes de l'état civil le concernant au tribunal de l'arrondissement dans lequel il a fixé son domicile (V. nº 231).

136. — Les frais du jugement de rectification sont à la charge de la partie qui le provoque ou de l'Etat, selon que l'instance a été engagée par la partie ou introduite d'office par le ministère public : ils peuvent être attribués au maire s'il a été mis en cause (V. nºs 197 et 198).

137. — Dans tous les cas où un tribunal de première instance connaîtra des actes relatifs à l'état civil, les parties intéressées pourront se pourvoir contre le jugement (Art. 54 du Code civil).

Le délai pour interjeter appel est généralement de deux mois (Article 443 du Code de procédure civile). Cette règle sera toujours applicable s'il y a eu un demandeur et un défendeur dans l'instance en rectification. Mais dans le cas où il n'y aurait eu d'autre partie que le demandeur en rectification, celui-ci pourra, s'il croit avoir à se plaindre de ce jugement, se pourvoir à la cour d'appel dans les trois mois depuis la date de ce jugement, en présentant au président une requête sur laquelle sera indiqué un jour auquel il sera statué à l'audience sur les conclusions du ministère public (Art. 858 du Code de procédure civile, Cour de Bordeaux, 15 février 1888).

Quant au délai de deux mois, il court pour les jugements contradictoires du jour de la signification à personne ou domicile; pour les jugements par défaut, du jour où l'opposition n'est plus recevable (Art. 443 du Code de procédure civile).

138. — Le jugement de rectification ne pourra dans aucun cas être opposé aux parties intéressées qui n'y auraient pas été appelées (Art. 100 du Code civil).

SECTION V

DES TRANSCRIPTIONS ET MENTIONS MARGINALES SUR LES REGISTRES

§ 1er. — *Transcriptions.*

139. — Il existe un certain nombre de cas où il y a lieu à transcription sur les registres de l'état civil d'actes ou de jugements.

Ainsi doivent être transcrits les jugements portant rectification d'un acte de l'état civil.

Les jugements de rectification seront transmis immédiatement par le procureur de la République à l'officier de l'état civil du lieu où se trouve inscrit l'acte réformé. Ils seront transcrits sur les registres, et mention en sera faite en marge de l'acte réformé (Art. 101 du Code civil).

Le maire n'a pas à rechercher en ce qui concerne les jugements de rectification s'ils sont susceptibles d'appel.

Afin de faciliter la corrélation du jugement de rectification avec l'acte rectifié, le maire aura soin de faire la mention suivante en marge de la transcription du jugement :

Jugement portant rectification de l'acte inscrit le *dix mai* mil huit cent *soixante-douze* sur les registres des actes de *naissance*, n° 35, vol. 1, folio 20.

140. — Doivent être transcrits sur les registres les actes suivants : 1° naissance arrivée en mer (Art. 60 et 61 du Code civil) (V. n° 264 et suivants) ; 2° décès arrivé en mer (Art. 87) (V. n° 670); 3° naissance arrivée aux armées (Art. 94) (V. n°s 224, 269) ; 4° mariage contracté aux armées (Art. 95) (V. n° 224); 5° décès arrivé aux armées (Art. 96) (V. n°s 224 et 675) ; 6° décès arrivé dans les hôpitaux (Art. 80 et 97) (V. n° 616) ; 7° naissance ou décès dans les lazarets (L. 3 mars 1822) (V. n°s 270 et 676) ; 8° reconnaissance d'enfant et opposition à mariage (Art. 62 et 67) (V. n°s 290, 152, 348) ; 9° mariage contracté en pays étranger (Art. 171) (V. n° 561) ; 10° preuve d'une célébration de mariage par le résultat d'une procédure criminelle (Art. 198) (V. n° 566) ; 11° jugement déclarant qu'il y a lieu à adoption (Art. 359) (V. n° 303) ; 12° jugement rendu à la suite d'un décret autorisant un changement de nom (L. 11 germinal, an XI); 13° les jugements et arrêts de divorce.

141. — Une loi du 8 juin 1893, qui a modifié les articles 47 et 48 du Code civil, a prescrit des mesures pour assurer la conservation au Ministère des Affaires Etrangères des actes de l'état civil dressés à l'étranger et concernant des Français. Des conventions diplomatiques conclues avec divers Etats assurent la communication à charge de réciprocité des actes de l'état civil de nos nationaux dressés à l'étranger. Ces actes sont posés au Ministère des Affaires Etrangères (V. n° 227).

142. — Bien que le Code civil n'ordonne pas, excepté pour les actes de mariage, la transcription sur les registres de l'état civil français des actes des Français reçus en pays étranger, il est recommandé aux maires de l'opérer lorsqu'elle est requise (Circ. min. justice, 11 mai 1875, *Rec. off. des circ.*, tome III, p. 352). La transcription se fait aux lieux d'origine des Français que les actes concernent toutes les fois qu'ils peuvent être connus (Même circ.). Lorsque la commune d'attache n'est pas connue, la transcription se fait pour les Français résidant en Angleterre, Belgique, Suède, Norvège, Russie (sauf le littoral de la mer Noire), Autriche-Hongrie (sauf le littoral de l'Adriatique) et Allemagne, à la mairie du 4e arrondissement de Paris (Circ. min. justice, 4 août 1906). Précédemment elle se faisait à la mairie du 6e arrondissement (Circ. 1875). Elle se fait pour les Français résidant : 1° en Suisse, à la mairie de Besançon (Doubs) ; 2° en Moldo-Valachie, Turquie et généralement tous les pays d'Europe, d'Asie ou d'Afrique (à l'exception toutefois de l'Espagne) qui sont baignés par la Méditerranée, soit par des mers adjacentes, à la mairie de Marseille ; 4° en Espagne, Portugal, Amérique du Sud et sur les côtes occidentales et orientales de l'Afrique à la mairie de Bordeaux ; 5° dans l'Amérique du Nord, à la mairie du Havre (Même circulaire de 1875).

143. — Dès la réception du jugement ou de

l'acte à lui transmis l'officier de l'état civil procède à sa transcription sur les registres courants de la commune. La transcription se fait gratuitement sans le concours de témoins. L'acte porte la date du jour où la transcription est opérée.

144. — La réquisition de transcription émane, suivant les cas, des parties intéressées elles-mêmes ou des fonctionnaires qui ont reçu de la loi mission de transmettre au maire les actes à transcrire.

145. — Sauf en matière de divorce les parties intéressées n'ont pas à recourir au ministère d'un huissier. Une réquisition verbale ou dressée sur papier timbré est suffisante. Si le requérant n'habite pas la commune, sa signature doit être légalisée.

FORMULES DIVERSES DE TRANSCRIPTIONS

Transcription d'un acte de mariage célébré à l'étranger.
(*Art. 171 du Code civil.*)

Le *douze avril* mil neuf cent *treize*, *Paul*, etc. (*prénoms, noms, âge, profession et domicile*), Nous a requis de transcrire l'acte de mariage suivant :

(Suit la transcription)

Transcrit le jour susdit, *onze* heures du matin, par Nous *Armand Colas*, maire de *Longchaumois*.

(*Signature.*)

La même formule sera employée lorsque la transcription d'un acte de naissance ou de décès sera faite à la requête d'une personne intéressée.

Elle sera encore employée lorsque l'acte à transcrire à la requête de la personne intéressée n'est pas un acte de l'état civil déjà reçu ailleurs (Ex. : transcription d'un acte notarié d'acceptation d'adoption testamentaire, Villejuif (Seine), le 27 décembre 1906).

Si la transcription d'un acte de décès a lieu conformément aux prescriptions de l'article 80 du code civil la formule sera :

(Transcription de l'acte de décès)

L'acte de décès ci-dessus a été transcrit le *douze avril* mil neuf cent *treize, onze* heures du *matin*, par Nous, *etc.*

Observation. — La transcription des actes de naissances, mariages ou décès devra être précédée de l'énumération des indications géographiques relatives à la commune où l'acte a été primitivement reçu.

Transcription de jugements ou d'arrêts.

Il y a lieu de distinguer quatre cas différents :

A. — Jugements ou arrêts de divorce :

COMMUNE
DE SAINT-AGRÈVE

ARRONDISSEMENT
DE TOURNON

DÉPARTEMENT DE L'ARDÈCHE

Vu la signification à Nous faite *le onze juin mil neuf cent treize* : 1° de la grosse d'un *jugement* (ou *arrêt*) de divorce rendu par *le tribunal civil d'Alais* (*la Cour d'appel de Nîmes*) à la date du *vingt et un mars* mil neuf cent *treize*, entre les époux *Jean-Louis Gengoux* et *Elisabeth-Léontine Carles* mariés le *vingt-huit juin mil neuf cent quatre-vingt-dix-sept* et 2° des certificats exigés par l'article 252 du Code civil, nous avons, dudit *jugement* (*arrêt*) extrait ce qui suit :

Par ces motifs, etc....

(Transcription)

Transcrit le *seize juin* mil neuf cent *treize, cinq* heures du *soir*, par Nous, *Sébastien Pouchin, maire de St-Agrève.*

(*Signature.*)

La transcription ne doit porter que sur le dispositif du jugement, encore ne doit-on transcrire que le prononcé de divorce et non les parties du dispositif concernant la liquidation du régime matrimonial, la garde des enfants, la pension alimentaire et les dépens du procès. La disposition relative à la garde des enfants ne doit pas être transcrite, malgré l'intérêt qu'elle présente pour l'officier de l'état civil en raison de l'article 152 du code civil, parce qu'elle n'a qu'un caractère provisoire et que souvent elle est modifiée par un jugement ultérieur.

B. — Pour tous les autres jugements et arrêts susceptibles d'être transcrits sur les registres de l'état civil et pour cette raison signifiés à l'officier de l'état civil, la copie doit être intégrale et non pas réduite au dispositif, la prescription de l'article 252 faisant exception du droit commun.

Formule de transcription d'un arrêt d'adoption.

Vu la réquisition à nous faite le *onze juin* mil neuf cent *treize* par *Paul*, etc.... (*Prénoms, nom, âge, profession et domicile*), Nous avons intégralement transcrit l'arrêt suivant :

(Copie intégrale de l'arrêt)

Transcrit le *douze juin* mil neuf cent *treize*, *cinq* heures du *soir*, par Nous, *Sébastien Pouchin*, *maire de Saint-Agrève*.

(*Signature.*)

Observation. — Le requérent peut être l'adoptant ou l'adopté (Art. 359, al. 1° du Code civil).

C. — Trancription d'un jugement ou d'un arrêt rectificatif d'acte de l'état civil (Art. 99 à 101 du Code civil, loi du 8 juin 1893).

Vu la grosse à nous remise le *onze juin* mil neuf cent *treize*.

Nous avons intégralement transcrit le *jugement* (l'arrêt) rectificatif suivant :

(Copie intégrale du jugement ou de l'arrêt)

Transcrit le *douze juin* mil neuf cent *treize, cinq* heures du *soir*, par Nous, *Sébastien Pouchin, maire de Saint-Agrève.*

(*Signature.*)

D. — Transcription de tout autre jugement ou arrêt relatif à l'état des personnes (Ex. : jugement déclaratif d'une naissance ou d'un décès, jugement en reconstitution d'un acte de l'état civil (art. 46, C. c.), nullité de mariage, contestation ou réclamation de filiation légitime, désaveu de paternité, recherche de paternité ou de maternité naturelle, annulation d'une reconnaissance frauduleuse ou entachée d'adultérinité, etc..). La loi est muette en ce qui concerne la transcription de ces jugements, mais toujours leur dispositif ordonne la transcription sur les registres de l'état civil de telle ou telle commune, souvent même de plusieurs communes, avec mentions en marges consécutives, s'il y a lieu.

Vu la signification à Nous faite le *onze juin* mil neuf cent *treize,* nous avons intégralement transcrit *le jugement* (*arrêt*) suivant :

(Copie intégrale du jugement ou de l'arrêt).

Transcrit le *douze juin* mil neuf cent *treize, cinq* heures du *soir*, par Nous, *Sébastien Pouchin, maire de Saint-Agrève.*

(*Signature.*)

§ 2. — *Mentions marginales.*

146. — Dans tous les cas où la mention d'un acte relatif à l'état civil devra avoir lieu en marge d'un acte déjà inscrit, elle sera faite d'office. L'officier de l'état civil qui aura dressé ou transcrit l'acte donnant lieu à mention effectuera cette mention, dans les trois jours, sur les registres qu'il détient. — Dans le même délai, il adressera un avis au Procureur de la République de son arrondissement; et celui-ci veillera à ce que la mention soit faite, d'une façon uniforme, sur les registres existant dans les archives des communes ou des greffes, ou dans tous les autres dépôts publics (Art. 49 du Code civil, modifié par la loi du 17 août 1897).

147. — Les parties intéressées n'ont donc plus à requérir la mention marginale, qui doit être faite d'office par l'officier de l'état civil.

148. — L'article 49 du Code civil impose aux officiers de l'état civil un devoir strict, dont l'inobservation serait de nature à leur faire encourir de sérieuses responsabilités. Il est, par suite, très important de les mettre à même d'éviter des omissions ou des erreurs, et la première indication à leur fournir est celle relative aux actes qui doivent être l'objet d'une mention.

Les actes ou les décisions judiciaires donnant lieu à une mention en marge d'un acte de l'état civil déjà inscrit sont énoncés ci-après :

1° Acte de mariage à mentionner en marge de l'acte de naissance de chacun des époux (Art. 76, C. civ., complété par la loi du 17 août 1897);

2° Acte de reconnaissance d'un enfant naturel à mentionner en marge de l'acte de naissance de l'enfant naturel reconnu (Art. 62, C. civ.);

3° Acte de célébration d'un mariage entraînant légitimation d'un enfant naturel à mentionner en marge de l'acte de naissance de l'enfant légitimé

(Art. 332, C. civ., complété par la loi du 17 août 1897);

4° Transcription d'un jugement ou d'un arrêt prononçant un divorce à mentionner en marge de l'acte de mariage (Art. 251, C. civ.);

5° Transcription d'un arrêt d'adoption à mentionner en marge de l'acte de naissance de l'adopté (Art. 359, C. civ. complété par la loi du 13 février 1909);

6° Transcription d'un jugement ou d'un arrêt portant rectification d'un acte de l'état civil à mentionner en marge de l'acte rectifié (Art. 101, C. civ. et 857, C. proc. civ.);

7° Transcription d'un jugement autorisant l'inscription sur les registres de l'état civil d'un décret accordant un changement de nom, à mentionner en marge de l'acte de naissance modifié (L. 11 germinal, an XI);

8° Mention sommaire des oppositions à mariage sur le registre des publications avec mention en marge de cette inscription des jugements ou actes de mainlevée dont l'expédition aura été remise (Art. 67, C. civ.).

149. — A défaut d'acte de naissance, il est suppléé soit par un jugement, soit par le procès-verbal prévu par l'article 58 du Code civil. Les mentions seront alors portées en marge de la transcription, sur les registres de naissance, de ce jugement ou de ce procès-verbal.

150. — Dans les trois premiers cas susvisés, l'officier de l'état civil est tenu de prendre des mesures pour l'inscription des mentions, non seulement lorsqu'il aura dressé lui-même l'acte donnant lieu à mention, mais encore lorsqu'il se bornera à transcrire sur ses registres un acte rédigé en dehors de lui, par exemple un acte de mariage dressé à l'étranger, ou encore un acte de reconnaissance d'enfant naturel reçu par un notaire, par un agent diplomatique, par un consul, ou par tout officier public compétent.

151. — La mention du mariage a pour objet d'assurer au mariage une publicité efficace, de nature à mettre obstacle soit à la bigamie, soit aux fraudes qu'une personne mariée peut commettre en se prétendant célibataire et en trompant, sur son état, ceux avec lesquels elle contracte.

Aux termes de l'article 70 du Code civil, avant de célébrer un mariage, l'officier de l'état civil se fait remettre une expédition de l'acte de naissance de chacun des futurs époux. Cette expédition, sur laquelle sera inscrite, le cas échéant, la mention d'un mariage antérieur, l'empêchera de prêter les mains, à son insu, à la célébration d'une union illégale.

D'autre part, une femme mariée peut surprendre la bonne foi des tiers en se présentant comme libre et maîtresse de ses droits, alors qu'elle est incapable, hors le cas de séparation de corps, de s'engager sans l'autorisation de son mari ou de justice. L'homme marié peut chercher, de son côté, à cacher son mariage pour obtenir, avec ses immeubles, un crédit que l'hypothèque légale dont ils sont grevés devrait lui faire refuser. Le mariage est, en général, un fait assez notoire pour rendre très difficilement réalisables des manœuvres de cette nature; elles sont, par suite, peu fréquentes. Elles constituaient, néanmoins, une menace pour la sécurité des transactions. Les tiers diligents pourront maintenant se garder, en demandant à l'état civil une expédition ou un extrait, délivré conformément à la loi du 30 novembre 1906 de l'acte de naissance concernant la personne avec laquelle ils sont sur le point de traiter.

152. — La mention de la légitimation, en marge de l'acte de naissance de l'enfant légitimé est prescrite par la loi du 17 août 1897. Cette disposition fait l'objet d'un paragraphe qui complète l'article 331 du Code civil. L'article 62 énonçait déjà qu'il serait fait mention de la reconnaissance d'un enfant naturel en marge de l'acte de naissance. La reconnaissance et la légitimation sont souvent deux faits concomitants : c'est ce qui a lieu lorsque le père et la mère se marient et reconnaissent l'enfant dans l'acte de célébration de leur mariage. La mention effectuée, en vertu de l'article susvisé, suffisait alors pour que l'état de l'enfant légitimé ressortit de l'ensemble de l'acte constatant sa naissance. Mais le silence du Code, en ce qui touche la mention de la légitimation, constituait une lacune dans le cas où l'enfant naturel avait été reconnu par ses père et mère avant leur mariage. L'acte de naissance signalait bien la reconnaissance de l'enfant par ses parents, mais, à défaut d'une prescription formelle, la légitimation n'y était pas toujours mentionnée. Cette lacune est comblée. Lorsque le père et la mère d'un enfant naturel voudront régulariser leur union, il leur suffira de rappeler, en faisant célébrer leur mariage, l'existence de cet enfant, pour que mention de la légitimation, résultant du mariage, soit inscrite en marge de l'acte de naissance de l'enfant légitimé (Circ. min. justice, 1er octobre 1897).

153. — Les obligations incombant à l'officier de l'état civil doivent être remplies dans les trois jours de l'inscription des actes ci-dessus désignés. Elles consistent : 1° dans la mention à inscrire sur les registres existant à la mairie ; 2° dans un avis qu'il y a lieu d'adresser au Procureur de la République de l'arrondissement, lorsque le maire ne possède pas les registres sur lesquels la mention doit être faite ou lorsqu'il ne possède qu'un exemplaire de ces registres.

154. — Le Procureur de la République veillera à ce que la mention, qui lui est ainsi adressée, soit transcrite, d'une façon uniforme, partout où il existe un exemplaire de l'acte destiné à la recevoir.

Les dispositions de la loi s'appliquent non seulement : 1° aux actes existant dans les archives des Communes et des greffes des arrondissements de France et d'Algérie, mais encore ; 2° aux actes de l'état civil reçus dans nos Possessions et conservés, en triple exemplaire, dans nos Colonies et dans les archives du Ministère des Colonies ; 3° aux actes reçus, à l'étranger, par les

Agents diplomatiques ou par les Consuls, dont une expédition est toujours transcrite sur les registres d'une Commune française et dont un exemplaire est déposé à la chancellerie de la Légation ou du Consulat et au Ministère des Affaires Etrangères; 4° aux actes dressés en pays étranger, dans les formes usitées dans ce pays, lorsque ces actes auront été transmis au Ministère des Affaires Étrangères où ils restent déposés.

En ce qui concerne cette dernière catégorie, il est utile de rappeler qu'en vertu des conventions passées : le 13 janvier 1875 avec l'Italie, le 14 juin 1875 avec le Grand-Duché du Luxembourg, le 25 août 1876 avec la Belgique, le 24 mai 1881 avec la principauté de Monaco, le 29 août 1892 avec l'Autriche-Hongrie, le 24 août 1899 avec le Chili, avec la Suède et la Norvège, le 9 novembre 1904 et le 16 janvier 1907, le 3 juin 1908 avec le Mexique, ces divers Etats nous communiquent, à charge de réciprocité, les actes concernant l'état civil de nos nationaux. De plus le Gouvernement de la République et la Suisse se font, à titre officieux, des communications de même nature, en vertu d'accords verbaux intervenus en 1877 (V. n° 161).

155. — Cette énumération servira de guide au Procureur de la République, chargé de veiller à l'inscription d'une mention. Elle lui permettra de prendre des mesures selon les circonstances.

Pour les mentions à faire inscrire sur les registres existant en France et en Algérie, il s'adressera au greffier de son Tribunal et aux officiers de l'état civil de son arrondissement; il aura recours, le cas échéant, à l'intermédiare du Parquet compétent.

156. — Lorsqu'il y aura lieu de faire transcrire une mention en marge de l'un des actes visés sous les numéros 2, 3 et 4 ci-dessus, il adressera directement la formule de la mention, avec une lettre explicative, au ministre des Colonies ou au ministre des Affaires Étrangères.

Les Administrations de la Guerre et de la Marine possèdent également, en dépôt, des actes de l'état civil, dressés dans les cas réglés par les articles 93 et suivants et 59 et suivants du Code civil. Mais elles n'ont pas qualité pour délivrer des expéditions, et il paraît, dès lors, inutile de faire des mentions en marge des actes qu'elles conservent. Au surplus, ces actes sont toujours transcrits à l'état civil d'une de nos Communes, qu'il sera facile de trouver, en demandant, au besoin, des renseignements au Ministère de la Guerre ou au Ministère de la Marine (Circ. min. justice, 1er octobre 1897).

Des avis émanant d'officiers de l'état civil sont parfois transmis par les Parquets au Ministère des Affaires Etrangères en vue de mentions à opérer à l'étranger, en marge d'actes dressés en pays étranger par les autorités locales.

Ces transmissions ne sauraient être suivies d'effet. Seuls doivent être envoyés au Ministère des Affaires Etrangères les avis relatifs : 1° aux actes reçus à l'étranger par nos agents diplomatiques ou par nos consuls; 2° aux actes concernant nos nationaux et dressés par l'autorité étrangère dans des pays avec lesquels il existe des conventions ayant pour objet la communication réciproque des actes de l'état civil. Dans ce deuxième cas, les mentions sont faites seulement sur les expéditions déposées dans les archives du Ministère des Affaires Etrangères (Note min. justice, octobre-décembre 1897, *Bul. off. min. justice*, 1897, p. 139).

FORMULES

A. — Mention du mariage en marge de l'acte de naissance.

Marié (e) à.........., le........., avec...........
Le.......... mil neuf cent *treize*.

Le maire (Le greffier),
(*Signature.*)

B. — Mention, en marge de l'acte de naissance, d'une légitimation.

Légitimé (e) par le mariage de........ et de........, célébré à........., le.........
Le......... mil neuf cent *treize*.

Le maire (Le greffier),
(*Signature.*)

C. — Mention d'une reconnaissance d'enfant naturel résultant d'une reconnaissance faite devant un officier de l'état civil.

Reconnu (e) le........., à........., par............
Le......... mil neuf cent *treize*.

Le maire (Le greffier),
(*Signature.*)

D. — Mention d'une reconnaissance résultant du

consentement du parent naturel au mariage de son enfant.

Reconnu dans son acte de mariage le.........., à........., par.........

Le......... mil neuf cent *treize.*

Le maire (Le greffier),
(*Signature.*)

E. — Mention d'une reconnaissance reçue par un notaire.

Reconnu (e) le......... par........., suivant acte reçu par Me X......... notaire à.........

Le......... mil neuf cent *treize.*

Le maire (Le greffier),
(*Signature.*)

Observation. — Cette formule suppose que la reconnaissance notariée signifiée à l'officier de l'état civil n'a pas été transcrite par lui avant d'être mentionnée en marge de l'acte de naissance de l'enfant.

F. — Mention de reconnaissance de paternité ou de maternité naturelle résultant d'un jugement.

Reconnu (e) par........., en vertu d'un *jugement* (*arrêt*), rendu le........., par *le tribunal* (*la Cour*) de......... et transcrit le.........

Le......... mil neuf cent *treize.*

Le maire (Le greffier),
(*Signature.*)

G. — Mention de divorce en marge d'un acte de mariage.

Mariage dissous par *jugement* (*arrêt*) de divorce rendu le........., par *le tribunal* (*la Cour*) de......... et transcrit le.........

Le......... mil neuf cent *treize.*

Le maire (Le greffier),
(*Signature.*)

H. — Mention d'annulation d'un mariage.

Mariage annulé par *jugement* (*arrêt*) rendu le.........

(*La suite comme ci-dessus.*)

I. — Mention d'adoption en marge de l'acte de naissance de l'enfant adopté.

Adopté (e) par........., en vertu d'un arrêt rendu le......... par la Cour de......... et transcrit le........., à ....

Le......... mil neuf cent *treize.*

Le maire (Le greffier),
(*Signature.*)

Observation. — Il ne faut pas oublier que d'après l'article 359 du Code civil, c'est au lieu du domicile de l'adoptant que se fait la transcription de l'arrêt d'adoption, alors que c'est en marge de l'acte de naissance de l'adopté que se fait la mention.

J. — Mention de la transcription d'un jugement rectificatif d'état civil en marge de l'acte rectifié.

Rectifié par *jugement du tribunal* (*arrêt de la Cour*) de........., en date du........., transcrit le.........

Le......... mil neuf cent *treize.*

Le maire (Le greffier),
(*Signature.*)

Observation. — Cette formule est applicable au désaveu de paternité.

K. — Mention de l'annulation d'une reconnaissance en marge de l'acte de reconnaissance.

La même formule doit être employée lorsque la reconnaissance est concomitante à l'acte de naissance.

Reconnaissance annulée par *jugement du tribunal*

(*arrêt de la Cour*) de........., en date du.........., transcrit le.........

Le......... mil neuf cent *treize*.

Le maire (Le greffier),
(*Signature.*)

L. — Mention d'annulation d'une autre mention.

La mention ci-dessus a été bâtonnée en exécution d'un *jugement* (*arrêt*) rendu le........., par *le tribunal* (*la Cour*) de......... et transcrit le.........

Le......... mil neuf cent *treize*.

Le maire (Le greffier),
(*Signature.*)

Observation. — Cette mention peut résulter soit d'un jugement annulant une reconnaissance d'enfant naturel (Art. 339, C. civ.), soit d'un jugement constatant qu'une mention a été apposée par erreur en marge d'un acte qu'elle ne concernait pas.

M. — Mention de réconciliation en cas de séparation de corps en marge de l'acte de mariage (Art. 311, C. civ.).

Les époux dont le mariage est constaté par l'acte ci-contre, après avoir été séparés de corps, se sont réconciliés par acte passé devant Me ...., notaire à........., le.........

Le......... mil neuf cent *treize*.

Le maire (Le greffier),
(*Signature.*)

N. — Mention de changement de nom.

Autorisé à porter dorénavant le nom de *Lafenestre-Girard* par jugement homologuant un décret présidentiel, transcrit sur les registres de cette mairie le *seize avril* mil neuf cent *treize*.

Le......... mil neuf cent *treize*.

Le maire(Le greffier),
(*Signature.*)

O. — Mention sommaire d'intercalation indiquant la place d'un acte omis et établi par jugement.

N° 105 bis — *Laure-Emilie Carpel*, née le *trente octobre mil neuf cent trois* (Voir acte n° 26 du *trois mars* mil neuf cent *treize*).

Le......... mil neuf cent *treize*.

Le maire (Le greffier),
(*Signature.*)

FORMULE DE LA LETTRE D'AVIS

Monsieur le Procureur de la République,

J'ai l'honneur de vous faire connaître qu'en marge de l'acte inscrit sous le numéro 35, vol. 1 fol. 20, aux registres des *naissances* de ma commune pour l'année mil huit cent *soixante-douze*, j'ai fait aujourd'hui la mention suivante :

(la copier)

J'ai l'honneur de vous prier de prescrire que la même mention soit faite sur le double du registre déposé au greffe du tribunal de cet arrondissement.

A Saint-Julien, le 12 *janvier* 1913.

Le maire,
(*Signature et cachet.*)

SECTION VI

DES EXPÉDITIONS D'ACTES DE L'ÉTAT CIVIL

§ 1er. — *Qui peut les demander ?*

157. — Toute personne pourra, sauf l'exception prévue à l'article 57, se faire délivrer par les dépositaires des registres de l'état civil des copies des actes inscrits sur les registres. Les copies délivrées conformes aux registres et légalisées par le président du tribunal de première instance ou par le juge qui le remplacera feront foi jusqu'à inscription de faux. Elles porteront en toutes lettres la date de leur délivrance (Art. 45 du Code civil modifié par la loi du 30 novembre 1906).

158. — Les expéditions des actes de l'état civil ne peuvent être refusées à qui que ce soit et sous quelque prétexte que ce soit. Une seule exception a été apportée à ce principe par la loi du 30 novembre 1906 en ce qui concerne la délivrance des expéditions d'actes de naissance.

159. — Nul, à l'exception du procureur de la République, de l'enfant, de ses ascendants en ligne directe, de son conjoint, de son tuteur ou de son représentant légal, s'il est mineur ou en état d'incapacité, ne pourra obtenir une copie conforme d'un acte de naissance autre que le sien, si ce n'est en vertu d'une autorisation délivrée sans frais par le juge de paix du canton où l'acte a été reçu et sur la demande écrite de l'intéressé.

Si cette personne ne sait ou ne peut signer, cette impossibilité est constatée par le maire ou le commisaire de police qui atteste en même temps que la demande est faite sur l'initiative de l'intéressé.

En cas de refus la demande sera portée devant le président du tribunal civil de première instance, qui statuera par ordonnance de référé.

Les dépositaires des registres seront tenus de délivrer à tout requérant des extraits indiquant sans autres renseignements l'année, le jour, l'heure et le lieu de naissance, le sexe de l'enfant, les prénoms qui lui ont été donnés, les noms, prénoms, professions et domicile des père et mère tels qu'ils résultent des énonciations de l'acte de naissance ou des mentions contenues en marge de cet acte et reproduisant la mention prévue au dernier alinéa de l'article 76 du Code civil (Art. 57 du Code civil modifié par la loi du 30 novembre 1906).

160. — Seules les personnes désignées dans l'article précédent ont le droit d'obtenir des expéditions intégrales d'actes de naissance conformes aux registres. Toutes les autres ne peuvent avoir qu'un simple extrait dressé conformément aux prescriptions de cet article.

La justification de l'identité de celui qui réclame une expédition en forme d'un acte de naissance résultera de la production de cartes d'électeur, d'enveloppes de lettres, missives, etc. ; pour justifier de la qualité, l'ascendant et le descendant produiront leur propre acte de naissance, le conjoint son acte de mariage, le tuteur datif une délibération du conseil de famille qui l'a nommé.

L'officier de l'état civil de la résidence du requérant qui réclame par lettre une expédition intégrale peut d'ailleurs, à la demande de celui-ci, attester son identité et sa qualité afin d'éviter la transmission par la poste des pièces justificatives (Let. min. justice à procureur général Bordeaux, 20 mai 1907). Le requérant qui habite l'étranger pourrait obtenir du Consul de France une semblable attestation.

Le but et les conditions d'application de la loi du 30 novembre 1906 sont exposés dans une circulaire de M. le Garde des Sceaux en date du 31 décembre 1906 qui est reproduite aux annexes.

161. — En vertu tant des dispositions de l'article 5, § 4, de la convention de La Haye, du 12 juin 1902, promulguée par décret de 17 juin 1904 que de conventions diverses, l'échange de tous les actes de l'état civil est opéré entre la France et l'Autriche-Hongrie, la Belgique, l'Italie, le Luxembourg, la Norvège et la Suède, la Suisse, et l'échange des actes de mariage seulement est opéré avec l'Allemagne et la Roumanie ainsi que le Portugal et les Pays-Bas (Circ. min. justice, 11 mai 1875, 4 août 1906, 22 avril 1907, 24 janvier 1908, 20 juillet 1908).

L'article 5, § 4, de cette convention dispose qu'une copie authentique de l'acte de mariage (contracté dans un des pays signataires par un ressortissant d'une autre puissance) sera transmise aux autorités du pays de chacun des époux. Cette convention a été conclue entre la France, l'Allemagne, l'Autriche-Hongrie, la Belgique, l'Espagne, l'Italie, le Luxembourg, les Pays-Bas, le Portugal, la Roumanie, la Suède et la Suisse. Parmi ces Etats un certain nombre avait antérieurement conclu avec la France des traités relatifs à la communication réciproque des actes de l'état civil. Ce sont l'Italie, le Luxembourg, la Belgique, l'Autriche-Hongrie et la Suède. L'article 5, § 4, de la convention de La Haye précitée n'apporte à leur égard aucune innovation, et les actes de l'état civil de toute nature relatifs à leurs ressortissants continuent à être communiqués suivant les règles générales posées dans la circulaire de la chancellerie du 11 mai 1875.

Quant aux Puissances avec lesquelles aucune convention n'était intervenue antérieurement à la convention de La Haye, c'est-à-dire l'Allemagne, l'Espagne, les Pays-Bas, le Portugal, la Roumanie, la Suisse, ce sont, à l'exclusion des autres actes de l'état civil, les actes constatant des mariages contractés par des personnes originaires d'un de ces pays qui devront seuls être communiqués (Circ. 4 août 1906) (V. n° 154 où il est indiqué que des conventions sont intervenues également avec la principauté de Monaco, le Chili et le Mexique pour la communication réciproque des actes de l'état civil).

Ces transmissions s'effectuent, tous les six mois, par les maires aux sous-préfets qui les adressent aux préfets ; ceux-ci légalisent ces expéditions, exception faite pour les Suédois et les Norvégiens, la formalité et la légalisation étant supprimées par la convention passée avec la Suède, et les transmettent au ministre de l'Intérieur qui les remet au ministre des Affaires Etrangères chargé de les faire parvenir à la légation de l'Etat étranger (Circ. min. just., 11 mai 1875 et 18 mars 1877, *Rec. off. des circ.*, tome III, p. 349, et *Bull. off. du min.*, 1877, p. 26, circ. min. int., 1er février 1905[1]).

Il importe que les actes contiennent des indica-

1. Cette circulaire qui résume les prescriptions relatives au mode d'envoi de ces extraits est reproduite aux annexes.

tions suffisantes sur le lieu d'origine ou le dernier domicile des individus qu'ils concernent et si ces mentions n'avaient pas été insérées au moment où ils ont été dressés, les maires auraient soin de les porter en note, à la suite de la copie (Même circulaire, du 1er février 1905).

Il est à remarquer que la convention conclue avec l'Autriche-Hongrie, le 29 août 1892, ne contient aucune disposition prescrivant l'échange des actes de reconnaissance des enfants naturels. La raison en est que d'après les législations autrichienne et hongroise, les enfants illégitimes ne peuvent être reconnus et que dès lors leur reconnaissance faite devant nos officiers de l'état civil ne change en rien leur état et ne leur confère aucun droit (Note, *Bul. off. min. justice,* 1892, p. 112).

En ce qui concerne les Allemands, les actes de mariage seront délivrés en double expédition quand les époux seront originaires de deux communes différentes (Circ. min. justice, 22 avril 1907).

Les expéditions d'actes de naissance destinées aux gouvernements étrangers ou aux ambassades et légations étrangères en vertu de stipulations internationales doivent être établies sous forme de copies intégrales des actes portés aux registres (Circ. min. justice, 18 avril 1907).

Par suite des principes établis en matière de nationalité par la loi du 26 juin 1889, les actes de l'état civil intéressant les individus nés en France d'étrangers qui eux-mêmes y sont nés, ne doivent pas être compris au nombre des actes dont les conventions précitées stipulent la communication réciproque.

Les actes de l'état civil intervenus pendant la minorité des individus nés en France d'étrangers, qui eux-mêmes sont nés hors de notre territoire, devront, comme par le passé, être échangés avec les gouvernements auxquels ils ressortissent. Lorsque les individus appartenant à cette dernière catégorie seront domiciliés en France à l'époque de leur majorité, il n'y aura plus lieu de transmettre aux gouvernements étrangers les actes de l'état civil dressés en ce qui les concerne, à partir de cette époque : s'ils réclament toutefois la qualité d'étrangers avant l'accomplissement de leur vingt-deuxième année, il conviendra de communiquer à leur gouvernement non seulement les actes dressés à partir du jour où ils auront exercé la faculté de répudiation, mais encore tous ceux qui seraient intervenus depuis l'époque où ils auraient atteint leur majorité (Note insérée au *Bull. off. du min.*, 1890, p. 110).

FORMULE DES BORDEREAUX D'ENVOI DES EXPÉDITIONS AUX SOUS-PRÉFETS

Bordereau des expéditions d'actes de l'état civil (*d'Italiens, de Belges, etc.*) inscrits sur les registres de la commune de *Saint-Julien*, arrondissement de *Loches*, département *d'Indre-et-Loire*, pendant le 1er semestre 1913, adressées à la sous-préfecture de *Loches* pour l'exécution de la convention internationale (du 13 *janvier* 1875-25 *août* 1876) relative à la communication réciproque des actes de l'état civil.

NUMÉROS du REGISTRE	NOMS et prénoms DES PARTIES	DATES DES ACTES				LIEU D'ORIGINE	OBSERVATIONS
		Naissance	Reconnaissance	Mariages	Décès		

Dressé et certifié, par Nous, maire.
A *Saint-Julien* le 20 *juillet* 1913.

(*Signature et cachet.*)

§ 2. — *Qui peut délivrer des expéditions.*

162. — Les dépositaires chargés de délivrer les extraits sont les greffiers des tribunaux de première instance et les maires ou leurs adjoints dans les conditions où ceux-ci sont autorisés à recevoir les actes mêmes.

163. — Les archivistes des Ministères de la Guerre, de la Marine et des Affaires Etrangères ont qualité pour délivrer les extraits des actes concernant les militaires en expédition et les Français hors du territoire.

164. — Les employés des mairies qui se qualifient de secrétaires généraux n'ont point de caractère public et ne peuvent délivrer aucun extrait

(Avis du Conseil d'Etat, 2 juillet 1807; circ. min. just., 27 août 1807).

§ 3. — *Forme et contenu des expéditions.*

165. — Les extraits doivent être délivrés conformément aux registres (Circ. min. just., 21 avril 1800).

166. — Pour que les extraits des registres des naissances fournissent un renseignement utile, il est nécessaire qu'ils portent l'indication de la date à laquelle ils ont été délivrés. C'est seulement à cette condition qu'il est possible d'être fixé sur l'état d'une personne au moment même où l'on a intérêt à le connaître. Cette précaution indispensable a conduit le législateur à ajouter au texte de l'article 45 du Code civil une disposition générale en vertu de laquelle les extraits des registres de l'état civil, sans qu'il y ait à distinguer entre les registres des naissances, des mariages ou des décès, « porteront en toutes lettres la date de leur délivrance. » Les officiers de l'état civil veilleront donc avec soin à ce que les expéditions qu'ils délivrent soient datées (Circ. min. justice, 6 octobre 1897).

167. — Dans les cas où un acte aurait été rectifié, l'expédition doit mentionner en entier l'acte erroné et porter mention, soit en marge, soit à la suite du jugement en vertu duquel les énonciations dudit acte doivent être modifiées dans tel ou tel sens.

168. — L'emploi des formules imprimées pour l'expédition des actes est légalement autorisé. Mais il est préférable de ne pas en faire usage pour la délivrance des extraits d'actes de naissances afin de ne pas avoir à raturer les mentions imprimées relatives aux noms, prénoms... des père et mère quand l'acte concernera un enfant naturel, car ce serait signaler plus particulièrement sa situation irrégulière.

FORMULE D'EXPÉDITION DES ACTES DE L'ÉTAT CIVIL

COMMUNE
d
—
ARRONDISSEMENT
d
—
DÉPARTEMENT
d

Le douze juin mil neuf cent treize....

(*Copie entière de l'acte rapportant toutes les signatures de l'acte, qui le terminent; puis, s'il existe des mentions en marge, ajouter:* en marge est écrit....) Certifié le présent extrait conforme au registre par Nous, *Antoine Besnard*, maire (*ou* adjoint au maire) de *Saint-Julien*, ce *douze janvier* mil neuf cent treize.

(*Signature et cachet.*)

FORMULE D'EXTRAIT D'ACTE DE NAISSANCE

COMMUNE
d
—
ARRONDISSEMENT
d
—
DÉPARTEMENT
d

L'an........ le (*indication du jour et du mois*), est né à (*indication du lieu*) un enfant du sexe (*masculin ou féminin*), qui a reçu les prénoms de..... et dont le père est le sieur (*nom, prénoms, profession et domicile du père*), et la mère, la dame (*nom, prénoms, profession et domicile de la mère*).

Certifié le présent extrait conforme aux indications

portées au registre, par Nous,................, *maire* de....................

Les mentions : «...... et dont le père est le sieur.....» « et la mère, la dame...... » devraient être entièrement supprimées ou disparaître l'une ou l'autre si l'enfant n'avait été reconnu que par un de ses auteurs.

169. — S'il existe des mentions marginales sur le registre des naissances, l'officier de l'état civil doit en tenir compte dans la rédaction de l'extrait conformément aux rectifications résultant de ces mentions : les noms et prénoms seront donc orthographiés tels que le porterait une mention rectificative ; s'il y a eu reconnaissance ou légitimation de l'enfant, l'extrait après avoir reproduit les prénoms de l'enfant relate les noms, prénoms, etc., des père et mère tels qu'ils résultent des énonciations de la mention marginale sans aucune référence à cette mention qui ne doit pas être signalée.

170. — Les dispositions de l'article 42 du Code civil pour les ratures et les renvois sont applicables aux expéditions comme à la minute de l'acte (V. n° 48).

§ 4. — *Légalisation.*

171. — Les expéditions et extraits doivent être légalisés par le président du tribunal ou par le juge qui le remplace.

Les juges de paix qui ne siègent pas au chef-lieu du ressort d'un tribunal de première instance sont autorisés à légaliser concurremment avec le président les signatures des officiers de l'état civil qui dépendent de leur canton (L. 2 mai 1861, art. 1er).

172. — Il est alloué aux greffiers de première instance (Décr. du 24 mai 1854, art. 2, § 10) ainsi qu'aux greffiers de justice de paix (L. 2 mai 1861, art. 3) une rétribution de vingt-cinq centimes pour chaque légalisation. — Néanmoins ces derniers ne peuvent exiger la rétribution si l'acte, la copie ou l'extrait sont dispensés du timbre (même loi). Il en est de même pour les greffiers de première instance, par application de l'article 8, § 3 du décret de 1854 qui ne leur donne droit à aucun émolument pour l'accomplissement des obligations qui leur sont imposées dans un intérêt d'ordre public ou d'administration judiciaire (Lettre min. just. à min. marine, 8 octobre 1888, *Bull. off. du min.*, 1888, p. 267) ou lorsque l'acte, la copie ou l'extrait sont dispensés du timbre (Note insérée au *Bull. off. du min.*, 1890, p. 371, Circ. min. justice, 1er novembre 1898) (V. n° 182).

La légalisation est également gratuite dans les cas prévus par la loi du 20 juillet 1886, article 24, concernant la caisse de la vieillesse, et par les arrêtés des 30 ventôse an XIII, 31 janvier 1851 et 21 septembre 1855 concernant les indigents inscrits.

173. — La légalisation n'est pas nécessaire quand l'extrait ne doit être employé que dans l'arrondissement où il a été délivré (Lettre min. just., 8 septembre 1848).

5. — *Droits d'expédition.*

a) *Montant des droits.*

174. — Les droits à percevoir par les officiers de l'état civil pour les extraits qu'ils délivrent sont fixés par le décret du 12 juillet 1807.

Chaque expédition d'acte de naissance, de décès ou de publication de mariage donne droit à

Dans les villes de moins de 50.000 hab[ts].	0 fr. 30
Dans les villes de plus de 50.000 hab[ts].	0 fr. 50
A Paris...........................	0 fr. 75

Chaque expédition d'acte de mariage, d'adoption ou de divorce donne droit à

selon le chiffre de la population ou à Paris.	0 fr. 60 1 fr. 00 1 fr. 50

La délivrance par les officiers de l'état civil d'extraits des registres paroissiaux antérieurs à 1789 et conservés dans les mairies donne lieu à la perception des droits d'expédition ci-dessus.

La loi classe au nombre des recettes du budget ordinaire des communes le produit des actes de l'état civil. Ce produit doit donc être versé intégralement dans la caisse municipale et ne saurait dans aucun cas être attribué à titre de gratification ou à tout autre titre au secrétaire de la mairie (Loi du 5 avril 1884, art. 133, § 11 ; Lettre du ministre de l'Intérieur du 7 juillet 1892).

175. — En plus des droits d'expédition, il est dû un droit de timbre de 1 fr. 80 (V. n° 180).

b) *Base de la perception.*

176. — On doit prendre pour base de perception le chiffre de la population totale et non pas celui de la population normale et municipale, c'est-à-dire déduction faite des catégories comptées à part et comprises dans la dénomination de population flottante.

c) *Exemption des droits.*

177. — Les expéditions délivrées en franchise des droits de timbre doivent être exemptées du droit d'expédition établi au profit des communes si elles sont réclamées dans un intérêt public par une administration, mais non pas si elles sont demandées dans un intérêt particulier, à moins que la loi qui dispense du timbre ne dispense expressément aussi du droit d'expédition (Lettre min. int., 9 mars 1891).

d) *Limitation des droits.*

178. — Les fonctionnaires chargés de la délivrance des extraits ne peuvent réclamer, sous peine de concussion, d'autres taxes et droits que ceux de timbre et d'expédition (Décr. 12 juillet 1807, art. 4).

Par contre, les officiers de l'état civil ne sont pas tenus de faire dans les registres des recherches qui leur seraient demandées par des intéressés : c'est au greffier du tribunal qu'est confié le soin de faire de pareilles recherches (Cour Bordeaux, 30 août 1880).

179. — Les greffiers des tribunaux de première instance n'ont droit pour les expéditions qu'ils délivrent qu'aux émoluments fixés par le décret de 1807 et pour les recherches auxquelles ils procèdent sans délivrer d'expéditions, qu'aux droits déterminés par la loi du 21 ventôse an XII, article 14, et par le décret du 24 mai 1854, articles 1er et 9. Ils ne peuvent réclamer d'autres ou plus forts droits, quelles que soient la nature et l'importance des communications qui leur sont demandées (Note insérée au *Bull. off. min. just.*, 1889, p. 300).

§ 6. — *Timbre.*

180. — Les extraits se délivrent sur du papier timbré à 1 fr. 80 (L. 13 brumaire an VII, art. 12 et 19 ; L. 28 avril 1816, art. 62 et 63, L. 2 juillet 1862, art. 17 ; L. 23 août 1871, art. 2), et ne peuvent contenir plus de vingt-cinq lignes par page, compensation faite d'une page à l'autre (Art. 20 de la loi de brumaire an VII).

181. — L'usage suivi autrefois à Paris et dans quelques départements de délivrer, en dehors des cas spécialement prévus par la loi, des *bulletins de l'état civil* revêtus du sceau de la mairie ou d'une griffe représentant la signature du maire, constitue une contravention aux lois fiscales (Lettre min. just. au préfet Seine, 9 avril 1880, *Bull. off. du min.*, 1880, p. 91).

a) *Exemption du timbre.*

182. — Les extraits délivrés à une administration publique ou à un fonctionnaire public à titre de renseignements sont exempts du droit et de la formalité du timbre à la condition de contenir mention de cette destination (L. 13 brumaire an VII, art. 16).

183. — Dans cette catégorie figurent les extraits destinés aux gouvernements étrangers avec lesquels des conventions ont été conclues en vue de l'échange international des actes de l'état civil (V. n° 161).

184. — Sont encore exempts du droit de timbre : 1° les extraits délivrés aux ouvriers et cultivateurs européens qui émigrent pour les colonies françaises (Décis. min. fin., 27 mai 1850) ; 2° les extraits relatifs à l'exécution de la loi sur la caisse des retraites (L. 20 juillet 1886, art. 24) ; 3° ceux des actes des membres des sociétés de secours mutuels dûment autorisées, délivrés aux présidents de ces sociétés dans l'intérêt de l'association (L. 15 juillet 1850, art. 9 ; décr. 26 mars 1852, art. 11 ; L. 1er avril 1898, art. 19) ; 4° ceux des actes produits à l'autorité militaire ; 5° ceux délivrés pour établir l'âge d'un électeur (décr. org. 2 fév. 1852, art. 26) ; 6° l'extrait d'acte de naissance pour le placement d'un enfant en nourrice (L. 23 décembre 1874 et décr. 27 février 1877) ; 7° extrait d'acte de naissance pour l'admission d'un enfant dans une école publique (L. 28 mars 1882) ; 8° extrait d'acte de naissance pour le placement d'un enfant dans une manufacture (L. 22 mars 1841, art. 2 et L. 19 mai 1874, art. 10); 9° extrait d'acte de naissance pour l'obtention d'un livret d'ouvrier (L. 22 mars 1841, art. 2 et L. 22 juin 1854) ; 10° extrait d'acte pour le service de la caisse d'épargne postale (L. 9 avril 1881, art. 20) ; 11° extrait d'acte de décès en forme de permis d'inhumer (Art. 77, Code civil) ; 12° les bulletins de naissance en matière d'accidents du travail (L.9 avril 1898).

b) *Visa pour timbre.*

185. — Sont visés pour timbre gratis les extraits délivrés à des personnes dont l'indigence a été régulièrement constatée pour servir à leur mariage, à la légitimation de leurs enfants ou au retrait d'enfants déposés dans les hospices (L. 10 décembre 1850, art. 4; L. 3 juillet 1846, art. 8; ord. 30 décembre 1846).

186. — Sont visés pour timbre en débet les extraits délivrés aux personnes pourvues de l'assistance judiciaire (L. 10 juillet 1901, art. 14).

§ 7. — *Enregistrement.*

187. — Les expéditions sont dispensées de l'enregistrement par l'article 70, § 3, n° 8, de la loi du 22 frimaire an VII.

188. — Les premières expéditions d'actes de divorce étaient parfois soumises à l'enregistrement sous l'ancienne législation, mais l'article 62 de la loi de finances du 25 février 1901 a abrogé la disposition de l'article 17 n° 12 de la loi du 26 janvier 1892, portant que si le jugement qui prononce un divorce n'est pas frappé d'appel, le droit de 150 francs (187 fr. 50 avec les décimes), qui eut été exigible sur l'arrêt confirmatif, sera perçu sur la première expédition soit de la transcription, soit de la mention du dispositif du jugement effectué sur les registres de l'état civil.

Il en résulte qu'à l'avenir, qu'il y ait ou non appel de la décision des juges de première instance, la première expédition de la transcription du jugement de divorce ou de l'acte de mariage modifié par la mention de ce jugement faite en marge, ne sera plus soumise à aucun droit d'enregistrement et ne sera plus assujettie qu'au droit de timbre comme celles qui pourraient être délivrées ensuite.

SECTION VII

RESPONSABILITÉ DES OFFICIERS DE L'ÉTAT CIVIL

§ 1er. — *Responsabilité civile.*

189. — La responsabilité civile fondée sur le principe posé dans les articles 1382 et suivants du Code civil est consacrée formellement par les articles 51 et 52 ci-dessous rapportés.

190. — Tout dépositaire des registres sera civilement responsable des altérations qui surviendront, sauf son recours, s'il y a lieu, contre les auteurs desdites altérations (Art. 51 du Code civil).

191. — Toute altération, tout faux dans les actes de l'état civil, toute inscription de ces actes faite sur une feuille volante et autrement que sur les registres à ce destinés, donneront lieu aux dommages-intérêts des parties, sans préjudice des peines portées par le Code pénal (Art. 52 du Code civil).

192. — Il y a altération non seulement dans le fait d'avoir changé quelque chose au texte ou à l'écriture d'un acte, mais aussi dans celui d'avoir substitué des feuillets à d'autres ou d'avoir soustrait soit un registre, soit quelques pages de ce registre.

193. — Le dépositaire des registres répond même du fait de ses employés (Art. 1384 du Code civil).

194. — Tout fait ou toute négligence en ce qui concerne les registres ou la rédaction des actes entraîne la responsabilité du maire. Tel serait le cas où il aurait égaré les registres.

195. — Il faut que la partie qui se plaint justifie d'un préjudice causé.

196. — Lorsqu'un acte n'a pas été dressé par le maire et que l'intéressé s'adresse au tribunal pour lui demander d'y suppléer par jugement, il peut mettre le maire en cause afin de le faire condamner aux frais de l'instance.

197. — Le ministère public qui provoque d'office le rétablissement d'un acte omis par l'officier de l'état civil a, par voie de conséquence, qualité pour demander, au nom de l'Etat, la condamnation aux dépens contre le maire qui, par sa faute, a rendu cette mesure nécessaire. L'Etat est recevable à réclamer à l'officier de l'état civil négligent soit le remboursement des avances, soit le paiement des droits afférents à la procédure (Cour Limoges, 15 mai 1890).

198. — Si le maire n'a pas été mis en cause dès l'origine et qu'un jugement interlocutoire soit déjà intervenu, il ne peut être assigné en déclaration de jugement commun pour avoir à supporter les frais de rétablissement des actes.

§ 2. — *Responsabilité pénale.*

199. — Le procureur de la République au tribunal de première instance dénonce les contraventions ou délits commis par les officiers de l'état civil et requiert contre eux la condamnation aux amendes (Art. 53 du Code civil).

a) *Poursuites au civil.*

200. — Toute contravention de la part des maires aux articles 34, 35, 36, 37, 38, 39 du Code civil, touchant la rédaction des actes ; 40, 41, 42,

43, 44, 49, concernant la tenue des registres, les mentions à y faire, leur dépôt; et 45 relatif aux extraits à en délivrer, sera poursuivie devant le tribunal de première instance et punie d'une amende qui ne pourra excéder cent francs (Art. 50 du Code civil).

201. — Les maires qui tarderaient trop à déposer au greffe les registres de l'année écoulée peuvent être poursuivis par le ministère public conformément à l'article 50 du Code civil (Circ. min. just., 31 décembre 1823, *Rec. off. des circ.*, tome Ier, p. 167).

202. — Les articles 68, 156, 157, 192 et 193 du Code civil prévoient des contraventions en matière de célébration de mariage.

La sanction pénale édictée par l'article 192 du Code civil ne peut être appliquée qu'au cas où le mariage aurait été célébré sans qu'il ait été obtenu des dispenses de publication et est au contraire inapplicable à la célébration d'un mariage entre beau-frère et belle-sœur sans qu'il ait été obtenu des dispenses d'alliance (Cass., 8 avril 1910).

203. — Les contraventions dans la rédaction des actes et la tenue des registres ne peuvent être excusées par l'ignorance ou la bonne foi de l'officier de l'état civil (Cour Turin, 6 avril 1808).

204. — L'amende prononcée contre un officier de l'état civil conformément à l'article 50 du Code civil est une amende civile qui ne se prescrit que par trente ans.

205. — De même l'action du ministère public requérant condamnation à l'amende en vertu de l'article 50 du Code civil, étant civile de sa nature, ne se prescrit pas par trois ans mais par trente ans (Cass., 30 juin 1814).

206. — Les officiers de l'état civil n'encourent aucune pénalité pour défaut d'enregistrement des expéditions des actes de l'état civil soumises à cette formalité; mais ils sont responsables du paiement des droits d'enregistrement lorsque les parties auxquelles ces expéditions ont été délivrées refusent ou sont dans l'impossibilité de les acquitter (Décis. direct. enreg., 19 août 1871).

207. — Le refus de communication des registres aux préposés de l'enregistrement est puni d'une amende de dix francs (L. 16 juin 1824, art. 10).

208. — La remise tardive des relevés des décès aux receveurs de l'enregistrement est punie d'une amende de dix francs (Même article de loi).

209. — Les officiers de l'état civil qui ont rédigé des actes sur papier non timbré sont punis d'une amende de vingt francs (L. 16 juin 1824, art. 10). S'ils ont couvert d'écriture ou altéré l'empreinte du timbre, l'amende est de cinq francs (Même loi).

210. — Ils ne peuvent délivrer des expéditions sur papier non timbré, hors les cas prévus par la loi, sous peine d'une amende de vingt francs (Même loi).

211. — Les contraventions relatives au format du papier pour les expéditions et au nombre de ligne sont punies d'une amende de vingt francs et de cinq francs (Même loi).

b) *Poursuites au correctionnel.*

212. — Les officiers de l'état civil qui auront inscrit leurs actes sur de simples feuilles volantes seront punis d'un emprisonnement d'un mois au moins et de trois mois au plus et d'une amende de seize francs à deux cents francs (Art. 192 du Code pénal).

213. — Les articles 193, 194 et 340 du Code pénal prévoient des délits en matière de célébration de mariage (V. n°s 366 et 424).

214. — Les peines portées par les articles 192 (inscription sur feuilles volantes), 193 et 194 du Code pénal seront appliquées lors même que la nullité de leurs actes n'aurait pas été demandée ou aurait été couverte, le tout sans préjudice des peines plus fortes prononcées en cas de collusion et sans préjudice aussi des autres dispositions pénales du titre V du livre Ier du Code civil (Art. 195 du Code pénal).

215. — Quand se produiront des soustractions,

destructions et enlèvements de pièces ou d'autres papiers, registres, actes et effets contenus dans les archives, greffes ou dépôts publics, ou remis à un dépositaire public en cette qualité, les peines seront contre les greffiers, archivistes ou autres dépositaires négligents, de trois mois à un an d'emprisonnement et d'une amende de cent francs à trois cents francs (Art. 254 du Code pénal).

c) *Poursuites au criminel.*

216. — Tout dépositaire qui se sera rendu lui-même coupable des soustractions, enlèvements ou destructions de pièces ou d'autres papiers, registres, actes et effets contenus dans ses archives, greffes ou dépôts publics, sera puni des travaux forcés à temps (Art. 255 du Code pénal).

217. — Tout officier public qui, dans l'exercice de ses fonctions, aura commis un faux soit par fausses signatures, soit par altération des actes, écritures ou signatures, soit par suppositions de personnes, soit par des écritures faites ou intercalées sur des registres ou d'autres actes publics depuis leur confection ou clôture, sera puni des travaux forcés à perpétuité (Art. 145 du Code pénal).

218. — Dans le cas de fausse mention d'enregistrement, soit dans une minute, soit dans une expédition, le maire doit être poursuivi par le ministère public sur la dénonciation du préposé de l'enregistrement et condamné aux peines prononcées pour le faux (L. 22 frimaire an VII, art. 46).

219. — Sera aussi puni des travaux forcés à perpétuité, tout fonctionnaire ou officier public qui, en rédigeant des actes de son ministère, en aura frauduleusement dénaturé la substance, soit en écrivant des conventions autres que celles qui auraient été tracées ou dictées par les parties, soit en constatant comme vrais des faits faux ou comme avoués des faits qui ne l'étaient pas (Art. 146 du Code pénal).

220. — Tout administrateur ou officier public qui aura détruit, supprimé, soustrait ou détourné les actes et titres dont il était dépositaire, sera puni des travaux forcés à temps (Art. 163, § 1er, du Code pénal).

§ 3. — *Responsabilité administrative.*

221. — Tout officier de l'état civil qui, sciemment, aura célébré le mariage d'un officier, sous-officier ou soldat sans s'être fait remettre les permissions de l'autorité militaire ou aura négligé de les joindre à l'acte de célébration du mariage sera destitué de ses fonctions (Décr. 16 juin 1808, art. 3) (V. n° 481).

222. — L'action administrative pourrait s'exercer dans les termes du droit commun contre le maire qui ferait preuve de mauvais vouloir ou de négligence persistante dans la tenue des actes de l'état civil.

§ 4. — *Impunité pour le défaut de timbre et d'enregistrement des pièces annexées aux actes de l'état civil.*

223. — Les officiers de l'état civil ne peuvent annexer aux actes de l'état civil aucun acte, même passé en pays étranger, sans qu'il ait été préalablement revêtu de la formalité du timbre et de l'enregistrement, s'il n'en est pas exempt par sa nature; mais, en cas d'infraction, ils n'encourent ni amende ni même aucune responsabilité à l'égard des droits (Avis Conseil d'Etat, 17 octobre 1833 : décis. direct. enreg., 19 août 1871 et 27 juillet 1872) (V. n° 206).

SECTION VIII

DES ACTES DE L'ÉTAT CIVIL CONCERNANT LES MILITAIRES ET MARINS DANS CERTAINS CAS SPÉCIAUX

224. — Les dispositions qui régissent ces actes ont été édictées par la loi du 8 juin 1893 qui a modifié les articles 47, 48, 59 à 62, 80, 86 à 98[1] et l'intitulé du chapitre v du titre II du livre 1er du Code civil.

Voici les dispositions qui constituent le cha-

1. V. nos 227 pour les articles 47 et 48, 264 et suivants pour les articles 59 à 62, 644 pour l'article 80, 669 pour les articles 86 à 92.

pitre v dont l'intitulé est celui de la présente section :

« Art. 93. — Les actes de l'état civil concernant les militaires, les marins de l'Etat et les personnes employées à la suite des armées seront établis comme il est dit aux chapitres précédents.

« Toutefois, hors de la France et dans les circonstances prévues au présent paragraphe, ils pourront, en tout temps, être également reçus par les autorités ci-après indiquées, en présence de deux témoins : 1° dans les formations de guerre mobilisées, par le trésorier ou l'officier qui en remplit les fonctions, quand l'organisation comporte cet emploi, et, dans le cas contraire, par l'officier commandant ; 2° dans les quartiers généraux ou états-majors, par les fonctionnaires de l'intendance ou, à défaut, par les officiers désignés pour les suppléer ; 3° pour les personnes non militaires, employées à la suite des armées, par le prévôt ou l'officier qui en remplit les fonctions ; 4° dans les formations ou établissements sanitaires dépendant des armées, par les officiers d'administration gestionnaires de ces établissements ; 5° dans les hôpitaux maritimes et coloniaux, sédentaires ou ambulants, par le médecin directeur ou son suppléant ; 6° dans les colonies et dans les pays de protectorat et lors des expéditions d'outre-mer, par les officiers du commissariat ou les fonctionnaires de l'intendance, ou, à leur défaut, par les chefs d'expéditions, de poste ou de détachement.

« En France, les actes de l'état civil pourront également être reçus, en cas de mobilisation ou de siège, par les officiers énumérés aux cinq premiers numéros du paragraphe précédent. La compétence de ces officiers s'étendra, s'il est nécessaire, aux personnes non militaires, qui se trouveront dans les forts et places fortes assiégés.

« Art. 94. — Dans tous les cas prévus à l'article précédent, l'officier qui aura reçu un acte en transmettra, dès que la communication sera possible et dans le plus bref délai, une expédition au ministre de la Guerre ou de la Marine, qui en assurera la transcription sur les registres de l'état civil du dernier domicile : du père ou, si le père est inconnu, de la mère, pour les actes de naissance ; du mari, pour les actes de mariage ; du défunt, pour les actes de décès. Si le lieu du dernier domicile est inconnu, la transcription sera faite à Paris.

« Art. 95. — Dans les circonstances énumérées à l'article 93, il sera tenu un registre de l'état civil : 1° dans chaque corps de troupes ou formation de guerre mobilisée, pour les actes relatifs aux individus portés sur les contrôles du corps de troupes ou sur ceux des corps qui ont participé à la constitution de la formation de guerre ; 2° dans chaque quartier général ou état-major, pour les actes relatifs à tous les individus qui y sont employés ou qui en dépendent ; 3° dans les prévôtés, pour toutes les personnes non militaires employées à la suite des armées ; 4° dans chaque formation ou établissement sanitaire dépendant des armées et dans chaque hôpital maritime ou colonial, pour les individus en traitement ou employés dans ces établissements, de même que pour les morts appartenant à l'armée, qu'on y placerait à titre de dépôt; 5° dans chaque unité opérant isolément aux colonies, dans les pays de protectorat ou en cas d'expédition d'outre-mer. Les actes concernant les individus éloignés du corps ou des états-majors auxquels ils appartiennent ou dont ils dépendent seront inscrits sur le registre du corps ou de l'état-major près duquel ils sont employés ou détachés.

« Les registres seront arrêtés au jour du passage des armées sur le pied de la paix ou de la levée du siège.

« Ils seront adressés au ministre de la Guerre ou de la Marine, pour être déposés aux archives de leur département ministériel.

« Art. 96. — Les registres seront cotés et paraphés : 1° par le chef d'état-major, pour les unités mobilisées qui dépendent du commandement auquel il est attaché; 2° par l'officier commandant, pour les unités qui ne dépendent d'aucun état-major; 3° dans les places fortes ou forts, par le gouverneur de la place ou le commandant du fort; 4° dans les hôpitaux ou formations sanitaires dépendant des armées, par le médecin-chef de l'hôpital ou de la formation sanitaire; 5° dans les hôpitaux maritimes ou coloniaux et pour les unités opérant isolément aux colonies, dans les pays de protectorat et en cas d'expédition d'outre-mer, par le chef d'état-major ou par l'officier qui en remplit les fonctions

« Art. 97. — Lorsqu'un mariage sera célébré dans l'une des circonstances prévues à l'article 93, les publications seront faites au lieu du dernier domicile du futur époux : elles seront mises, en outre, vingt jours avant la célébration du mariage, à l'ordre du jour du corps, pour les individus qui tiennent à un corps, et à celui de l'armée ou du corps d'armée, pour les officiers sans troupes et pour les employés qui en font partie.

« Art. 98. — Les dispositions des articles 93 et 94 seront applicables aux reconnaissances d'enfants naturels.

« Toutefois, la transcription de ces actes sera faite, à la diligence du ministre de la Guerre ou de la Marine, sur les registres de l'état civil où l'acte de naissance de l'enfant aura été dressé ou transcrit, et, s'il n'y en a pas eu ou si le lieu est inconnu, sur les registres indiqués en l'article 94 pour la transcription des actes de naissance. »

225. — Une circulaire a été adressée le 21 juin 1894 aux Préfets par M. le ministre de l'Intérieur au sujet de la transcription des actes concernant les militaires. Elle est ainsi conçue :

« Monsieur le Préfet,

« M. le Ministre de la Guerre vient d'appeler mon attention sur l'application des dispositions de la loi du 8 juin 1893 qui chargent les administrations centrales de son département et de la marine de faire opérer désormais la transcription des actes de l'état civil concernant les militaires et marins dressés aux armées hors de France ou sur mer.

« L'exécution de ces prescriptions a donné à mon collègue lieu de remarquer que dans certaines communes l'officier de l'état civil n'apportait pas tout le soin désirable à l'accomplissement des obligations qui lui incombent de ce chef.

« Sous le régime de la législation antérieure, les actes de décès transmis pour transcription par les corps de troupe auxquels appartenaient les militaires décédés ou par des officiers qui avaient rédigé les actes, n'étaient pas chaque fois régulièrement transmis ni conservés; les uns étaient adirés les autres remis aux familles. Cette manière de procéder présentait déjà de sérieux inconvénients, alors que les actes de l'état civil étaient établis en double exemplaire dont l'un était transmis au Ministère de la Guerre et l'autre adressé au maire du dernier domicile. Mais, ainsi que le fait remarquer M. le Ministre de la Guerre, dans ce dernier cas, l'exemplaire conservé aux archives de son département pouvait servir du moins à opérer ultérieurement la transcription.

« Il ne saurait en être de même aujourd'hui. En effet, la loi du 8 juin 1893 prescrit l'envoi aux archives de la guerre d'un seul exemplaire destiné à la transcription ; il devient donc indispensable d'assurer l'accomplissement de cette dernière formalité.

« Je vous prie en conséquence d'inviter les maires par la voie du Recueil des actes administratifs à ne se dessaisir sous aucun prétexte des actes qui leur sont adressés par les soins de mon collègue pour être transcrits sur les registres de l'état civil, en exécution des dispositions législatives ci-dessus rappelées, et à opérer la transcription, dans le délai de dix jours qui suivra la réception, lors même que ces actes renfermeraient des erreurs. En effet, pour les actes de l'état civil dressés au cours d'un voyage maritime, aux armées, ou à l'étranger, la rectification devra désormais être poursuivie auprès du tribunal de l'arrondissement dans lequel l'acte a été transcrit. La transcription doit donc précéder la rectification.

« M. le Garde des Sceaux, à qui j'ai fait part de mon intention de vous adresser des instructions sur ce point, a donné son adhésion aux règles qui viennent d'être tracées et a fait remarquer en outre que les maires doivent d'autant moins se dessaisir en faveur des familles des expéditions d'actes qui leur sont adressées en vue de la transcription qu'ils sont tenus de les joindre, conformément à l'article 44 du Code civil, aux pièces annexées aux registres de l'état civil. Or ces pièces doivent être transmises avec l'un de ces registres au greffe du tribunal de première instance au commencement de chaque année. »

226. — Une circulaire du ministre de l'Intérieur du 26 avril 1902 contient des instructions relatives à la notification par les maires du littoral aux commissaires de l'Inscription maritime, des mouvements d'état civil des gens de mer. Cette circulaire est rapportée aux annexes.

SECTION IX

DES ACTES DE L'ÉTAT CIVIL REÇUS A L'ÉTRANGER

227. — Tout acte de l'état civil des Français et des étrangers, fait en pays étranger, fera foi, s'il a été rédigé dans les formes usitées dans ledit pays.

Lorsqu'un de ces actes concernant des Français sera transmis au Ministère des Affaires Etrangères, il y restera déposé pour en être délivré expédition (Art. 47 du Code civil; loi du 8 juin 1893).

Tout acte de l'état civil des Français en pays étranger sera valable, s'il a été reçu conformément aux lois françaises, par les agents diplomatiques ou les consuls.

Un double des registres de l'état civil tenus par ces agents sera adressé à la fin de chaque année au ministre des Affaires Etrangères qui en assurera la garde et pourra en délivrer des extraits (Art. 48 du Code civil; loi du 8 juin 1893) (V. n° 561 les dispositions spéciales au mariage).

Les actes dressés dans les chancelleries françaises à l'étranger doivent être visés par les agents français (Ord. 23 oct. 1843, art. 3), puis légalisés au Ministère des Affaires Etrangères.

L'expédition produite de l'acte reçu à l'étranger doit être légalisée.

En général, la légalisation est faite par l'agent français dans le ressort duquel l'acte a été passé à l'étranger (Ord. 1681, art. 23; ord. 25 otc. 1833, art. 6 et 7); sa signature est elle-même légalisée au Ministère des Affaires Etrangères par les fonctionnaires délégués à cet effet par le ministre (Ord. 25 oct. 1833, cir. min. just. 22 juin 1880, *Bull. off. du min.*, 1880, p. 127).

Les actes venant de l'étranger et légalisés par le consul du pays étranger en France peuvent également être acceptés quand la signature de cet agent est revêtue du visa des affaires étrangères (Lettre min. just. au procureur République Paris, 30 septembre 1883, *Bull. off. du min.*, 1883, p. 130).

Un acte dressé en Alsace-Lorraine peut être admis en France avec la seule légalisation faite en Alsace par le président du tribunal, le juge de paix ou son suppléant (Conv. du 14 juin 1872; circ. min. just., 3 septembre 1874, *Rec. off. des circ.*, tome III, p. 311).

Aux termes d'un arrangement conclu le 14 juin 1872, entre la France et l'Allemagne, les actes de l'état civil, les documents judiciaires et autres analogues, délivrés en Alsace-Lorraine et produits en France, devaient être admis par les autorités françaises avec la seule légalisation du président d'un tribunal ou d'un juge de paix. A cette date, l'article 45 du Code civil et la loi du 2 mai 1861 étaient encore en vigueur en Alsace-Lorraine.

La loi allemande du 6 février 1875 a modifié cet état de choses en ce qui touche les actes de l'état civil.

Les officiers de l'état civil allemand étant devenus des magistrats administratifs indépendants du pouvoir judiciaire, la légalisation par le président d'un tribunal ou par un juge de paix a été remplacée par une attestation de conformité au registre principal d'état civil.

Il convient donc aujourd'hui d'interpréter la convention du 14 juin 1872 en ce sens qu'il suffira, pour qu'un acte de l'état civil soit admis en France, qu'il soit revêtu de cette attestation de conformité fournie par l'officier de l'état civil compétent (Lettre Min. Just. au Procureur Général Paris, 17 juin 1897; *Bull. off. du min.*, 1897, p. 62).

Pour le grand-duché du Luxembourg (Conv. du 24 oct. 1867) et pour la Belgique (Conv. du 18 octobre 1879) la légalisation de l'acte dans le pays même par le président du tribunal, le juge de paix ou son suppléant est suffisante.

Aux termes de l'article 8 de la convention du 26 juillet 1862, intervenue entre la France et l'Italie, de l'article 7 de la convention du 11 juillet 1866 avec le Portugal, et de l'article 9 de la convention du 11 décembre 1867 avec l'Autriche-Hongrie, les consuls de ces pays ont en France qualité pour traduire et légaliser toute espèce de documents émanés des autorités ou fonctionnaires de leur pays et ces traductions auront dans le pays de leur résidence la même force que si elles eussent été faites par les interprètes jurés du pays. Tous consuls ont d'ailleurs, soit par conventions spéciales, soit par l'usage, le droit de traduction (Circ. min. just., 10 mars 1883, *Bull. off. du min.*, 1883, p. 27, et note insérée au *Bull. off. du min.*, même année, p. 130).

Par application de l'article 16 de la loi du 13 brumaire an VII, les expéditions d'actes de l'état civil dressés à l'étranger et concernant des nationaux français peuvent être transcrites sur les registres de l'état civil en France et annexées à ces registres sans avoir été préalablement timbrées, lorsqu'elles ont été délivrées pour l'usage exclusif de l'administration française (Instr. concertées entre les départements des finances et de la justice. — Lettre au ministre de l'Intérieur du 20 janvier 1879, *Bull. off. du min.*, 1879, p. 6).

L'article 70, § 3, n° 8, qui exempte de l'enregistrement les actes de naissance, mariage et décès reçus par les officiers de l'état civil, ainsi que les extraits qui en sont délivrés, est applicable aux actes reçus à l'étranger, que ce soit l'expédition elle-même ou la traduction qui soit produite à l'officier de l'état civil français (Trib. Strasbourg, 10 août 1857; inst. gén. fin., 26 octobre 1858[1]). Quant aux actes de divorce, leurs expéditions produites à l'officier de l'état civil français ne sont pas sujettes à l'enregistrement si elles ont été délivrées pour servir exclusivement à la transcription (Mêmes instructions que pour le timbre, *Bull. off. du min.*, 1879, p. 6[2]).

Si l'acte produit est rédigé en langue étrangère, le maire doit exiger une traduction par un traduc-

1. Il en est de même pour les actes de reconnaissance d'enfant naturel exempts de l'enregistrement par l'article 9 de la loi du 31 mars 1903.

2. L'article 62 de la loi du 25 février 1901 a eu pour conséquence de supprimer le droit d'enregistrement sur l'expédition de la transcription du jugement de divorce ou de l'acte de mariage modifié par la mention de ce jugement faite en marge dudit acte (V. n° 608).

teur juré; c'est cette traduction qu'il doit transcrire sur les registres (Circ. min., 13 juillet 1811).

Les règles applicables à la transcription sur les registres de l'état civil français des actes dressés à l'étranger, lorsqu'elle est requise par l'intéressé, ont été données précédemment au n° 142.

Les indications relatives à la communication réciproque des actes de l'état civil entre la France et certains États étrangers ont été donnés au n° 161. S'y référer pour l'énumération des États qui ont conclu des traités à ce sujet avec la France.

CHAPITRE II

ACTES DE NAISSANCE

SECTION PREMIÈRE

DÉCLARATION, PRÉSENTATION

228. — Les déclarations de naissance seront faites, dans les trois jours de l'accouchement, à l'officier de l'état civil du lieu : l'enfant lui sera présenté (Art. 55 du Code civil).

§ 1er. — *Délai.*

229. — Le jour de l'accouchement n'est pas compté dans le délai de trois jours qui est de rigueur (Cass., 8 février 1869) (V. n° 240).

L'officier de l'état civil auquel on présenterait dans le délai prescrit un enfant qui aurait été déjà baptisé ne pourrait élever aucune critique à cet égard ; c'est seulement pour le mariage et le décès que la loi exige l'exécution de ses dispositions avant toute cérémonie religieuse (V. nos 558 et 643).

a) *Actes omis.*

229 *bis.* — Après l'expiration de ce délai, l'officier de l'état civil doit se refuser à recevoir et à inscrire la déclaration (Avis du conseil d'Etat du 12 brumaire an XI). L'acte ne peut plus être dressé qu'en vertu d'un jugement (Même avis).

De même un jugement est nécessaire si la déclaration, quoique faite en temps utile, n'a pas été transcrite dans les délais légaux.

b) *Action d'office du ministère public.*

230. — Bien qu'en règle générale (V. n°s 131 et 133) l'intervention du jugement ne puisse être provoquée que par les parties intéressées, comme le ministère public a qualité pour agir d'office, dans l'intérêt de l'ordre public, son action pour requérir l'établissement d'un acte de naissance non dressé se justifie pleinement alors que tout citoyen français doit le service militaire personnel (Circ. min. just., 22 brumaire an XIV).

Le même motif justifierait une action d'office du ministère public en rectification d'un acte de naissance qui attribuerait par erreur le sexe féminin à un enfant mâle.

c) *Tribunal compétent.*

231. — Un Alsacien-Lorrain ayant opté pour la nationalité française peut obtenir du tribunal de son domicile en France la rectification de son acte de naissance, à la condition de faire déposer l'acte au greffe dudit tribunal (V. n°s 133 et 135).

232. — La constatation judiciaire de la naissance d'un enfant à l'étranger peut être demandée au tribunal du domicile du père en France. Ce tribunal adresse aux autorités locales ou consulaires les demandes de renseignements nécessaires (V. n° 134).

§ 2. — *Officier compétent.*

233. — La déclaration se fait devant l'officier de l'état civil du lieu de l'accouchement, alors même qu'il ne serait pas celui du domicile légal de la mère (Cour Angers, 24 mai 1852).

§ 3. — *Présentation.*

234. — La présentation de l'enfant est obligatoire : la déclaration serait insuffisante si la présentation n'avait pas lieu (Cass., 21 juin 1833); mais l'acte dressé ne serait pas vicié de nullité.

235. — La présentation de l'enfant ne doit pas nécessairement avoir lieu dans le local de la mairie et peut régulièrement être faite au domicile de l'accouchée (Circ. min. int., 9 avril 1870).

236. — En vue de faciliter, dans l'intérêt des nouveau-nés, la présentation sans déplacement, les maires peuvent prendre des arrêtés pour faire opérer sans frais la constatation des naissances à domicile par un médecin délégué. Ces arrêtés doivent être avant leur exécution communiqués au procureur de la République (Même circulaire).

La constatation de la naissance à domicile par le médecin de l'état civil tient seulement lieu de la présentation de l'enfant, mais ne dispense pas de l'obligation de la déclaration à la mairie, qui doit toujours y être faite en vue de la rédaction de l'acte de naissance (Même circulaire).

237. — Les allocations pour rémunérer les médecins de l'état civil sont à la charge des communes (Même circulaire).

SECTION II

PERSONNES TENUES A LA DÉCLARATION

238. — La naissance de l'enfant sera déclarée par le père, ou, à défaut du père, par les docteurs en médecine ou en chirurgie, sages-femmes, officiers de santé ou autres personnes qui auront assisté à l'accouchement ; et lorsque la mère sera accouchée hors de son domicile, par la personne chez qui elle sera accouchée.

L'acte de naissance sera rédigé de suite, en présence de deux témoins (Art. 56 du Code civil).

239. — Pour avoir qualité à déclarer une naissance, la loi n'exige qu'une condition, c'est qu'on ait assisté à l'accouchement. Une femme, un mineur, pourvu toutefois qu'il soit en âge d'apprécier le fait qu'il déclare, peuvent faire la déclaration.

L'officier de l'état civil doit, par contre, refuser la déclaration de toute personne qui n'aurait pas assisté à l'accouchement.

§ 1er. — *Pénalité encourue pour défaut de déclaration.*

240. — Toute personne qui, ayant assisté à un accouchement, n'aurait pas fait la déclaration à elle prescrite par l'article 56 du Code civil et dans les délais fixés par l'article 55 du même code, sera punie d'un emprisonnement de six jours à six mois et d'une amende de seize francs à trois cents francs (Art. 346 du Code pénal) (V. n° 250).

§ 2. — *Rôle des témoins.*

241. — Les témoins doivent remplir les conditions prescrites par la loi (V. nos 32 et suivants). Ils attestent la passation de l'acte en leur présence, la présentation et l'existence de l'enfant, l'identité du déclarant, mais ils ne garantissent pas que l'enfant soit de la mère déclarée ni qu'il soit celui-là même dont elle est accouchée.

SECTION III

ÉNONCIATION DES ACTES

242. — L'acte de naissance énoncera le jour, l'heure et le lieu de la naissance, le sexe de l'enfant et les prénoms, noms, profession et domicile des père et mère et ceux des témoins (Art. 57 du Code civil).

a) *Présentation.*

243. — La mention de la présentation de l'enfant est nécessaire dans l'acte de naissance, car il faut que cet acte constate l'accomplissement de toutes les formalités prescrites par la loi.

b) *Sexe de l'enfant.*

244. — L'indication du sexe est indispensable. Lors de la présentation de l'enfant, le maire ou son délégué à domicile doit s'assurer de ce sexe.

c) *Age de tous les dénommés.*

245. — Aux mentions des prénoms, noms, professions et domiciles des père et mère et des témoins, il faut encore ajouter celle de leur âge, qui est prescrite par l'article 34 du Code civil (V. n° 19).

d) *Prénoms de l'enfant.*

246. — Ne peuvent être reçus comme prénoms que les noms en usage dans les différents calendriers et ceux des personnages connus de l'histoire ancienne : il est interdit aux officiers de l'état civil d'en admettre aucun autre dans leurs actes (L. 11 germinal an XI, art. 1er).

247. — Les israélites ont la faculté de choisir les prénoms qu'ils donnent à leurs enfants parmi les personnages de la Bible (Circ. min just., 28 septembre 1813).

e) *Filiation.*

248. — Si l'enfant est né d'un mariage légitime, le maire devra indiquer les père et mère; celui-ci ne peut être autre que le mari.

249. — S'il s'agit d'un enfant naturel : 1° les père et mère doivent être dénommés lorsqu'ils reconnaissent l'enfant, soit par eux-mêmes, soit par un fondé de pouvoir ; 2° le père naturel ne doit jamais être désigné lorsqu'il n'est pas lui-même déclarant ou n'a pas donné procuration authentique à fin de reconnaissance ; 3° le nom de la mère, même sans son aveu, peut être inscrit dans l'acte (Circ. préf. Seine, 20 décembre 1880), mais l'officier de l'état civil n'a pas le droit d'exiger que le déclarant lui fasse connaître ce nom s'il ne le révèle pas (V. n° 250).

Si les déclarants désignent un enfant naturel comme né d'une femme mariée et d'un autre que son mari ou d'un homme marié et d'une autre que sa femme, le nom patronymique de la mère peut seul être indiqué. Il en sera de même en cas de déclaration de naissance incestueuse.

Lorsqu'un enfant naturel non reconnu n'a reçu que des prénoms et est désigné par le déclarant comme né de telle femme, il a le droit de porter le nom de sa mère, et il n'appartient pas, en tout cas, au ministère public de contester ce droit. Il importe, en effet, que toute personne ait un nom et un ou plusieurs prénoms. L'article 58 du Code civil prescrit de donner un nom aux enfants trouvés. On doit également donner un nom aux enfants nés de père et mère inconnus ou qui n'ont pas voulu se faire connaître. Mais, lorsque la mère n'a pas demandé aux déclarants de garder son nom secret en signalant l'accouchement, il est naturel de présumer qu'elle ne s'oppose pas à ce que l'enfant porte son nom. L'enfant a, dès lors, la possession de ce nom, possession qui, en se prolongeant sans contestation de la part des intéressés, peut se transformer en une véritable propriété[1]. D'ailleurs, un autre nom n'ayant pas été donné au nouveau-né, on ne saurait arbitrairement lui attribuer comme nom l'un ou l'autre de ses prénoms, et il est incontestable que, dans la pratique, les enfants naturels non reconnus sont habituellement désignés sous le nom de leur mère. C'est presque toujours sous ce nom qu'ils figurent dans les documents de jurisprudence qui les concernent, sans que cette attribution du nom entraîne les effets d'une reconnaissance (*Nancy*, 17 novembre 1877; *Cass.*, 23 juillet 1878; *Toulouse*, 2 février 1884; *Paris*, 16 février 1889; *Comp. Cass. Belge*, 11 juin, 1877, qui déclare sujet belge et attribue le nom de Courtois à un enfant naturel non reconnu, mais désigné dans l'acte de naissance dressé en France comme né d'une fille Courtois, de nationalité belge). Le droit pour l'enfant naturel non reconnu de porter le nom de sa mère a été consacré par quelques jugements (*Avallon*, 10 juin 1885; *Argentan*, 4 juillet 1894); c'est dans ce sens que la Chancellerie s'est plusieurs fois prononcée, notamment en matière

1. Limoges, 10 avril 1907.

de naturalisation et même pour les décrets de nomination d'officiers ministériels (Lettre min. just. au Procureur Général Paris, 13 mars 1895; *Bull. off. du min.*, 1895, p. 11).

Les enfants inscrits comme nés de père et mère inconnus doivent être pourvus d'un nom et de prénoms dans les conditions indiquées par la circulaire du 31 décembre 1905, rapportée aux annexes.

250. — Du rapprochement des articles 55, 56 et 57 du Code civil, il ne résulte pas que celui qui est tenu de déclarer le fait de la naissance soit tenu de fournir toutes les énonciations voulues par l'article 57, énonciations qu'il peut ignorer. Cette interprétation est confirmée par les dispositions de l'article 346 du Code pénal, qui ne vise que le fait de la déclaration sans s'occuper des énonciations à insérer dans l'acte. Cet article ne peut spécialement être appliqué, en ce qui concerne la désignation du nom de la mère, au médecin ou à la sage-femme qui n'ont su qu'à raison de son état de grossesse le nom de la mère et à qui tout a été confié sous le sceau du secret. Au lieu d'être puni par l'article 346, le silence sur toutes ces choses leur est imposé par l'article 578 du même Code, qui leur défend sous des peines sévères de révéler de tels secrets (Cass., 1er juin 1844) (V. nos 238, 240, 242).

f) Nom du père, orthographe.

251. — Un père déclarant la naissance de son fils ne peut pas exiger que son nom propre soit orthographié autrement qu'il ne l'était dans les actes de l'état civil antérieurs, en invoquant la circonstance que le changement réclamé est justifié par l'acte de naissance du bisaïeul et par la manière dont les membres de la famille ont toujours signé les actes. — L'article 1er de la loi du 9 fructidor an II défend de porter d'autre nom que celui qui est exprimé dans l'acte de naissance, et l'article 4 de la même loi défend à tous fonctionnaires publics de désigner les citoyens dans les actes autrement que par leur nom de famille porté en l'acte de naissance. — L'orthographe d'un nom propre fait essentiellement partie du nom même. — Une modification serait encore moins possible si l'acte de naissance du père était conforme aux actes concernant l'état civil du grand-père. C'est par la voie d'une demande en rectification devant le tribunal civil que le changement sera obtenu, s'il y a lieu. — L'officier de l'état civil ne peut pas se substituer arbitrairement à la juridiction compétente. — Il doit respecter l'orthographe du nom consacré par les actes antérieurs.

g) *Enfant posthume.*

252. — L'enfant né moins de trois cents jours après la dissolution du mariage est réputé légitime (Art. 312 du Code civil).

L'officier de l'état civil qui dresse l'acte de naissance d'un enfant né d'une femme veuve depuis moins de trois cents jours doit donc avoir soin d'indiquer à la suite des nom et prénoms du mari la date et le lieu de son décès : cette mention remplace celle du domicile.

h) *Enfants jumeaux.*

253. — Lorsque des enfants jumeaux sont présentés, un acte séparé doit être dressé pour chacun d'eux et le maire doit constater avec soin l'heure de la naissance de chacun d'eux, la déclaration de l'ordre dans lequel ils sont nés et l'indication des marques qu'ils ont sur le corps : il prend garde de leur attribuer les mêmes prénoms (Lettre min. just., 9 octobre 1827).

FORMULES D'ACTES DE NAISSANCE

A. — Pour l'acte de naissance des enfants légitimes, la formule sera :

MAIRIE
de
St-LÉONARD-DES-BOIS

CANTON
DE FRESNAY-SUR-SARTHE

ARRONDISSEMENT
DE MAMERS

DÉPARTEMENT DE LA SARTHE

Le *vingt-neuf juin* mil neuf cent *treize*, *onze* heures du *soir*, est né à *la ferme de Féougoux*, *Jean-Jacques-André*, du sexe *masculin*, de *Louis-Paul Bonnard*, *trente* ans, *cultivateur*, et de *Augustine Carré*, *vingt-deux* ans, *sans profession*, *son épouse*, domiciliés à *la ferme des Féougoux en cette commune*. Dressé par Nous, *le premier juillet* mil neuf cent *treize*, dix heures du *matin*, sur présentation de l'enfant et déclaration faite

par le père

ou

à défaut du père par

Pierre-André Mathieu, *quarante-trois* ans, *docteur en médecine*, demeurant à *La Poôté (Mayenne)*.

ou

Eulalie Boivin, *trente-neuf* ans, *sage-femme*, demeurant à *La Poôté (Mayenne)*.

ou

Nicolas Auguste Perrot, *trente-trois* ans, *maréchal-ferrant* demeurant à *Saint-Léonard-des-Bois*.

} ayant assisté à l'accouchement

ou

Louise Mathurine Aubry, *veuve Clément*, *soixante* ans,

sans profession, demeurant à *Saint-Léonard-des-Bois, au domicile de laquelle l'accouchement a eu lieu.*

En présence de *Charles-Nicolas-Louis Fournier, cordonnier*, demeurant à *Saint-Léonard-des-Bois*, et de *François-Michel Lacomte, aubergiste*, demeurant à *La Poôté*, qui, lecture faite, ont signé, avec le déclarant et Nous, *Victor-Alfred Duval*, maire de Saint-Léonard-des-Bois.

Observations. — 1° Pour éviter les confusions qui se produisent fréquemment entre la date de la réception de l'acte et celle de la naissance de l'enfant, c'est cette dernière qui doit figurer obligatoirement en tête de l'acte, la date de la réception devant être reportée dans le corps de la formule;

2° La date du mariage des parents ne doit pas être indiquée dans l'acte de naissance de l'enfant. Cette énonciation, qui d'ailleurs n'est pas prescrite par le Code civil, est de nature à préjudicier aux intéressés lorsque la naissance ne suit la célébration du mariage que de quelques mois ou lorsqu'il s'agit d'enfants légitimés, la date du mariage ne pouvant alors être ajoutée dans les expéditions que par suite de la mention marginale;

3° Il est inutile de dire que l'enfant est né en *cette commune* puisque l'acte de naissance ne peut être reçu, sauf à être transcrit ailleurs ultérieurement dans certains cas que dans la commune où la naissance a eu lieu. Il suffit d'indiquer, la rue, le numéro, le hameau, le lieu dit, la ferme, etc.... Il est au contraire nécessaire d'indiquer, le cas échéant, que les parents sont domiciliés *en cette commune*, le domicile des parents ne se confondant pas nécessairement avec le lieu de naissance de l'enfant;

4° Par exception à la règle générale de l'article 34 du Code civil, l'article 57 permet de ne pas indiquer l'âge des témoins dans l'acte de naissance;

5° Les mots « premier jumeau, » « deuxième jumeau, » doivent être placés s'il y a lieu après les mots : du sexe *masculin* (*ou féminin*). Un acte de naissance distinct doit être dressé pour chaque jumeau;

6° Lorsque la naissance de l'enfant est postérieure à

la mort de son père, la formule est ainsi modifiée : ...... du sexe *masculin*, *fils posthume* de *Louis-Paul Bonnard, décédé le six mai mil neuf cent treize* à *Sillé-le-Guillaume*, et de *Augustine Carré*, *vingt-deux* ans, *sans profession, sa veuve*, domiciliée à *la ferme de Féougoux, en cette commune*. Dressé par Nous, *le premier juillet* mil neuf cent treize, sur présentation de l'enfant et déclaration faite par......

Il n'y a pas lieu dans ce cas d'ajouter : « A défaut du père. »

B. — Si l'enfant naturel est reconnu dans son acte de naissance par le père qui fait la déclaration, il faudra :

1° Mentionner, s'il y a lieu, le domicile du père et, plus loin, le domicile différent de la mère;

2° Mettre, après l'indication de la profession et du domicile du père, les mots « qui déclare le reconnaître »;

3° Supprimer les mots « son épouse ».

C. — Si l'enfant naturel n'est pas reconnu par son père, la formule est :

...... de *Augustine Carré*, etc.

Les mots « *et de père non dénommé* » sont inutiles, l'énonciation du nom de la mère seule suffit pour établir que le père naturel ne s'est pas fait connaître.

Dans ce cas, les mots « à défaut du père » doivent être supprimés après : *Déclaration faite*.

D. — Si l'enfant a été reconnu par son père dans l'acte de naissance sans que la mère soit désignée, la formule sera :

...... *de Louis-Paul Bonnard*, *trente* ans, *cultivateur*, domicilié à *la ferme de Féougoux, en cette commune, qui déclare le reconnaître*. Dressé par Nous, etc.

E. — Si les déclarants de la naissance n'indiquent ni le père ni la mère de l'enfant la formule sera :

.... *de père et de mère non dénommés.*

F. — Si les parents de l'enfant l'ont reconnu antérieurement à la naissance, la formule est ...... de...... et de...... *lesquels l'ont reconnu le* (date)

en cette mairie..........................	Dressé par Nous, etc.
ou	
à la mairie de la commune de X.........	
ou	
par-devant Me Z...; notaire à W.........	

Observation. — En ce qui concerne l'indication de l'âge des parents qui reconnaissent l'enfant dans l'acte de naissance, on trouvera dans le chapitre des reconnaissances les explications nécessaires.

SECTION IV

ACTES CONCERNANT DES ÉTRANGERS

254. — Les règles édictées par les articles 55 et 56 du Code civil, sanctionnées par l'article 346 du Code pénal, constituent des lois de police; aux termes de l'article 3 du Code civil, elles obligent tous ceux qui habitent le territoire. Il suit de là que toute naissance survenue en France doit faire l'objet d'une déclaration devant l'officier de l'état civil du lieu de l'accouchement dans les formes prescrites par la loi (Circ. min. justice, 31 mai 1897, *Bul. off. min. justice*, 1897, p. 48).

Les actes de naissance des étrangers doivent donc être inscrits sur les registres français dans les conditions prescrites par la loi française à la suite d'une déclaration faite à l'officier de l'état civil.

Il ne suffirait pas que les actes dressés par les agents diplomatiques ou consulaires de la nation à laquelle ressortissent le père et la mère de l'enfant soient communiqués aux officiers de l'état civil français pour être transcrits sur leurs registres (Même circulaire).

Des expéditions des actes de naissance reçus par l'officier de l'état civil français doivent être transmises aux gouvernements dont ressortissent ces étrangers si des conventions, prescrivant l'échange de ces actes, existent avec ces gouvernements (V. n° 161).

Ainsi qu'il a été dit ci-dessus, les actes de naissance d'individus nés en France d'un étranger, qui lui-même y est né, ne doivent pas être transmis, car, depuis la loi du 26 juin 1889, ces individus sont considérés comme Français (V. n° 161, page 73).

SECTION V

ENFANTS SANS VIE

255. — Dans le cas de la présentation d'un enfant sans vie à l'officier de l'état civil, celui-ci devra se conformer aux prescriptions du décret du 4 juillet 1806 et dresser l'acte qui sera inscrit sur les registres de décès (V. nos 661 et suivants).

SECTION VI

ENFANTS TROUVÉS

256. — Toute personne qui aura trouvé un enfant nouveau-né sera tenue de le remettre à l'officier de l'état civil, ainsi que les vêtements et autres effets trouvés avec l'enfant, et de déclarer toutes les circonstances du temps et du lieu où il aura été trouvé. Il en sera dressé procès-verbal détaillé qui énoncera en outre l'âge apparent de l'enfant, son sexe, les noms qui lui seront donnés, l'autorité civile auquel il sera remis. Ce procès-verbal sera inscrit sur les registres (Art. 58 du Code civil).

Ces prescriptions sont applicables dans le cas même où l'enfant n'est pas nouvellement né et se trouve en bas âge (Circ. min. int., 25 novembre 1835).

257. — La déclaration doit être faite dans les trois jours.

258. — Toute personne qui, ayant trouvé un enfant nouveau-né, ne l'aura pas remis à l'officier de l'état civil, sera punie d'un emprisonnement de dix jours à six mois et d'une amende de seize francs à trois cents francs (Art. 346 du Code pénal).

259. — C'est à l'officier de l'état civil de la commune où l'enfant a été trouvé que doit s'opérer la remise.

260. — Le droit de donner un nom à cet enfant n'appartient pas au déclarant, mais à l'autorité publique, c'est-à-dire à l'officier de l'état civil ou à l'administration de l'hospice où le nouveau-né aura été déposé (L. 20 septembre 1792, art. 11; Circ. int., 30 juin 1812, art. 11).

Il convient d'attribuer aux enfants trouvés un ou plusieurs prénoms et un nom patronymique; les inscrire sur les registres sous un vocable unique à forme de prénom serait de nature à causer à ces enfants un grave préjudice en révélant à toute occasion leur origine. Les noms choisis ne doivent en aucun cas être pour leurs titulaires une cause de difficultés, de déboires ou d'ennuis (Circ. min. justice, 31 décembre 1905).

Il est impossible de donner une formule unique pouvant s'appliquer à toutes les hypothèses où un enfant trouvé est déclaré à l'officier de l'état civil. Voici la formule de la commission de l'état civil qui s'est bornée à en arrêter une, conforme aux prescriptions de l'article 58 du Code civil et susceptible d'être employée dans le cas le plus fréquent :

Le *douze novembre* mil neuf cent *treize*, *une* heure du *soir*, *Jean-Paul Béringuier*, *trente-cinq* ans, *puisatier*, demeurant *29*, *rue Mission-de-France à Marseille*, Nous a présenté un enfant du sexe *masculin*, paraissant âgé de *deux mois environ*, qu'il nous déclare avoir trouvé *aujourd'hui*, *cinq* heures du *matin*, *sous le porche de l'immeuble nº 66*, *rue des Dominicaines*.

(Description de l'enfant, de ses vêtements, énumération de toutes les circonstances de nature à permettre ultérieurement son identification.)

Nous avons donné à cet enfant les prénoms de *Frédéric-Octave* et le nom de *Miret* et l'avons remis ce jour même à M. le commissaire de police de......

Dont procès-verbal dressé en présence de *Pierre-Jules Carcaniero, trente-quatre* ans, *marchand de coquillages*; *12, quai Rive-Neuve*; *à Marseille*, et *Paul-Auguste Bastieri, cinquante-deux* ans, *cordonnier, 26; rue Farjon à Marseille*, qui, lecture faite, ont signé avec le déclarant et Nous, *Clovis-Albert Desjoncherets*, maire *de Marseille*.

(*Signatures.*)

261. — Le maire ne peut pas, sur la seule indication du déclarant, mentionner le nom de la personne qui lui serait désignée comme mère de l'enfant.

262. — La présence de témoins n'est pas indispensable pour l'établissement du procès-verbal qui doit relater soigneusement tous les signes corporels de l'enfant, son signalement, la nature, la couleur et la marque de ses effets.

263. — Le sort et l'administration des enfants trouvés sont réglés par un décret du 19 janvier 1811 (V. n° 415).

SECTION VII

TRANSCRIPTION D'ACTES DE NAISSANCE

§ 1er. — *Enfant né en mer.*

264. — En cas de naissance pendant un voyage maritime, il en sera dressé acte dans les trois jours de l'accouchement, en présence du père, s'il est à bord, et de deux témoins pris parmi les officiers du bâtiment; ou, à leur défaut, parmi les hommes de l'équipage.

Si la naissance a lieu pendant un arrêt dans un port, l'acte sera dressé dans les mêmes conditions, lorsqu'il y aura impossibilité de communiquer avec la terre ou lorsqu'il n'existera pas dans le port, si l'on est à l'étranger, d'agent diplomatique ou consulaire français, investi des fonctions d'officier de l'état civil.

Cet acte sera rédigé, savoir : sur les bâtiments de l'État par l'officier du commissariat de la marine ou, à son défaut, par le commandant ou celui qui en remplit les fonctions; et, sur les autres bâtiments, par le capitaine, maître ou patron, ou celui qui en remplit les fonctions.

Il y sera fait mention de celle des circonstances ci-dessus prévues dans laquelle l'acte a été dressé.

L'acte de naissance sera inscrit à la suite du rôle d'équipage (Art. 59 du Code civil).

265. — Au premier port où le bâtiment abordera, pour toute autre cause que celle de son désarmement, l'officier instrumentaire sera tenu de déposer deux expéditions de chacun des actes de naissance dressés à bord. Ce dépôt sera fait, savoir : si le port est français, au bureau des armements pour les bâtiments de l'Etat et au bureau de l'inspection maritime pour les autres bâtiments; si le port est étranger, entre les mains du consul de France. Au cas où il ne se trouverait pas dans ce port de bureau des armements, de bureau de l'inscription maritime ou de consul, le dépôt serait ajourné au plus prochain port d'escale ou de relâche.

Ces expéditions sont sur papier libre (L. 13 brumaire an VII, art. 16).

266. — L'une des expéditions déposées sera adressée au ministre de la Marine, qui la transmettra à l'officier de l'état civil du dernier domicile du père de l'enfant ou de la mère, si le père est inconnu, afin qu'elle soit transcrite sur les registres ; si le dernier domicile ne peut être retrouvé ou s'il est hors de France, la transcription sera faite à Paris.

L'autre expédition restera déposée aux archives du consulat ou du bureau de l'inscription maritime.

Mention des envois et dépôts effectués conformément aux prescriptions du présent article sera portée en marge des actes originaux par les commissaires de l'inscription maritime ou par les consuls (Art. 60 du Code civil) (V. n° 140).

267. — A l'arrivée du bâtiment dans le port de désarmement, l'officier instrumentaire sera tenu de déposer, en même temps que le rôle d'équipage, une expédition de chacun des actes de naissance dressés à bord dont copie n'aurait point été déjà déposée conformément aux prescriptions de l'article précédent.

Ce dépôt sera fait, pour les bâtiments de l'Etat au bureau des armements et pour les autres bâtiments au bureau de l'inscription maritime.

L'expédition ainsi déposée sera adressée au ministre de la Marine, qui la transmettra comme il est dit à l'article précédent (Art. 61 du Code civil).

Cette expédition est sur papier libre (L. 13 brumaire an VII, art. 16).

268. — Les signatures des préposés de l'inscription maritime devraient être légalisées par leurs chefs supérieurs et par le ministre de la Marine, bien que la loi ne l'exige pas. Le défaut de légalisation ne serait pas un motif de refuser la transcription de l'expédition.

§ 2. — *Enfant né de militaires ou marins aux armées.*

269. — Les déclarations de naissance de ces enfants seront faites dans les dix jours qui suivront l'accouchement (Art. 93 du Code civil complété par la loi du 17 mai 1900) (V. n° 224).

La transcription de ces actes sera effectuée comme il est dit à l'article 94 du Code civil, sur les registres de l'état civil du dernier domicile du père ou de la mère ou même sur ceux de la ville de Paris, par l'officier de l'état civil compétent à qui l'expédition de l'acte de naissance sera transmise par le ministre de la Guerre ou de la Marine.

§ 3. — *Enfants nés dans les lazarets.*

270. — Expédition des actes de naissance reçus par les autorités sanitaires dans l'enceinte et les parloirs des lazarets sera adressée dans les vingt-quatre heures à l'officier ordinaire de l'état civil de la commune où sera situé l'établissement, lequel en fera la transcription (L. 3 mars 1822, art. 19, § 3).

Cette expédition est sur papier libre (L. 13 brumaire an VII, art. 16).

§ 4. — *Enfant né à l'étranger.*

271. — En pays étranger, les déclarations aux agents diplomatiques et aux consuls seront faites dans les dix jours de l'accouchement. Toutefois ce délai pourra être prolongé dans certaines circonscriptions consulaires en vertu d'un décret du Président de la République qui fixera la mesure et les conditions de cette prolongation (Art. 55 du Code civil modifié par la loi du 21 juin 1903).

Le délai de dix jours à compter de l'accouchement, accordé en pays étranger pour faire les déclarations de naissance devant les agents diplomatiques et consulaires, est porté à trente jours en Russie et dans tous les pays hors d'Europe (Décret du 17 mai 1909).

Les doubles des registres des actes de naissance des Français, dressés à l'étranger par les agents diplomatiques ou les consuls, doivent, depuis la loi du 8 juin 1893, être transmis au ministre des Affaires Etrangères.

272. — Les expéditions des actes dressés par les autorités compétentes à l'étranger peuvent aussi lui être transmis. Le ministre peut délivrer extrait de ces actes (V. nº 227).

273. — Les maires peuvent néanmoins opérer, à la demande des parties, la transcription de ces actes sur les registres de l'état civil (V. nº 142).

274. — Des actes de baptême dressés à l'étranger pourraient être transcrits sur les registres français si les registres tenus à l'étranger par les ministres des différents cultes faisaient foi des actes qu'ils contiennent.

Pour la formule de transcription, voir page 53.

SECTION VIII

PROTECTION DE L'ENFANCE AU PREMIER AGE

275. — Tout officier de l'état civil qui reçoit une déclaration de naissance doit, conformément aux prescriptions de l'article 20 du décret du 27 février 1877, rappeler aux déclarants les dispositions édictées par l'article 7 de la loi du 23 décembre 1874 sur la protection des enfants du premier âge.

Voici cet article : « Toute personne qui place un enfant en nourrice, en sevrage ou en garde moyennant salaire est tenue, sous les peines portées par l'article 346 du Code pénal, d'en faire la déclaration à la mairie de la commune où a été faite la déclaration de naissance de l'enfant ou à la mairie de la résidence actuelle du déclarant, en indiquant, dans ce cas, le lieu de la naissance de l'enfant, et de remettre à la nourrice ou à la gardeuse un bulletin contenant un extrait de l'acte de naissance de l'enfant qui lui est confié. »

CHAPITRE III

ACTES DE RECONNAISSANCE

276. — La reconnaissance d'un enfant naturel sera faite par acte authentique lorsqu'elle ne l'aura pas été dans son acte de naissance (Art. 334 du Code civil) (V. n°s 280 et 287).

L'enfant naturel a droit au nom de celui de ses auteurs qui l'a le premier reconnu.

Lorsque le nom de la mère a été désigné dans l'acte de naissance, l'enfant naturel peut le porter à moins d'opposition de celle-ci.

Mais le fait de porter ce nom ne saurait suffire à lui seul pour donner à l'enfant la qualité d'enfant naturel reconnu, une reconnaissance expresse et par acte authentique n'en serait pas moins nécessaire (V. 249).

SECTION PREMIÈRE

COMPÉTENCE DES OFFICIERS DE L'ÉTAT CIVIL

277. — Les officiers de l'état civil qui ont qualité pour constater la reconnaissance d'un enfant naturel dans son acte de naissance sont encore compétents pour la constater dans un acte postérieur.

278. — Cet acte peut être dressé par tout officier de l'état civil, quel que soit le lieu de naissance de l'enfant ou le domicile du père ou de la mère.

279. — Cet officier public n'est pas juge des déclarations qui lui sont faites. Il doit recevoir celles de toutes personnes qui se présentent pour reconnaître un enfant : si elles sont erronées ou frauduleuses, c'est aux parties intéressées qu'il appartient de les combattre (Art. 339 du Code civil).

§ 1er. — *Enfants adultérins ou incestueux.*

280. — Toutefois il devrait se refuser à inscrire la reconnaissance d'enfants adultérins ou incestueux (Art. 334 du Code civil).

Une loi du 7 novembre 1907 autorise la légitimation, par le mariage subséquent de leurs père et mère et dans l'acte même de célébration, des enfants adultérins, nés plus de trois cents jours après l'ordonnance du président du tribunal, prévue par l'article 878 du Code de procédure civile, intervenue entre celui de leurs auteurs qui était antérieurement dans les liens d'un précédent mariage et son conjoint, lorsque cette procédure aura abouti à la séparation de corps ou au divorce ou aura été interrompue par le décès de l'autre conjoint. L'enfant né pendant le mariage et désavoué par le mari pourra également être légitimé par le mariage subséquent de la mère avec son complice. Il sera fait mention de la légitimation en marge de l'acte de naissance de l'enfant légitimé[1].

Cette loi ne modifie en rien la situation des enfants adultérins et incestueux en ce qui concerne leur reconnaissance. La prohibition édictée par l'article 335 du Code civil subsiste à cet égard. La loi du 7 novembre 1907 concerne exclusivement la légitimation des enfants adultérins et incestueux. Ces enfants ne peuvent être reconnus ni dans leur acte de naissance ni dans un acte spécial postérieur à leur acte de naissance : ils ne peuvent l'être qu'en vue de la légitimation et par suite dans l'acte de mariage de leurs père et mère de telle sorte que la reconnaissance et la légitimation soient concomitantes.

§ 2. — *Enfants conçus.*

281. — Les enfants naturels simplement conçus peuvent être reconnus (Cass., 16 décembre 1811). Les formules de reconnaissance de ces enfants sont données à la fin du chapitre.

1. La loi du 7 novembre 1907 a complété les dispositions de l'article 331 du Code civil relative à la légitimation des enfants naturels. Voir aux actes de mariage ces dispositions (nos 551 et suivants).

§ 3. — *Enfants morts.*

282. — Un enfant mort peut être reconnu s'il a laissé des enfants légitimes[1]. En pareil cas on ne devrait pas se borner, comme il va être dit, à mentionner la reconnaissance en marge de l'acte de naissance, on devrait l'indiquer également en marge de l'acte de décès.

§ 4. — *Père ou mère mariés.*

283. — La reconnaissance faite pendant le mariage par l'un des deux époux au profit d'un enfant naturel qu'il aurait eu, avant son mariage, d'un autre que de son époux ne pourra nuire ni à celui-ci ni aux enfants nés de ce mariage.

Néanmoins elle produira son effet après la dissolution de ce mariage s'il n'en reste pas d'enfants (Art. 337 du Code civil).

§ 5. — *Père mineur ou interdit.*

284. — Les mineurs comme les majeurs peuvent reconnaître un enfant naturel (Cass., 22 juin 1813 et 5 novembre 1835).

285. — Les individus frappés d'interdiction judiciaire ou légale et ceux pourvus d'un conseil

1. Aux termes de l'article 332 du Code civil, la légitimation peut avoir lieu même en faveur des enfants décédés qui ont laissé des descendants, et, dans ce cas, elle profite à ces descendants.

judiciaire peuvent également reconnaître un enfant (Cour de Douai, 23 janvier 1819; Caen, 19 janvier 1843; Orléans, 8 février 1852).

SECTION II

FORME DES ACTES

286. — La réception d'un acte de reconnaissance doit être faite suivant les formalités prescrites pour les divers actes de l'état civil. La présence de deux témoins est nécessaire.

La loi du 30 novembre 1906 a ajouté à l'article 57 du Code civil une disposition prescrivant aux dépositaires des registres de l'état civil de délivrer à tout requérant des extraits indiquant, entre autres renseignements, les professions et domicile des père et mère tels qu'ils résultent des énonciations de l'acte de naissance ou des mentions contenues en marge de cet acte.

Pour permettre de faire figurer dans ces extraits l'indication de la profession et du domicile des parents, il est nécessaire que l'officier de l'état civil qui reçoit une légitimation d'enfant naturel ou une reconnaissance postérieure à la déclaration de naissance mentionne cette profession et ce domicile dans l'avis qu'il doit adresser au dépositaire du registre où est inscrit l'acte de naissance de l'enfant naturel (Note 31 octobre 1908, *Bul. off. min. justice*, 1908, p. 201).

287. — L'acte de reconnaissance d'un enfant sera inscrit sur les registres à sa date ; il en sera fait mention en marge de l'acte de naissance s'il en existe un (Art. 62, § 1er du Code civil) (Voir les formules à la fin du chapitre).

288. — Le père et la mère peuvent reconnaître leur enfant par un seul et même acte ou par des actes séparés.

289. — La reconnaissance simultanée de plusieurs enfants naturels par les mêmes parents peut être constatée par un seul acte.

290. — Lorsque c'est l'officier de l'état civil de la commune sur les registres de laquelle figure l'acte de naissance qui reçoit l'acte de reconnaissance, il inscrit cet acte sur les registres à sa date et fait immédiatement la mention en marge de l'acte de naissance en donnant avis au Procureur de la République pour que celui-ci fasse faire la même mention par le greffier sur le registre déposé au greffe.

291. — Lorsque c'est un autre officier de l'état civil que celui du lieu de naissance qui reçoit l'acte de reconnaissance, une expédition sur papier libre est transmise au Procureur de la République pour qu'il puisse, conformément aux prescriptions de l'article 49 du Code civil, adresser une réquisition de transcription et de mention marginale à l'officier de l'état civil du lieu de naissance de l'enfant. Celui-ci transcrira sur ses registres courants l'expédition à la date de sa remise et l'annexera, puis indiquera la reconnaissance en marge de l'acte de naissance (V. p. 64).

292. — Lorsque l'acte de reconnaissance aura été reçu par un officier public autre que l'officier de l'état civil, le maire du lieu de naissance qui sera requis de mentionner la reconnaissance en marge de l'acte de naissance transcrira également l'acte de reconnaissance sur les registres courants.

293. — Dans les circonstances prévues à l'article 59, c'est-à-dire au cours d'un voyage en mer, la déclaration de reconnaissance pourra être reçue par les officiers instrumentaires désignés en cet article, et dans les formes qui y sont indiquées.

294. — Les dispositions des articles 60 et 61 relatives au dépôt et aux transmissions seront dans ces cas applicables. Toutefois l'expédition adressée au ministre de la Marine devra être transmise par lui de préférence à l'officier de l'état civil du lieu où l'acte de naissance de l'enfant aura été dressé ou transcrit, si ce lieu est connu (Art. 62, §§ 2 et 3 du Code civil).

295. — Les demandes des officiers de l'état civil français adressées à des autorités étrangères et tendant à faire mentionner en marge des registres étrangers des actes de reconnaissance reçus en France doivent, pour être accueillies par celles-ci, leur parvenir par la voie diplomatique, accompagnées d'une expédition régulière de l'acte à mentionner. Il est d'ailleurs préférable que les parties intéressées s'adressent directement à ces autorités pour l'accomplissement de ladite formalité. Les maires ne sont d'ailleurs tenus de transmettre les actes de reconnaissance intéressant des étrangers qu'autant que la communication réciproque des actes de l'état civil a fait l'objet d'une convention avec l'Etat dont dépend l'étranger.

SECTION III

ENREGISTREMENT DES ACTES

296. — Les reconnaissances d'enfants naturels autrement que par acte de mariage étaient autrefois assujetties à un droit fixe d'enregistrement de 9 fr. 38 (L. 28 avril 1816, art. 45, et L. 28 février 1872, art. 4; L. 6 prairial an VII; L. 23 août 1871, art. 1; L. 30 décembre 1873, art. 2; Inst. gén. min. fin., 5 août 1886).

297. — Par acte de mariage, elles donnaient lieu à la perception d'un droit d'enregistrement de 3 fr. 75.

298. — Etaient enregistrés gratis les actes de reconnaissance d'enfants naturels appartenant à des individus notoirement indigents (L. 15 mai 1818, art. 77).

299. — Actuellement les reconnaissances d'enfants naturels, quelle qu'en soit la forme, sont exemptes du droit d'enregistrement.

300. — Cette exonération du droit d'enregistrement a été édictée par l'article 9 de la loi du 31 mars 1903.

301. — L'exemption du droit étant prononcée, quelle que soit la forme de la reconnaissance, l'acte reçu par-devant le notaire n'y est donc plus soumis, mais à la différence des officiers de l'état civil qui n'ont droit à aucun émolument pour l'établissement d'un acte de reconnaissance, les notaires ont d'après un tarif dressé pour chaque ressort de cour d'appel un émolument qui, pour la Cour de Riom, a été fixé à 10 francs. Aux termes des dispositions générales de l'article 23 de ce tarif, tous actes, quelle que soit leur nature, ayant pour objet le mariage des indigents, le retrait de leurs enfants des hospices et la reconnaissance de leurs enfants naturels, sont reçus gratuitement par les notaires sur la production par les parties intéressées du certificat prévu par l'article 6 de la loi du 10 décembre 1850; la gratuité s'applique même aux frais de voyage.

FORMULE D'ACTE DE RECONNAISSANCE FAITE PAR LA MÈRE SEULE ET POSTÉRIEUREMENT A LA NAISSANCE DE L'ENFANT

MAIRIE
du
VI

MAIRIE du VIe ARRONDISSEMENT DE PARIS

Le *vingt-cinq juin* mil neuf cent *treize*, *quatre* heures du soir, *Louise Durand*, *née à Clamart (Seine) le trois mai mil huit cent quatre-vingt-neuf*, *brocheuse*, demeurant à *Paris*, *55*, *quai des Grands-Augustins*, Nous a déclaré reconnaître pour son fils un enfant né à *Corancy (Nièvre) le 12 décembre mil neuf cent onze* et inscrit le même jour sur les registres de ladite commune sous les noms de *Jacques-Lucien Durand, fils de Louise Durand.* En présence de...... et de...... lesquels, lecture faite, ont signé avec la déclarante et Nous, *Pierre Roux,* adjoint au *maire du VI*e *arrondissement de Paris.*

OBSERVATIONS

A. — En ce qui concerne l'âge de la personne qui reconnaît un enfant naturel il importe d'indiquer d'une façon précise le lieu et la date de sa naissance. Souvent l'enfant naturel, devenu majeur, n'a pour retrouver ses parents que les indications de l'acte de reconnaissance.

Le père ou la mère qui reconnait formellement son enfant n'a pas l'intention de lui dissimuler son état civil véritable : il importe de préciser.

Pour la même raison, les dates et lieux de naissance des parents qui reconnaissent leur enfant devront être indiqués lorsque la reconnaissance sera comprise dans l'acte de naissance de l'enfant.

B. — Il est inutile de mentionner le sexe de l'enfant déjà indiqué dans l'acte de naissance.

C. — La même formule peut encore servir lorsque la reconnaissanne est faite simultanément par le père et par la mère. Elle peut également servir lorsque l'enfant reconnu par sa mère depuis l'inscription de l'acte de naissance vient à être reconnu plus tard par son père ou inversement.

D. — Il importe de mentionner à la fois la date de la naissance et celle de l'inscription de cette naissance sur les registres de l'état civil, ces deux dates pouvant être éloignées l'une de l'autre lorsque la naissance a été constatée par un jugement.

E. — Lorsque la reconnaissance est faite en vertu

d'une procuration (Art. 36 du Code civil) la formule sera :

Le *vingt-cinq juin* mil neuf cent *treize*, *quatre* heures du *soir*, *Stanislas-André Berthier*, *trente-cinq* ans, épicier, demeurant à *Paris*, *8*, *rue de Savoie*, *agissant en vertu d'une procuration spéciale et authentique*, Nous a déclaré *que Louise Durand*, *née à Clamart* (*Seine*), *le trois mai mil huit cent quatre-vingt-neuf*, *brocheuse*, *demeurant à Paris*, *55*, *quai des Grands-Augustins*, reconnaît pour *son* fils un enfant né à........ etc........

FORMULES DE RECONNAISSANCES ANTÉRIEURES A LA NAISSANCE DE L'ENFANT

A. — Le *vingt-cinq juin* mil neuf cent *treize*, *quatre* heures du *soir*, *Louise Durand*, *née à Clamart* (*Seine*), etc. (comme dans la formule de reconnaissance page 137). Nous a déclaré reconnaître pour *son* ou *ses* enfants *le* ou *les* enfants dont elle se déclare actuellement enceinte. En présence de........ etc........

B. — Le *vingt-cinq juin*, etc........ du soir, *Jules Benoît*, né à *Paris* (*XVIIIe arrondissement*), *le sept octobre mil huit cent quatre-vingt-deux*, *typographe*, *demeurant à Paris*, *17*, *rue de Nevers*. *et Louise Durand*........ etc., Nous ont déclaré reconnaître dès à présent pour *leur* ou *leurs* enfants *le* ou *les* enfants dont *Louise Durand* déclare être actuellement enceinte. En présence de......

C. — Le *vingt-cinq juin*, etc........ du *soir*, *Jules Benoît*, etc........ a déclaré reconnaître dès à présent pour *son* ou *ses* enfants *le* ou *les* enfants dont il affirme que *Louise Durand*, etc........ *quai des Grands-Augustins*, est actuellement enceinte. En présence de.... etc.

FORMULE DE L'ACTE DE RECONNAISSANCE D'UN ENFANT DONT L'ACTE DE NAISSANCE N'A JAMAIS ÉTÉ DRESSÉ

...... a déclaré reconnaître pour *son* fils (ou sa fille) un enfant dont l'acte de naissance n'a pas été dressé, né à........ le........ et désigné jusqu'ici sous les prénoms et nom de........ En présence de...... etc.

Un jugement devra ultérieurement tenir lieu d'acte de naissance de l'enfant.

Pour les formules de mention marginale, voir p. 64, lettres C, D, E.

CHAPITRE IV

ACTES D'ADOPTION

SECTION PREMIÈRE

ADOPTION CONTRACTUELLE

303. — L'adoption a pour résultat d'apporter quelques modifications à l'état civil de ceux qui en sont l'objet ; donc elle doit, comme tout acte de ce genre, être inscrite sur les registres de l'état civil.

C'est ainsi qu'elle confère le nom de l'adoptant à l'adopté, en l'ajoutant au nom propre de ce dernier (Art. 347 du Code civil).

Toutefois, si l'adopté est un enfant naturel non reconnu, le nom de l'adoptant pourra, par l'acte même d'adoption et du consentement des parties, lui être conféré purement et simplement sans être ajouté à son propre nom (L. 13 février 1909, art. 1er).

L'acte d'adoption dressé devant le juge de paix du domicile de l'adoptant est soumis successivement à l'homologation du tribunal puis de la Cour d'appel (Art. 353 et suivants du Code civil).

304. — Dans les trois mois qui suivront l'arrêt admettant l'adoption, celle-ci sera inscrite, à la réquisition de l'adoptant ou de l'adopté, sur le registre de l'état civil du lieu où l'adoptant sera domicilié. Cette inscription n'aura lieu que sur le vu d'une expédition en forme de l'arrêt de la cour d'appel, et l'adoption restera sans effet, si elle n'a été inscrite dans ce délai (Art. 359 du Code civil).

305. — Le délai de trois mois est de rigueur. Le maire devrait se refuser à inscrire l'arrêt passé ce délai.

306. — L'inscription pouvant être requise par l'une ou l'autre des deux parties indistinctement, il s'ensuit que la mort de l'adoptant avant l'inscription ne devrait pas empêcher le maire d'opérer cette inscription.

307. — L'inscription doit être faite sur les registres de l'état civil du domicile de l'adoptant. Elle serait nulle si elle était opérée sur ceux du domicile de l'adopté (Cour Montpellier, 19 avril 1852; Cass., 15 juin 1874). Elle se fait sur les registres de naissance (Circ. int., 3 nivôse an XI).

308. — La transcription doit avoir lieu à sa date et non à celle de l'arrêt.

309. — La transcription intégrale de l'arrêt confirmatif de l'adoption est suffisante : il n'est pas nécessaire que l'acte même d'adoption soit transcrit (Req., 23 novembre 1847 ; Cour Grenoble, 7 mars 1849).

310. — Mention de l'adoption doit être faite en marge de l'acte de naissance de l'adopté (L. 13 février 1909, art. 2). A cet effet, une expédition de l'acte transcrit est remise au maire de la commune du lieu de naissance, elle est transcrite sur les registres de naissance courants, puis mention est faite en marge de l'acte de naissance. Avis de cette opération est donné au procureur de la République pour que semblable mention soit faite en marge de l'acte de naissance sur le registre des actes de naissance déposé au greffe.

Lorsque le maire a conservé la plénitude de sa fonction d'officier de l'état civil et a signé seul la totalité des actes, la responsabilité du défaut d'inscription d'une adoption sur les registres de l'état civil reste exclusivement à sa charge alors même que la sommation d'inscription de l'adoption a été remise à l'adjoint parlant à sa personne et que le certificat attestant inexactement d'ailleurs l'inscription de l'adoption émane de lui quand il est également constant que le maire n'a pas pu ne pas prendre connaissance de la sommation et et qu'il a même déclaré que son secrétaire avait malgré des ordres réitérés oublié d'inscrire en temps utile l'acte d'adoption sur les registres de l'état civil (Req., 15 juin 1909).

311. — La transcription de l'arrêt ne donne lieu à la perception d'aucun droit particulier d'enregistrement. Elle bénéficie, ainsi que les extraits ou expéditions qui sont délivrés, de l'exemption dont jouissent les actes de l'état civil en vertu de l'article 70, § 3, n° 8, de la loi du 22 frimaire an VII.

Il est d'ailleurs à remarquer que le contrat d'adoption est soumis, en tant qu'acte judiciaire, à un droit d'enregistrement (187 fr. 50) qui est perçu lors de la délivrance de l'expédition de l'arrêt de cour d'appel confirmant l'adoption (L. 22 frimaire an VII, art. 68, § 1, n° 9; L. 18 avril 1816, art. 49, § 1).

FORMULE DE TRANSCRIPTION D'UN ACTE D'ADOPTION

Voir page 55, lettre B.

FORMULE DE MENTION MARGINALE D'ADOPTION

Voir page 66, lettre I.

La réquisition de transcription peut être faite par écrit car la comparution personnelle des parties n'est pas nécessaire.

SECTION II

ADOPTION TESTAMENTAIRE

312. — La loi ne prescrit point pour l'adoption testamentaire, comme l'article 359 du Code civil le fait pour l'adoption contractuelle, la formalité de l'inscription sur les registres de l'état civil. Ces deux cas ne peuvent être soumis aux mêmes règles, l'adoption contractuelle s'opérant d'une manière définitive en vertu d'un arrêt qui fait partir le délai de l'inscription, tandis que l'adoption testamentaire présente l'incertitude de sa validité et ne comporterait pour la date de l'inscription aucun point de départ précis.

C'est donc à bon droit que l'officier de l'état civil se refuse à faire en marge d'un acte de naissance la mention d'une adoption testamentaire, sur la réquisition d'une partie qui ne fait que lui représenter un testament.

313. — Par contre, puisque l'adoption testamentaire a pour effet de modifier le nom de l'adopté, celui-ci, par une conséquence nécessaire, est autorisé à provoquer la rectification de son acte de naissance, lui attribuant un nom différent de celui qu'il a désormais le droit de porter. Il doit se pourvoir à cet effet devant le tribunal civil, suivant la forme de procéder spéciale qui est prescrite par les articles 99 du Code civil, 855 et suivants du Code de procédure civile (Cour de Paris, 8 mai 1874).

CHAPITRE V

ACTES DE PUBLICATIONS DE MARIAGE

SECTION PREMIÈRE

NOMBRE DES ACTES

314. — Avant la célébration du mariage, l'officier de l'état civil fera une publication par voie d'affiche apposée à la porte de la maison commune (Art. 63 du Code civil modifié par la loi du 21 juin 1907).

315. — Il n'est plus actuellement nécessaire de procéder à l'établissement de deux actes de publications distincts.

La nouvelle loi n'exige plus qu'un seul acte de publications.

316. — L'affiche prévue en l'article précédent restera apposée à la porte de la maison commune pendant dix jours lesquels devront comprendre deux dimanches (Art. 64 du Code civil, modifié par la loi du 21 juin 1907).

La publication initiale pourra être faite un jour de dimanche ; mais, pour observer l'obligation des deux dimanches de publicité édictée par l'article 64, il est nécessaire que l'affiche soit apposée dès le matin, à l'ouverture des bureaux, afin que chacun puisse être admis à en prendre connaissance pendant toute la durée pratiquement utile, au point de vue de la publicité, de la journée du dimanche (Circ. min. justice, 21 décembre 1907).

317. — L'affiche doit être faite sur papier timbré à 0 fr. 60. Lorsque l'affiche est sur papier libre, il y a lieu de mettre à la place ordinaire du timbre la mention « Loi du 10 décembre 1850 » et non pas « mariage entre indigents. »

318. — Le procureur de la République, dans l'arrondissement duquel sera célébré le mariage peut dispenser pour des causes graves de la publication et de tout délai (Art. 149 du Code civil modifié par la loi du 21 juin 1907).

319. — Il sera rendu compte par les parquets au ministre de la Justice des causes graves qui auront donné lieu à chacune de ces dispenses (Même disposition; Lettre min. just. à procureur République Paris, 4 mai 1888; Circ. du 12 juillet 1907 reproduite aux annexes).

320. — La dispense sera déposée au secrétariat de la commune où le mariage sera célébré. Le maire en délivrera une expédition dans laquelle il sera fait mention du dépôt, et qui demeurera annexée à l'acte de célébration du mariage (Arrêté du 20 prairial an XI, art. 4).

SECTION II

ÉNONCIATIONS DE L'ACTE

321. — L'acte de publication énoncera les prénoms, noms, professions, domicile et résidence des futurs époux, leur qualité de majeur ou de mineur, et les prénoms, noms, professions et domicile de leurs pères et mères. Elle énoncera, en outre, les jour, lieu et heure où elle a été faite. Elle sera transcrite sur un seul registre coté et paraphé comme il est dit à l'article 41 du Code civil et déposé, à la fin de chaque année, au greffe du Tribunal de l'arrondissement (Art. 63 du Code civil modifié par la loi du 21 juin 1907).

322. — L'acte de publication est un acte de l'état civil d'une forme toute spéciale; c'est, en réalité, un procès-verbal constatant que le projet de mariage a reçu la publicité requise par la loi. Les articles 37 et 38 du Code civil ne lui sont pas applicables. D'ailleurs les rédacteurs du Code ont pris soin de préciser, dans l'article 63, les énonciations que doit contenir l'acte de publication : ils n'exigent pas l'indication de l'âge, ils prescrivent seulement de mentionner si les futurs sont majeurs ou mineurs. Ce renseignement, joint à l'état civil des futurs et de leurs parents, à l'indication du domicile et de la profession des parties, suffit pour faire connaître leur identité. On a sans doute pensé qu'il y aurait parfois de sérieux inconvénients à proclamer et à afficher l'âge exact des futurs (Lettre du min. just. au procureur général Paris, 13 mars 1895, *Bull. off. du min.*, 1895, p. 12) (V. nos 324 et suivants). L'âge des parents ne doit pas être non plus mentionné.

323. — L'attention des officiers de l'état civil est appelée par une circulaire de M. le Garde des Sceaux en date du 8 août 1904, sur les manières défectueuses dont certains d'entre eux rédigent les actes de publications de mariage en y faisant figurer des énonciations inutiles et qui parfois même sont préjudiciables aux futurs conjoints. L'article 63 du Code civil dispose que l'acte de publication énoncera les prénoms, noms, professions et domiciles des futurs époux, leur qualité de majeurs ou de mineurs, et les prénoms, noms et domicile de leurs pères et mères. C'est à ces mentions que l'officier de l'état civil doit strictement se borner; rien ne l'autorise à en faire figurer d'autres dans l'acte, et il doit notamment s'interdire d'y indiquer que les futurs époux ont la qualité d'enfants légitimes ou légitimés, naturels reconnus ou non reconnus.

Si l'un des futurs époux est un enfant naturel non reconnu par son père, aucune mention spéciale n'attirera l'attention sur sa situation juridique, il sera désigné comme fils ou fille de......, le nom de la mère venant de suite.

S'il n'est reconnu ni par père ni par mère au lieu de fils majeur de......, on mettra « majeur. »

Si c'est un pupille de l'assistance publique, cette particularité ne devra pas être mentionnée dans l'acte de publication.

Si c'est un enfant légitime, les mots de « son épouse » ne devront pas suivre le nom de sa mère.

Pour chacun des futurs époux, le domicile et la résidence seront indiqués. Si les deux lieux se confondent, on mettra « domicilié et résidant à....... ».

Il ne doit pas être fait mention dans la publication des précédents mariages des futurs conjoints dissous par le veuvage ou le divorce.

Le jour de la semaine où est faite la publication est indifférent, il est inutile de le mentionner. Il suffit que l'affiche reste apposée dix jours, y compris deux dimanches.

L'affiche de publication doit toujours être signée de l'officier de l'état civil. Elle doit être placée dans un lieu très apparent, et, autant que possible, elle doit pouvoir être vue des personnes qui n'entrent pas dans la mairie.

Copie de l'affiche doit être faite en termes identiques, sur le registre des publications, sans addition de quoi que ce soit, ni avant ni après.

FORMULE D'ACTE DE PUBLICATION DE MARIAGE

COMMUNE DE MELUN

DÉPARTEMENT
de
SEINE-ET-MARNE

Publication de mariage entre : *Jean-Louis Dubois, mécanicien, domicilié à Paris (V^e^ arrondissement), rue de la Pitié, n° 8, et résidant à Melun, 16, rue St-Aspais, fils majeur de Joseph Dubois, décédé, et de Louise-Caroline Prévôt, sans profession, domiciliée à*

Paris (Ve arrondissement), 8, rue de la Pitié, et *Marguerite Jacquet, lingère, domicilée et résidant à Melun, 21, rue Carnot, fille mineure de Désirée Jacquet, blanchisseuse, domiciliée à Melun, 21, rue Carnot.*

Dressé et affiché à la porte de la mairie, le *huit juillet* mil neuf cent *treize, neuf* heures du *matin*, par Nous, *Jacques-Henri Renaud, maire* de *Melun.*

(*Signature du maire.*)

Voir pour ce qui a trait au certificat de publication les nos 434 et suivants.

324. — L'officier de l'état civil auquel on demande de procéder à des publications n'a pas, en règle générale, qualité pour examiner si celui qui veut contracter mariage fournit à cet effet toutes les justifications nécessaires. C'est à l'officier qui doit célébrer le mariage qu'il appartient de faire cette vérification (Lettre min. just. au procureur de la République Aix, 16 octobre 1879, *Bull. off. du min.*, 1879, p. 232).

325. — Les publications doivent toujours être faites conformément aux notes remises par les parties aux officiers de l'état civil (Avis du Conseil d'Etat, 30 mars 1808).

326. — La production de l'acte de naissance des futurs n'est donc pas expressément exigée.

327. — Il ne semble pas non plus que l'officier de l'état civil puisse exiger des parties la production soit des consentements de leurs ascendants, soit de la notification devant y suppléer.

328. — La justification des dispenses d'alliance ou de parenté n'est pas nécessaire pour qu'il soit procédé aux publications de mariage de personnes alliées ou parentes à un degré prohibé.

329. — Un maire ne peut se refuser aux publications de mariage d'un déserteur de l'armée française. Le décret du 16 juin 1808 ne prescrit pas aux officiers de l'état civil de se faire remettre, *avant la publication des bans*, le consentement de l'autorité militaire au mariage d'un homme lié au service, mais dispose seulement que ces officiers ne doivent pas procéder au mariage tant que ce certificat ne leur a pas été présenté (Lettre min. Guerre au Garde des Sceaux, 6 octobre 1879, *Bull. off. du min.*, 1879, p. 232).

SECTION III

LIEUX DES PUBLICATIONS

§ 1er. — *Domicile légal ou résidence des futurs.*

330. — La publication ordonnée par l'article 63 sera faite à la municipalité du lieu où chacune des parties contractantes aura son domicile ou sa résideuce (Art. 166 du Code civil modifié par la loi du 21 juin 1907).

331. — Si le domicile actuel ou la résidence actuelle n'ont pas été d'une durée continue de six mois, la publication sera faite en outre au lieu du dernier domicile, et, à défaut du domicile, au lieu de la dernière résidence; si cette résidence n'a pas une durée continue de six mois, la publication sera faite également au lieu de la naissance (Art. 167 du Code civil modifié par la loi du 21 juin 1907).

332. — La publication devra être effectuée à la municipalité du lieu où chacune des parties contractantes aura son domicile ou sa résidence (Art. 166); si le domicile ou la résidence n'ont pas été d'une durée continue de six mois (Art. 167), une autre publication devra être faite, en outre, au lieu du dernier domicile, et, s'il n'y a pas de dernier domicile, au lieu de la dernière résidence. Si enfin cette dernière résidence n'a pas eu une durée de six mois ininterrompus, il sera encore nécessaire de faire une publication au lieu de la naissance. En d'autres termes, avant de procéder au mariage d'un batelier, d'un forain, en un mot d'une personne qui menant une vie nomade ne possède pas de domicile connu et ne peut pas s'astreindre à résider dans une même commune pendant les six mois consécutifs qui précèdent son mariage, l'officier de l'état civil devra exiger la preuve que des publications ont été faites : 1° au lieu de la résidence actuelle; 2° au lieu de la dernière résidence; 3° au lieu de la naissance (Circ. min. Justice, 12 juillet 1907, reproduite aux annexes).

Lorsque le mariage doit être publié dans une commune autre que celle où le mariage doit être célébré, M. le Garde des Sceaux se demande s'il n'y aurait pas intérêt à suivre la pratique suivante. Le maire du lieu de célébration établirait lui-même la note de publication visée dans l'avis du Conseil d'Etat du 30 mars 1808 ; il ferait connaître le coût exact de l'acte aux parties qui lui remettraient un mandat de somme égale au nom du maire compétent : il percevrait un droit de 0 fr. 20 pour l'envoi des pièces par la poste et leur retour, et il enverrait le tout à son collègue. Celui-ci, à son tour, procéderait à la formalité requise, userait de la franchise postale qu'il a avec le juge de paix de son canton, pour faire légaliser sa signature, dans les cas où il y a lieu à légalisation, et renverrait les pièces ainsi régularisées au maire du lieu de la célébration en utilisant le timbre-poste de 0 fr. 10 qui lui a été adressé à cet effet (Circ. min. Justice, 24 décembre 1907).

§ 2. — *Domicile des parents.*

333. — Si les parties contractantes, ou l'une d'elles, sont, relativement au mariage, sous la puissance d'autrui, la publication sera encore faite à la municipalité du domicile de ceux sous la puissance desquels elles se trouvent (Art. 168 du Code civil, modifié par la loi du 21 juin 1907).

334. — On est sous la puissance d'autrui quant au mariage, lorsqu'on ne peut contracter mariage sans le consentement de ses père, mère, aïeuls ou aïeules. Tel est le cas pour le fils et la fille mineurs de vingt et un ans.

a) *Ascendants habitant l'étranger.*

335. — Si les père et mère, aïeuls ou aïeules sont domiciliés à l'étranger et que leur consentement au mariage soit produit, l'officier de l'état civil peut ne pas exiger l'accomplissement des formalités de publications dans ce pays lorsqu'il n'y existe pas de consuls français ou que les publications n'y sont pas en usage ou que les autorités locales refusent de les faire (Lettres min. just., 27 octobre 1843, 8 janvier 1845, 2 mai 1850).

b) *Conseil de famille.*

336. — Quand, à défaut d'ascendants, les futurs se trouvent placés sous la puissance d'un conseil de famille, des publications doivent être faites au lieu où siège ce conseil.

SECTION IV

CONSTATATION DES OPPOSITIONS ET DE LEURS MAINLEVÉES

§ 1er. — *Qui peut former opposition?*

337. — Le droit de former opposition à la célébration du mariage appartient à la personne engagée par mariage avec l'une des parties contractantes (Art. 172 du Code civil).

338. — Le père, et, à défaut du père, la mère, les aïeuls et les aïeules, peuvent former opposition au mariage de leurs enfants et descendants, encore que ceux-ci aient vingt et un ans accomplis (Art. 173 du Code civil modifié par la loi du 21 juin 1907).

339. — A défaut d'aucun ascendant, le frère ou la sœur, l'oncle ou la tante, la cousine ou le cousin germains, majeurs, ne peuvent former opposition que dans les deux cas suivants : 1° lorsque le consentement du conseil de famille, requis par l'article 160, n'a pas été obtenu; 2° lorsque l'opposition est fondée sur l'état de démence des futurs époux; cette opposition, dont le tribunal pourra prononcer mainlevée pure et simple, ne sera jamais reçue qu'à la charge par l'opposant de provoquer l'interdiction et d'y faire statuer dans le délai qui sera fixé par le jugement (Art. 174 du Code civil).

340. — Dans ces deux cas, le tuteur ou curateur ne pourra, pendant la durée de la tutelle ou curatelle, former opposition qu'autant qu'il y aura été autorisé par le conseil de famille, qu'il pourra convoquer (Art. 175 du Code civil).

341. — L'article 298 du Code civil qui prohibait le mariage entre l'époux divorcé pour cause d'adultère et son complice, ayant été abrogé par la loi du 16 décembre 1904, la question de savoir si l'époux qui a obtenu le divorce pour cause d'adultère peut former opposition au mariage de l'époux coupable avec son complice ne se pose plus.

§ 2. — *Formes des oppositions.*

342. — Tout acte d'opposition énoncera la qualité qui donne à l'opposant le droit de la former; il contiendra élection de domicile dans le lieu où le mariage devra être célébré ; il devra également, à moins qu'il ne soit fait à la requête d'un ascendant, contenir les motifs de l'opposition; le tout à peine de nullité et de l'interdiction de l'officier ministériel qui aurait signé l'acte d'opposition (Art. 67 du Code civil).

343. — Les actes d'opposition au mariage seront signés sur l'original et sur la copie par les opposants ou par leurs fondés de procuration spéciale et authentique (Art. 67 du Code civil, § 1er).

§ 3. — *Signification.*

344. — Ils seront signifiés, avec la copie de la procuration, à la personne ou au domicile des parties, et à l'officier de l'état civil, qui mettra son visa sur l'original (Art. 66 du Code civil).

345. — Toutes significations faites à des personnes publiques, préposées pour les recevoir, seront visées par elles sans frais sur l'original (Art. 1039 du Code de procédure civile).

346. — Ce n'est pas au domicile privé du maire, mais à la maison commune, que l'acte d'opposition à un mariage doit être signifié. Un officier de l'état civil est donc en droit de refuser d'apposer son visa si l'huissier chargé de la notification ne se présente pas à la mairie.

347. — L'officier de l'état civil n'est jamais juge de la validité des oppositions qui lui sont signifiées.

§ 4. — *Transcription et mention sur les registres.*

348. — L'officier de l'état civil fera, sans délai, une mention sommaire des oppositions sur le registre des publications ; il fera aussi mention, en marge de l'inscription desdites oppositions, des jugements ou des actes de mainlevée dont expédition lui aura été remise (Art. 67 du Code civil).

349. — Il y a lieu d'une part à transcription sommaire de l'acte de l'opposition sur le registre des publications à la date du jour de la signification et, d'autre part, à mention en marge de l'acte de première publication.

350. — En marge de ce dernier acte est mentionné tout jugement ou acte portant mainlevée d'opposition dont l'expédition est remise à l'officier de l'état civil.

351. — Lorsqu'un jugement a prononcé la mainlevée d'une opposition formée à la célébration du mariage, il n'est pas nécessaire d'attendre pour procéder à la célébration l'expiration des délais d'appel de ce jugement (Cour de Besançon, 30 juillet 1822).

352. — Mais si le jugement de mainlevée a été rendu par défaut, le mariage ne pourra pas être célébré avant l'échéance de la huitaine de la signification à avoué, s'il y a eu constitution d'avoué, et de la signification à personne ou domicile s'il n'y a pas eu constitution d'avoué (Art. 155 du Code de procédure civile). Si le jugement est contradictoire, le mariage ne pourra pas être célébré pendant la huitaine qui suivra le jour du jugement (Art. 450 du Code de procédure civile) et tant que celui-ci n'aura pas été signifié à l'avoué de l'opposant ou à l'opposant lui-même si l'avoué est mort ou a cessé ses fonctions (Art. 147 et 148 du Code de procédure civile). La signification à partie est d'ailleurs toujours nécessaire et fait courir les délais de l'appel qui est suspensif, une fois formé.

Les jugements et arrêts par défaut rejetant les oppositions à mariage ne sont pas susceptibles d'opposition (L. 20 juin 1896, art. 179, Code civil).

FORMULE DE TRANSCRIPTION D'UNE OPPOSITION

MAIRIE DE NANTERRE

CANTON DE PUTEAUX

DÉPARTEMENT DE LA SEINE

Opposition formée au mariage de *Claude-Lucien Levaillé*, et de *Simone-Juliette Laurent*, par *Louis-François Laurent*, *cinquante-sept ans, sellier, demeurant 63, boulevard du Midi, à Nanterre, père de ladite Simone-Juliette Laurent*, Nous a été signifiée *aujourd'hui premier février* mil neuf cent *treize* et inscrite par Nous, *Jean-Jérôme Bourgogne, maire de Nanterre.*

(*Signature du maire.*)

Observation. — Il est inutile de reproduire les prénoms, noms, professions, domiciles et résidences des futurs époux non plus que leurs qualités de majeurs ou de mineurs, ces renseignements se touvant déjà dans l'acte de publication en marge duquel devra être portée une référence à l'inscription de l'acte d'opposition.

FORMULE DE MENTION D'UNE OPPOSITION A MARIAGE EN MARGE DE LA PUBLICATION

Opposition inscrite le

Le mil neuf cent *treize.*

Le maire (Le greffier),

(*Signature.*)

Observation. — Cette mention ne sera faite sur le registre unique des publications par le greffier que si le registre a été mis au greffe entre la publication et l'opposition.

FORMULE DE MAINLEVÉE AMIABLE

L'opposition formée au mariage de *Claude-Lucien Levaillé* et de *Simone-Juliette Laurent* par *Louis-François Laurent,* a été levée par acte en date du *neuf février* mil neuf cent *treize*, lequel nous a été signifié *aujourd'hui onze février* mil neuf cent *treize* et a été inscrit par Nous, *Jean-Jérôme Bourgogne, maire de Nanterre.*

(*Signature du maire.*)

FORMULE DE MAINLEVÉE JUDICIAIRE

L'opposition formée au mariage de *Claude-Lucien Levaillé* et de *Simone-Juliette Laurent*, par *Louis-François Laurent*, a été levée par *jugement du tribunal civil de la Seine* (*Arrêt de la Cour d'appel de Paris*), en date du *vingt-huit février* mil neuf cent *treize*, lequel nous a été signifié, etc....

FORMULE DE MENTION DE MAINLEVÉE

Mainlevée de l'opposition *ci-dessus* (*ou ci-contre*), inscrite le

Le mil neuf cent *treize*.

(*Signature*.)

Cette mention est à faire : 1° en marge de la transcription de ladite opposition; 2° en marge de la publication sous la mention de l'opposition.

SECTION V

DÉLAI DANS LEQUEL DOIT ÊTRE CÉLÉBRÉ LE MARIAGE

§ 1er. — *Délai minimum.*

353. — Le mariage ne pourra être célébré avant le dixième jour depuis et non compris celui de la publication (Art. 64 du Code civil; modifié par la loi du 21 juin 1907).

§ 2. — *Délai maximum.*

354. — Si le mariage n'a pas été célébré dans l'année à compter de l'expiration du délai de la publication, il ne pourra plus être célébré qu'après une nouvelle publication faite dans la forme ci-dessus (Art. 65 du Code civil modifié par la loi du 21 juin 1907).

355. — Par exemple, le délai minimum étant le 28 janvier 1913 le mariage ne pourrait plus être célébré le 21 janvier 1914.

SECTION VI

RESPONSABILITÉ DES OFFICIERS DE L'ÉTAT CIVIL ET DES CONTREVENANTS

356. — Si le mariage n'a point été précédé de la publication requise ou s'il n'a pas été obtenu des dispenses permises par la loi, ou si les intervalles prescrits entre les publications et célébrations n'ont point été observés, le procureur de la République fera prononcer contre l'officier public une amende qui ne pourra excéder trois cents francs (300 francs) et contre les parties contractantes, ou ceux sous la puissance desquels elles ont agi, une amende proportionnée à leur fortune (Art. 192 du Code civil modifié par la loi du 21 juin 1907).

En cas d'opposition, l'officier de l'état civil ne pourra célébrer le mariage avant qu'on lui en ait remis la mainlevée, sous peine de trois cents francs d'amende, et de tous dommages-intérêts (Art. 68 du Code civil).

CHAPITRE VI

ACTES DE MARIAGE

SECTION PREMIÈRE

CAUSES D'EMPÊCHEMENT AU MARIAGE

§ 1er. — *Existence d'une précédente union.*

357. — On ne peut contracter un second mariage avant la dissolution du premier (Art. 147 du Code civil).

358. — L'époux qui voudrait se remarier ne pourrait suppléer à l'acte de décès de l'autre époux par un acte de notoriété semblable à celui qui est prescrit par l'article 155 du Code civil (V. n° 416). L'avis du Conseil d'Etat du 4 thermidor an XIII (V. nos 409 et 411) ne peut être non plus étendu à ce cas (Avis du Conseil d'Etat, 12 germinal an XIII).

359. — La preuve du décès ne peut jamais résulter que de l'acte de décès ou d'un jugement déclaratif de décès.

360. — C'est ainsi que l'Américaine dont le mari a péri dans un naufrage et qui pourrait contracter un second mariage en Amérique sans rapporter la preuve légale du décès de son mari, ne peut, de même, se remarier en France.

361. — L'officier de l'état civil qui aura prêté son ministère à la célébration d'un second mariage, connaissant l'existence du précédent, sera condamné à la peine des travaux forcés à temps (Art. 340, § 2, du Code pénal).

362. — La production de l'acte de naissance de chacun des futurs permettra facilement de s'assurer de l'existence d'une précédente union puisqu'elle serait mentionnée en marge de l'acte (V. n°s 151 et 390).

§ 2. — *Veuve ou divorcée depuis moins de dix mois.*

363. — La femme ne peut contracter un second mariage qu'après dix mois révolus depuis la dissolution du mariage précédent (Art. 228 du Code civil).

364. — La veuve qui est accouchée ne peut cependant contracter un nouveau mariage avant l'expiration du délai de dix mois.

Quant à la femme divorcée, le délai qu'elle doit attendre pour contracter une nouvelle union est fixé par les articles 296 et 297 du Code civil modifiés par la loi du 13 juillet 1907 (V. n° 618).

365. — L'officier de l'état civil qui aura reçu avant l'expiration du délai fixé par la loi l'acte de mariage d'une femme ayant été mariée sera puni de seize francs à trois cents francs d'amende (Art. 194 du Code pénal).

§ 3. — *Divorce répété.*

366. — Les époux divorcés ne pourront plus se réunir si l'un ou l'autre a, postérieurement au divorce, contracté un nouveau mariage, suivi d'un second divorce (Art. 295 du Code civil).

§ 4. — *Parenté.*

a) *Ligne directe.*

367. — En ligne directe, le mariage est prohibé entre tous les ascendants légitimes ou naturels et les alliés dans la même ligne (Art. 161 du Code civil).

368. — Le mari survivant ne peut épouser la fille naturelle de sa femme, bien qu'il n'ait pas eu d'enfant de son mariage avec celle-ci. Peu importe que cette fille n'ait pas été légalement reconnue, si sa filiation n'est pas contestée (Cour de Paris, 18 mars 1850).

369. — De même la veuve du fils ne peut épouser le père de celui-ci, ni le veuf d'une fille la mère de celle-ci.

370. — Le mariage d'un veuf avec une fille d'un enfant que sa femme avait eu d'un précédent mariage est absolument interdit (Trib. Vienne, 28 déc. 1865).

b) *Ligne collatérale.*

371. — En ligne collatérale, le mariage est prohibé entre le frère et la sœur légitimes ou naturels (Art. 162 du Code civil) (V. n° 367).

372. — Cet empêchement existe, que les frères et sœurs soient germains, c'est-à-dire nés des mêmes père et mère, consanguins ou nés du même père et de mères différentes, utérins ou nés de pères différents et de la même mère.

c) *Enfants adoptifs.*

373. — Le mariage est prohibé entre l'adoptant, l'adopté et ses descendants, entre les enfants adoptifs du même individu, entre l'adopté et les enfants qui pourraient survenir à l'adoptant, entre l'adopté et le conjoint de l'adoptant et réciproquement entre l'adoptant et le conjoint de l'adopté (Art. 348 du Code civil) (V. n° 310).

§ 5. — *Age et alliance.*

374. — L'homme avant dix-huit ans révolus, la femme avant quinze ans révolus ne peuvent contracter mariage (Art. 144 du Code civil).

En ligne collatérale le mariage est prohibé

entre beaux-frères et belles-sœurs légitimes ou naturels (Art. 162 du Code civil).

Néanmoins il est loisible au chef de l'Etat de lever pour des causes graves ces deux prohibitions (Art. 145 et 164 du Code civil) (V. nos 453 et 461).

§ 6. — *Dégradation civique.*

375. — La dégradation civique *n'est pas* un empêchement au mariage. Les effets de cette peine doivent être limités à la privation des droits énumérés dans l'article 34 du Code pénal (Lettre min. justice au Procureur de la République Paris, 16 août 1876, *Bull. off. du min.*, 1876, p. 84).

§ 7. — *Interdiction légale.*

376. — L'interdiction légale *n'est pas* non plus un empêchement au mariage.

Un décret du 24 mars 1866 simplifie même en faveur des condamnés aux travaux forcés, transportés dans les colonies, les formalités préliminaires du mariage.

§ 8. — *Prêtres et religieuses.*

377. — Aucune loi n'interdit le mariage au prêtre catholique au regard de la loi civile (Cass., 25 janvier 1888).

Les religieuses ne peuvent former de vœux de célibat que pour une période de cinq ans, renouvelable d'ailleurs. Si elles sont encore sous l'empire de ces vœux au moment où elles veulent contracter mariage, leur situation est analogue à celle des prêtres et la solution doit être identique : si elles sont parvenues à l'expiration de leurs vœux, rien ne s'oppose à cet égard à leur mariage puisqu'elles ont recouvré leur liberté.

§ 9. — *Sourds-Muets.*

378. — Le sourd-muet *n'est pas* incapable de contracter mariage (Cours Paris et Toulouse, 3 août 1855 et 26 mars 1864) (V. n° 545).

SECTION II

LIEU ET JOUR DE LA CÉLÉBRATION

A) **Lieu.**

379. — Le mariage sera célébré publiquement devant l'officier de l'état civil de la commune où l'un des époux aura son domicile ou sa résidence à la date de la publication prévue par l'article 63, et, en cas de dispense de publication, à la date de la dispense prévue à l'article 169 ci-après (Art. 165 du Code civil modifié par la loi du 21 juin 1907).

§ 1er. — *Domicile quant au mariage.*

380. — Le mariage sera célébré dans la commune où l'un des deux époux aura son domicile ou sa résidence établie par un mois au moins d'habitation continue à la date de la publication prévue par la loi (Art. 74 du Code civil modifié par la loi du 21 juin 1907).

La preuve de l'existence de ce domicile peut être faite par témoins, quittances de loyer ou certificats de résidence délivrés par le commissaire de police.

Rien ne permet de restreindre les termes très larges de la loi, et le mariage serait possible si l'habitation présentait un caractère nettement temporaire, même s'il n'était pas douteux que le futur époux n'est venu habiter pendant un mois dans telle commune que dans le seul but de pouvoir s'y marier, et qu'il a l'intention d'abandonner cette résidence aussitôt après la célébration (Circ. du min. Justice, 12 juillet 1907, rapportée aux annexes).

Il semble certain que l'officier de l'état civil ne pourrait exiger une habitation continue pendant les dix jours de l'affichage outre le mois qui précède la publication; c'est à la date de la publication qu'il est nécessaire de posséder une habitation d'un mois dans la commune (Même circulaire).

§ 2. — *Domicile légal indépendant de toute durée d'habitation.*

381. — En cas d'élection de domicile faite par l'une des parties conformément à l'article 104 du Code civil, une résidence antérieure d'un mois ne paraît pas indispensable pour que le mariage puisse être célébré dans le lieu de ce nouveau domicile.

Le mariage peut donc être célébré soit au lieu où l'un des futurs a un mois de résidence, soit au lieu de son domicile réel. La fixation du domicile réel est indépendante de sa durée, et de simples présomptions ne peuvent détruire l'effet des déclarations faites en vertu de l'article 104 du Code civil (Cour d'Orléans, 9 août 1890).

382. — Ainsi, deux artistes ambulants en représentation dans une ville de province où ils n'ont pas la résidence d'un mois prévue par l'article 74 du Code civil doivent, ou se marier au lieu de leur domicile d'origine s'ils n'ont rien fait pour le perdre, ou faire la double déclaration prescrite par l'article 104 du Code civil pour indiquer qu'ils entendent changer leur domicile d'origine et prendre un domicile nouveau là où ils sont en résidence.

§ 3. — *Résidence pour les mineurs non émancipés.*

383. — En droit strict les mineurs non émancipés ayant aux termes de l'article 108 du Code civil leur domicile chez leurs père et mère ou tuteur, ne peuvent acquérir domicile quant au mariage prévu par l'article 170 du Code civil. Par suite leur union ne peut être célébrée que par l'officier de l'état civil du lieu où leurs père et mère ou tuteur ont leur domicile réel. Toutefois l'usage s'est introduit d'une façon à peu près générale de les marier au lieu où ils ont une simple résidence, et, ainsi que l'a fait observer Demolombe (*Traité du mariage*, I, nº 204), cet usage est sans inconvénient puisque des publications doivent être faites au lieu du domicile des parents ou tuteurs.

§ 4. — *Mairie.*

384. — C'est dans la maison commune que le mariage doit être célébré (Art. 75 du Code civil), sous peine pour l'officier de l'état civil, d'une amende qui ne pourra excéder trois cents francs (Art. 193 du Code civil).

L'officier de l'état civil qui, sans nécessité, célèbre un mariage ailleurs qu'à la maison commune supprime l'un des éléments de la publicité organisée par la loi : il contrevient donc à l'une des règles prescrites par l'article 165 du Code civil qui exige la publicité et il se place ainsi sous le coup de l'article 193 du même Code (Crim., 31 mai 1900).

385. — Le maire a toutefois la faculté de se transporter dans la maison d'un des futurs, si celui-ci est dans l'impossibilité de se déplacer. Il doit dresser procès-verbal sur l'attestation d'un officier de santé (Circ. min. just., 11 mai 1811) (V. nº 548, § 4).

Le mariage *in extremis* peut être contracté au domicile de l'un des conjoints, pourvu que ce soit portes ouvertes et en présence de quatre témoins (Cass., 22 juillet 1807 ; Cour Aix, 18 août 1870).

Lorsque la publication a été affichée pendant dix jours, il n'est pas besoin d'une autorisation spéciale du parquet pour célébrer le mariage à domicile, un certificat médical constatant que l'un des futurs époux est dans l'impossibilité de se déplacer suffit.

S'il n'y a pas de mairie, la maison du maire tient lieu de maison commune (Circ. min. just., 3 juillet 1811 ; Cour Aix, 18 août 1870).

Mais le maire qui, de bonne foi, offre gratuitement sa maison pour servir de mairie fera prudemment de faire accepter cette concession gracieuse par une délibération du conseil municipal approuvée par le Préfet ou de demander un prix même très modique de location de manière à bien établir que le local qu'il met à la disposition de la Commune a reçu l'affectation de mairie.

B) **Jour.**

386. — Le jour de la célébration est désigné par les parties (Art. 75 du Code civil).

§ 1er. — *Dimanches et jours fériés.*

387. — Bien que rien ne paraisse s'opposer à ce que le mariage soit célébré un jour de dimanche ou de fête légale, l'officier de l'état civil ne peut être obligé à prêter son ministère pendant les jours de repos que la loi du 18 germinal an X (Art. 57) et celles du 8 mars 1886 accordent à tous les fonctionnaires publics.

§ 2. — *Jours réservés par le maire.*

388. — L'usage de réserver seulement certains jours pour la célébration des mariages est irrégulier.

Il en est de même de celui de réclamer des dons en argent aux personnes qui demandent à être mariées aux autres jours que ceux déterminés par l'administration.

§ 3. — *Heure.*

389. — Le choix de l'heure appartient à l'officier de l'état civil, qui doit cependant tenir compte des convenances personnelles des parties.

SECTION III

PIÈCES A PRODUIRE

§ 1er. — *Actes de naissance des futurs.*

390. — L'officier de l'état civil se fera remettre l'acte de naissance des futurs époux. Cet acte ne devra pas avoir été délivré depuis plus de trois mois, s'il a été délivré en France, et depuis plus de six mois, s'il a été délivré dans une colonie ou dans un consulat (Art. 70 du Code civil, complété par la loi du 17 août 1897).

Il s'agit là des trois mois ou des six mois qui précèdent le jour de la célébration du mariage. Tout acte de naissance délivré antérieurement sera, en principe, écarté (Circ. de M. le Garde des Sceaux du 6 octobre 1897).

391. — Ce n'est pas un simple extrait dressé conformément aux dispositions nouvelles de la loi du 30 novembre 1906 qui devra être produit. Le rapporteur de cette loi, M. R. Péret, précise dans son rapport qu'il y aurait quelque inconvénient à obliger l'officier de l'état civil à se contenter d'un extrait qui ne le renseignerait pas sur le point de savoir si le futur a besoin ou non du consentement ou du conseil de ses ascendants pour contracter mariage. Aucune innovation n'a été faite à cet égard.

392. — Il convient d'éviter aux futurs époux les dépenses que leur occasionnerait la production d'expéditions des actes nécessaires à la célébration de leur mariage lorsqu'ils sont nés et lorsque leurs parents sont décédés dans la commune où le mariage doit être célébré. Par analogie, la même règle peut s'appliquer à la production de l'acte constatant le divorce de l'un des futurs conjoints, si le jugement a été transcrit sur les registres de cette même commune et s'il a été soumis à l'enregistrement. Il est indispensable toutefois que l'officier de l'état civil constate dans l'acte même de la célébration qu'il s'est fait représenter les registres et qu'il y a vérifié l'existence des minutes des actes de naissance, de décès ou de transcription de divorce dont les expéditions seraient exigées si le mariage était célébré dans toute autre commune (Circ. min. Justice, 10 décembre 1900).

393. — Dans le cas où le nom d'un des futurs ne serait pas orthographié dans son acte de naissance comme celui de son père, et dans celui où l'on aurait omis quelqu'un des prénoms de ses parents, le témoignage des père et mère ou aïeuls assistant au mariage et attestant l'identité doit suffire pour procéder à la célébration du mariage. — Il doit en être de même dans le cas d'absence des père et mère ou aïeuls, s'ils attestent l'identité dans leur consentement donné dans la forme légale. — En cas de décès des père et mère ou aïeuls, l'identité est valablement attestée, pour les mineurs, par le conseil de famille ou par le tuteur *ad hoc;* et pour les majeurs, par les quatre témoins de l'acte de mariage (Avis du Conseil d'Etat, 30 mars 1808).

394. — Celui des époux qui serait dans l'impossibilité de se procurer son acte de naissance pourra le suppléer en rapportant un acte de notoriété délivré par le juge de paix du lieu de la naissance ou par celui de son domicile (Art. 70 du Code civil, § 2). L'acte de notoriété contiendra la déclaration faite par sept témoins, de l'un ou de l'autre sexe, parents ou non parents, des prénoms, nom, profession et domicile du futur époux, et de ceux de ses père et mère, s'ils sont connus; le lieu et, autant que possible, l'époque de sa naissance, et les causes qui empêchent d'en rapporter l'acte. Les témoins signeront l'acte de notoriété avec le juge de paix, et s'il en est qui ne puissent ou ne sachent signer, il en sera fait mention (Art. 71 du Code civil). L'acte de notoriété sera présenté au tribunal de première instance du lieu où doit se célébrer le mariage. Le tribunal, après avoir entendu le procureur de la République, donnera ou refusera son homologation, selon qu'il trouvera suffisantes ou insuffisantes les déclarations des témoins et les causes qui empêchent de rapporter l'acte de naissance (Art. 72 du Code civil).

§ 2. — *Consentement des parents.*

1° Mineurs de 21 ans.

395. — Le fils et la fille qui n'ont pas atteint l'âge de vingt et un ans accomplis ne peuvent contracter mariage sans le consentement de leurs père et mère; en cas de dissentiment, le consentement du père suffit (Art. 148 du Code civil modifié par la loi du 21 juin 1907).

396. — Le consentement du père n'est suffisant qu'en cas de dissentiment; il faut donc qu'avec lui soit produit le consentement ou le refus de consentement de la mère ou la constatation de sa mise en demeure de se prononcer (Cour Riom, 30 juin 1817) (V. n° 439).

L'article 148 du Code civil a été complété ainsi qu'il suit par une loi du 10 mars 1913 :

« Le dissentiment visé par l'article 148 et les articles 150, 152 et 158 ci-après est constaté soit dans la forme de la notification prévue par l'article 154, soit par lettre adressée à l'officier de l'état civil et dont la signature est légalisée, par procès-verbal dressé par l'officier de l'état civil, par l'acte de célébration du mariage.

« Les actes qui constatent le dissentiment dans les cas spécifiés du présent article et aux articles 150, 152 et 158, ainsi que les actes de procédure et de jugement dans l'instance prévue au deuxième paragraphe de l'article 152, sont visés pour timbre et enregistrés gratis. »

a) *Mort du père ou de la mère ou impossibilité de se prononcer.*

397. — Si l'un des deux est mort ou s'il est dans l'impossibilité de manifester sa volonté, le consentement de l'autre suffit (Art. 149 du Code civil.

1° Mort.

398. — Le décès du père ou de la mère se prouve par la production de l'acte de décès. Cette production ne serait pas nécessaire si le décès avait eu lieu dans la commune du lieu de la célébration du mariage (V. n° 392).

399. — Dans le cas où une lettre du nom ou un prénom se trouve omis dans les actes de décès des père, mère ou aïeuls, la déclaration à serment des personnes dont le consentement est nécessaire pour les mineurs, et celle des parties et des témoins pour les majeurs doivent être suffisantes, sans qu'il soit nécessaire de toucher aux registres de l'état civil qui ne peuvent jamais être rectifiés qu'en vertu d'un jugement (Avis du Conseil d'Etat, 30 mars 1808).

2° Impossibilité de manifester sa volonté.

Interdiction légale.

400. — L'individu qui se trouve en état d'interdiction légale est déchu du droit de consentir au mariage de ses enfants ; ceux-ci peuvent en conséquence contracter mariage en justifiant du seul consentement de leur mère (Lettre min. just. au Procureur de la République Gray, 24 mai 1878, *Bull. off. du min.*, 1878, p. 46).

401. — La preuve de l'interdiction légale résulte de l'arrêt de condamnation aux travaux forcés, à la détention ou à la réclusion.

402. — Sera assimilé à l'ascendant dans l'impossibilité de manifester sa volonté, l'ascendant subissant la peine de la relégation ou maintenu aux colonies en conformité de l'article 6 de la loi du 30 mai 1854 sur l'exécution de la peine des travaux forcés. Toutefois, les futurs époux auront toujours le droit de solliciter et de produire à l'officier de l'état civil le consentement donné par cet ascendant (Art. 153 nouveau du Code civil, art. 4 de la loi du 20 juin 1896).

Interdiction judiciaire.

403. — L'interdit judiciaire ne peut consentir au mariage de ses enfants.

404. — La preuve de l'interdiction judiciaire résulte du jugement ou de l'arrêt la prononçant.

405. — Si le père ou la mère est actuellement placé dans un asile d'aliénés, on peut passer outre à la célébration du mariage, mais le maire doit avoir soin, pour couvrir sa responsabilité, de joindre à l'acte de célébration un certificat constatant l'impossibilité où se trouve le père ou la mère de manifester sa volonté.

Absence.

406. — Par analogie avec les dispositions de l'article 155 du Code civil, la preuve de l'absence peut être faite en représentant le jugement qui aurait été rendu pour la déclarer, ou, à défaut de ce jugement, celui qui aurait ordonné l'enquête, ou, s'il n'y a point encore eu de jugement, un acte de notoriété délivré par le juge de paix du lieu où le père ou la mère a eu son dernier domicile. Cet acte contiendra la déclaration de quatre témoins appelés d'office par ce juge de paix.

407. — L'attestation faite par le père ou la mère de l'absence de son conjoint ne saurait suffire. L'avis du Conseil d'Etat du 4 thermidor an XIII n'est applicable qu'en cas de décès ou d'absence des père et mère.

Par jugement du 7 mai 1902 rendu à la requête du Procureur de la République, agissant en vertu de l'article 2 de la loi du 10 décembre 1850 dans l'intérêt d'une jeune fille indigente, le tribunal de Toulouse a décidé que le père qui a abandonné le domicile conjugal et ne s'occupe plus de ses enfants depuis plusieurs années doit être considéré comme étant dans l'impossibilité de donner son consentement à leur mariage par le fait même de l'impossibilité dans laquelle les met son existence irrégulière et vagabonde de la lui demander. Il a ordonné en conséquence de passer outre à la célébration du mariage avec le seul consentement de la mère.

b) *Mort des père et mère ou impossibilité pour eux de consentir au mariage.*

408. — Si le père et la mère sont morts ou s'ils sont dans l'impossibilité de manifester leur consentement, les aïeuls et aïeules les remplacent; s'il y a dissentiment entre l'aïeul et l'aïeule de la même ligne, il suffit du consentement de l'aïeul; s'il y a dissentiment entre les deux lignes, ce partage emportera consentement (Art. 150 du Code civil).

409. — Il n'est pas nécessaire de produire les actes de décès des père et mère des futurs mariés, lorsque les aïeuls ou aïeules pour la branche à laquelle ils appartiennent attestent ce décès; et, dans ce cas, il doit être fait mention de leur attestation dans l'acte de mariage (Art. 155 du Code civil, complété par la loi du 20 juin 1896).

Le législateur se borne à reproduire l'avis du Conseil d'Etat, du 4 thermidor an XIII, auquel il donne force de loi.

c) *Mort des père, mère, aïeuls ou aïeules ou impossibilité de consentir.*

410. — S'il n'y a ni père ni mère, ni aïeuls ni aïeules, ou s'ils se trouvent dans l'impossibilité de manifester leur volonté, les fils ou filles mineurs de 21 ans ne peuvent contracter mariage sans le consentement du conseil de famille (Art. 160 du Code civil).

Le mineur de 21 ans qui ignorerait le lieu du décès ou du domicile de ceux de ses ascendants dont le consentement est requis pour son mariage prêtera serment que le lieu du décès ou celui du dernier domicile de ses ascendants lui sont inconnus.

Si le mineur est enfant légitime, ce serment sera prêté devant le juge de paix, en présence des membres du conseil de famille réuni pour statuer sur la demande d'autorisation à mariage (V. n° 417).

Ces deux derniers paragraphes ont été édictés par la loi du 10 mars 1913 qui a complété ainsi l'article 160 du Code civil.

L'article 160 du Code civil se borne à disposer que les mineurs de vingt et un ans ne peuvent contracter mariage sans le consentement du conseil de famille. Il n'impose pas aux intéressés l'obligation de produire un consentement en forme authentique donné devant notaire ou devant un officier de l'état civil par le tuteur ou par un membre du conseil de famille délégué à cet effet. Une semblable pratique serait en contradiction absolue avec le texte de l'article 73, relatif à la forme dans laquelle les personnes sous la puissance desquelles se trouvent les mineurs désireux de contracter mariage doivent donner leur consentement. Ce texte dispose en effet formellement que les prescriptions qu'il édicte ne sont pas applicables au cas prévu par l'article 160 (Circ. min. just., 3 août 1911).

d) *Ordre à observer pour le consentement.*

411. — L'ordre dans lequel s'exerce le droit de consentement au mariage a été nettement déterminé par la loi. Ce droit appartient d'abord au père et à la mère, puis, à défaut de l'un et de l'autre, aux aïeuls et aïeules, enfin, faute d'aïeuls, et si le futur a moins de 21 ans, au conseil de famille. L'officier de l'état civil à qui serait représenté un consentement donné par un de ceux qui ne viennent qu'en seconde ou troisième ligne pour consentir au mariage devra donc avoir toujours soin d'exiger la justification du décès de ceux à qui ce droit appartient avant eux ou de l'impossibilité où ils sont de manifester leur consentement.

La loi du 10 mars 1913 a réglé le mode de justification pour le mineur de 21 ans qui ignorerait le lieu du décès ou du domicile de ses ascendants (V. n° 410).

2° Majeurs de 21 ans.

412. — Les enfants ayant atteint l'âge de vingt et un ans révolus et jusqu'à l'âge de trente ans révolus, sont tenus de justifier du consentement de leurs père et mère. — A défaut de ce consentement, l'intéressé fera notifier, dans les formes prévues en l'article 154, l'union projetée à ses père et mère ou à celui des deux dont le consentement n'est pas obtenu. — Trente jours francs écoulés après justification de cette notification, il sera passé outre à la célébration du mariage (Art. 151 du Code civil modifié par la loi du 21 juin 1907).

Les futurs, majeurs de 21 ans, dont les père et mère sont morts, ne sont plus tenus depuis la loi du 21 juin 1907 de justifier soit du consentement de leurs aïeuls ou aïeules, soit de l'accomplissement à leur égard de la formalité de l'acte respectueux ou de la notification comme s'exprime la nouvelle loi. Ceux-ci conservent cependant le droit de former opposition au mariage (V. aux annexes circ. 13 juillet 1907).

La preuve du décès des père et mère est faite par la production de leur acte de décès.

Il n'est pas nécessaire de produire les actes de décès des père et mère des futurs mariés lorsque les aïeuls ou aïeules, pour la branche à laquelle ils appartiennent attestent ce décès ; et, dans ce cas, il doit être fait mention de leur attestation dans l'acte de mariage.

A défaut de cette attestation, il sera procédé à la célébration du mariage des majeurs sur leurs déclarations et serment que le lieu du décès et celui du dernier domicile de leurs ascendants leur sont inconnus (Art. 155 du Code civil modifié par la loi du 21 juin 1907).

En cas d'absence des père et mère auxquels eût dû être faite la notification prévue à l'article 151, il sera passé outre à la célébration du mariage en représentant le jugement qui aurait été rendu pour déclarer l'absence, ou, à défaut de ce jugement, celui qui aurait ordonné l'enquête, ou, s'il n'y a point encore eu de jugement, un acte de notoriété délivré par le juge de paix du lieu où les père et mère ont eu leur dernier domicile connu. Cet acte contiendra la déclaration de quatre témoins appelés d'office par le juge de paix (Même article).

c) *Situations particulières.*

1° Enfant considéré comme légitime.

413. — L'enfant porté sur son acte de naissance comme né d'un père inconnu doit, même en l'absence de possession d'état, être considéré comme légitime par application de l'article 312 du Code civil, s'il est établi qu'à l'époque de sa naissance sa mère était mariée. Lorsque cet enfant veut contracter mariage, il doit justifier du consentement de son père (Lettre min. just. au Procureur général Agen, 22 avril 1876, *Bull. off. du min.*, 1876, p. 74).

2° Père déchu de la puissance paternelle.

414. — Il résulte de l'article 14 de la loi du 24 juillet 1889 que les droits de consentir au mariage, à l'adoption, à l'émancipation et à la tutelle officieuse sont, en cas de déchéance, dévolus de la personne qui en était investie à celle qui les exercerait si la première personne était décédée. Par suite, lorsque le père est déchu de la puissance paternelle, le droit de consentir au mariage de l'enfant passe à la mère; si la mère est déchue ou décédée, ce droit appartient aux aïeuls et aïeules, conformément aux règles des articles 149 et suivants du Code civil.

La mère qui n'a pas été déclarée déchue de la puissance paternelle doit conserver les droits énumérés dans l'article 14, même lorsque l'exercice de la puissance paternelle ne lui est pas confié, la décision qui lui refuse l'exercice de la puissance paternelle n'impliquant contre elle aucune déchéance, mais constituant simplement une mesure d'ordre, motivée uniquement par l'intérêt de l'enfant (1er rapport au Sénat, *Journal officiel* de 1883, p. 133).

Bien que la tutelle ait été confiée à l'Assistance publique, le droit de consentir au mariage de l'enfant ne peut appartenir à l'inspecteur départemental, soit seul, soit concurremment avec la mère. Le droit qui a pu, en effet, être conféré à l'Assistance publique par la loi du 15 pluviôse an XIII, telle qu'elle est interprétée par la pratique, ne saurait subsister en présence des termes très explicites de l'article 4 de la loi du 24 juillet 1889, lorsqu'il s'agit d'un enfant légitime dont l'un des auteurs a été déchu des droits de la puissance paternelle (Lettre du Garde des Sceaux au ministre de l'Intérieur, du 15 septembre 1896, *Bull. off. du min.*, p. 48).

3° Pupilles de l'Assistance publique.

415. — L'expression générique de pupilles de l'Assistance publique comprend les enfants qui sont sous la tutelle de l'Assistance publique, aux termes des articles 11, 12 et 13 de la loi du 27-30 juin 1904 sur le service des enfants assistés; la protection des enfants de toute catégorie et la tutelle des pupilles de l'Assistance publique sont exercées par le Préfet ou par son délégué, l'inspecteur départemental. Elles le sont dans le département de la Seine par le Directeur de l'administration générale de l'Assistance publique. Le tuteur est assisté d'un conseil de famille formé par une commission de sept membres. Les attributions du tuteur et du conseil de famille comprennent notamment le droit de donner ou de refuser le consentement au mariage.

4° Enfant adoptif.

416. — Ce n'est pas à l'adoptant, mais à l'auteur de ses jours que l'enfant adoptif doit demander de consentir à son mariage (Cour de Colmar, 28 juillet 1821).

5° Enfant naturel.

417. — Une loi du 10 mars 1913 a réglé la situation des enfants naturels en modifiant comme suit les articles 158, 159 et 160 du Code civil.

« Art. 158. — L'enfant naturel légalement reconnu qui n'a pas atteint l'âge de vingt et un ans accomplis ne peut contracter mariage sans avoir obtenu le consentement de celui de ses père et mère qui l'a reconnu ou de l'un et de l'autre s'il a été reconnu par tous deux.

« En cas de dissentiment le consentement du parent qui exerce la puissance paternelle suffit. Si l'un des deux est mort ou s'il est dans l'impossibilité de manifester sa volonté, le consentement de l'autre suffit.

« Les dispositions contenues aux articles 151, 153, 154 et 155 sont applicables à l'enfant naturel après l'âge de vingt et un ans révolus.

« Art. 159. — S'il y a ni père, ni mère, ni aïeuls, ni aïeules, ou s'ils se trouvent tous dans l'impossibilité de manifester leur volonté, les mineurs de vingt et un ans ne peuvent contracter mariage sans le consentement du conseil de famille.

« L'enfant naturel qui n'a point été reconnu et celui qui, après l'avoir été, a perdu ses père et mère ou dont les père et mère ne peuvent manifester leur volonté, ne pourront, avant l'âge de vingt et un ans révolus, se marier qu'après avoir obtenu le consentement du conseil de famille prévu à l'article 389, paragraphe 13 du Code civil[1].

« Art. 160. — Le mineur de vingt et un ans qui ignorerait le lieu du décès ou du domicile de ceux de ses ascendants dont le consentement est requis pour son mariage prêtera serment que le lieu du

1. Voici la teneur dudit paragraphe : Les fonctions dévolues au conseil de famille des enfants légitimes sont remplies à l'égard des enfants naturels par le tribunal de première instance du lieu du domicile légal du parent investi de la tutelle au moment où il a reconnu son enfant et du tribunal du lieu de la résidence de l'enfant s'il n'est pas reconnu.

décès ou celui du dernier domicile de ses ascendants lui sont inconnus.

« Si le mineur est enfant naturel, il prêtera serment devant le juge de paix de sa résidence, assisté de son greffier, dans son cabinet; le juge de paix donnera acte du serment et le notifiera au tribunal de première instance désigné à l'article 389 paragraphe 13 du présent Code, lequel statuera sur la demande d'autorisation à mariage dans la même forme que pour les enfants naturels non reconnus. »

6° Enfants d'époux divorcés.

418. — S'il y a dissentiment entre les parents divorcés ou séparés de corps, le consentement de celui des époux au profit duquel le divorce ou la séparation aura été prononcé et qui a la garde de l'enfant suffira.

Faute de réunir ces deux conditions, celui des père et mère qui consentira au mariage pourra citer l'autre devant le Tribunal de première instance siégeant en chambre du conseil ; le Tribunal compétent sera celui du domicile de la personne qui a la garde de l'enfant; il statuera en audience publique et en dernier ressort (Art. 152 du Code civil modifié par les lois du 20 juin 1896 et du 21 juin 1907).

En cas de dissentiment entre parents divorcés ou séparés de corps, le consentement de la mère suffira donc, à cette double condition que le divorce ou la séparation de corps ait été prononcé à son profit et qu'elle ait obtenu la garde de l'enfant. C'est alors, en effet, la mère qui est le mieux à même d'apprécier les avantages de l'union projetée (Circ. du Garde des Seaux, en date du 23 juillet 1896).

Il résulte des explications contenues dans le rapport fait à la Chambre des députés par M. R. Péret qu'il est dans l'intention du législateur que la faculté de saisir le tribunal appartienne non seulement à l'époux qui a obtenu soit le divorce à son profit, soit la garde de l'enfant, mais encore à l'époux aux torts duquel le divorce a été prononcé et qui n'a pas obtenu la garde de l'enfant (Circ. min. Justice, 12 juillet 1907) (V. aux annexes).

L'article 8 de la loi du 21 juin 1907 modifiant l'article 152 du Code civil et décidant que s'il y a dissentiment entre des parents divorcés ou séparés de corps le consentement de celui des deux époux au profit duquel le divorce ou la séparation aura été prononcé et qui a la garde de l'enfant suffira, ne s'applique qu'au mariage projeté par un enfant mineur de vingt et un ans. Il suit de là que la fille âgée de plus de vingt et un ans et de moins de trente ans peut, en vertu de l'article 151 du Code civil modifié par l'article 7 de la loi de 1907, contracter mariage sans le consentement de ses parents trente jours après avoir, suivant les termes de l'article 154 nouveau du Code, notifié le projet d'union à ses parents ou à celui d'entre eux qui refuse son consentement et s'oppose au mariage (Trib. civil de la Seine, 15 février 1911).

f) *Formes du consentement.*

419. — Lorsque les ascendants sont présents à la célébration du mariage, leur consentement peut être donné de vive voix ; il est constaté par la mention dans l'acte même de mariage de leur présence et de leur consentement : s'ils sont absents, le consentement ne peut être donné que par acte authentique.

420. — L'acte authentique du consentement des père et mère ou aïeuls, ou, à leur défaut, celui de la famille, contiendra les prénoms, nom, professions et domiciles du futur époux et de tous ceux qui auront concouru à l'acte, ainsi que leur degré de parenté (Art. 73 du Code civil).

Hors le cas prévu par l'article 160 (V. nº 410), cet acte de consentement pourra être donné, soit devant un notaire, soit devant l'officier de l'état civil du domicile de l'ascendant, et, à l'étranger, devant les agents diplomatiques ou consulaires français (Art. 73 du Code civil, complété par la loi du 20 juin 1866).

Dans cette matière, les officiers de l'état civil sont assimilés par la loi aux notaires. Il convient, par suite, que les actes qu'ils seront appelés à recevoir soient passés dans les mêmes conditions de forme que ceux de même nature reçus par les notaires. Il y a donc lieu d'exiger la présence de deux témoins. L'acte sera dressé en brevet sur feuille de papier timbré à 0 fr. 60 ; toutefois, pour permettre un contrôle qui aura son utilité, il sera tenu, dans chaque mairie, un registre sur lequel les actes de consentement seront mentionnés sommairement avec un numéro d'ordre. La signature de l'officier de l'état civil sera légalisée par le Président et le juge de paix, dans les conditions prévues par la loi du 2 mai 1861.

L'article 73 du Code civil indique que l'acte de consentement contiendra les prénoms, noms, professions et domiciles des futurs époux et de tous ceux qui auront concouru à l'acte, ainsi que leur degré de parenté. Cette disposition a besoin d'être complétée ; le consentement ne saurait être, en effet, donné utilement qu'en vue d'un mariage à contracter avec une personne déterminée et qui doit être désignée dans l'acte ; l'autorisation de se marier donnée, en termes généraux, par des parents à un enfant n'aurait aucune valeur et ne pourrait pas être admise.

L'acte reçu par un officier de l'état civil est délivré sans frais ; il est soumis, seulement, aux droits de timbre (0 fr. 60) et d'enregistrement (3 fr. 75) ; dans le cas prévu par la loi du 10 décembre 1850, il est visé pour timbre et enregistré gratis. C'est aux parties intéressées qu'il appartient d'accomplir les démarches nécessaires pour obtenir l'enregistrement. Toutefois, il est vivement recommandé aux officiers de l'état civil de les faire bénéficier, dans ce cas comme dans tous les autres, des facilités qu'il est possible de leur accorder. Les maires rendraient un service précieux à leurs administrés en se chargeant de faire procéder à la formalité de l'enregistrement, moyennant le versement préalable du montant des droits à la caisse municipale (Circ. du Garde des Sceaux du 23 juillet 1896).

Les actes de consentement à mariage échappent à la règle de compétence édictée par l'article 26, § 3 de la loi du 22 frimaire an VII. Ils se trouvent dès lors, à défaut de dispositions spéciales, soumis au régime des actes sous seing privé et peuvent être présentés à tous les bureaux compétents pour l'enregistrement des actes de cette nature (Let. min. Finances au Garde des Sceaux, 9 février 1898).

Le registre destiné à recevoir mention sommaire des actes de consentement à mariage, dressés par les officiers de l'état civil, en exécution de l'article 1er de la loi du 20 juin 1896, doit être rangé dans la catégorie des registres de toutes les administrations publiques et des établissements publics pour ordre et administration générale. Il doit, dès lors, à ce titre, être exempté de timbre, par application de l'article 16, n° 2, de la loi du 18 brumaire an VII (Lettre du ministre des Finances au Garde des Sceaux, du 21 janvier 1897, *Bull. off. du min.*, 1896, p. 79).

En temps de guerre ou pendant une expédition, les actes de consentement à mariage consentis ou passés par les militaires, les marins de l'Etat ou les personnes employées à la suite des armées ou embarquées à bord des bâtiments de l'Etat, pourront être dressés par les fonctionnaires de l'intendance ou les officiers du commissariat.

A défaut de fonctionnaires de l'intendance ou d'officiers du commissariat, les mêmes actes pourront être dressés : 1° dans les détachements isolés, par l'officier commandant pour toutes les personnes soumises à son commandement; 2° dans les formations ou établissements sanitaires dépendant des armées, par les officiers d'administration gestionnaires pour les personnes soignées ou employées dans ces formations ou établissements; 3° à bord des bâtiments qui ne comportent pas d'officier d'administration, par le commandant ou celui qui en remplit les fonctions; 4° dans les hôpitaux maritimes et coloniaux, sédentaires ou ambulants, par le médecin directeur ou son suppléant pour les personnes soignées ou employées dans ces hôpitaux.

Au cours d'un voyage maritime, soit en route, soit pendant un arrêt dans un port, les mêmes actes concernant les personnes présentes à bord pourront être dressés : sur les bâtiments de l'Etat, par l'officier d'administration ou, à son défaut, par le commandant ou celui qui en remplit les fonctions, et sur les autres bâtiments, par le capitaine, maître ou patron assisté par le second du navire ou, à leur défaut, par ceux qui les remplacent.

Ils pourront de même être dressés, dans les hôpitaux maritimes ou coloniaux, sédentaires ou ambulants, par le médecin directeur ou son suppléant pour les personnes employées ou soignées dans les hôpitaux.

Hors de France, la compétence des fonctionnaires et officiers désignés aux deux articles précédents sera absolue.

En France, elle sera limitée au cas où les intéressés ne pourront s'adresser à un notaire. Mention de cette impossibilité sera consignée dans l'acte.

Les actes reçus dans les conditions indiquées en la présente loi seront rédigés en brevet.

Ils seront légalisés : par le commissaire aux armements, s'ils ont été dressés à bord d'un bâtiment de l'Etat, par l'officier du commissariat chargé de l'inscription maritime, s'ils ont été dressés dans un corps de troupe, et par le médecin chef, s'ils ont été dressés dans un hôpital ou une formation sanitaire militaire.

Ils ne pourront être valablement utilisés qu'à la condition d'être timbrés et après avoir été enregistrés (Loi du 8 juin 1893).

422. — Le consentement doit être spécial et indiquer non seulement la personne à laquelle il est accordé, mais aussi celle en vue de laquelle il a été demandé (Circ. min. just., 29 octobre 1852, *Rec. off. des circ.*, tome II, p. 212).

423. — La délibération du conseil de famille et celle de la commission administrative de l'hospice, contenant consentement, constituent des actes authentiques (V. n° 410).

g) *Responsabilité des officiers de l'état civil.*

424. — Lorsque pour la validité d'un mariage, la loi prescrit le consentement des père, mère ou autres personnes, et que l'officier de l'état civil ne se sera point assuré de l'existence de ce consentement, il sera puni d'une amende de seize francs à trois cents francs et d'un emprisonnement de six mois au moins et d'un an au plus (Art. 193 du Code pénal).

FORMULE DE CONSENTEMENT AU MARIAGE DONNÉ DEVANT L'OFFICIER DE L'ÉTAT CIVIL PAR L'ASCENDANT QUI NE PEUT PAS ASSISTER A LA CÉLÉBRATION

Le *quinze janvier* mil neuf cent *treize*, *deux* heures du *soir*, devant Nous, *Antoine Delbard*, *maire* de *Saint-Léonard-des-Bois*, X... (nom, prénoms, profession, domicile) ou (X... et Y... quand le consentement est donné simultanément par le père et la mère) Nous *a* (*ont*) déclaré consentir au mariage que L... *son* (*leur*) *fils* (*fille, petit-fils, petite-fille*) se propose de contracter avec W....

En présence de (*désignation des deux témoins*) qui ont attesté à l'officier d'état civil soussigné les noms, état et capacité civile du (des) déclarant (s) qu'ils ont affirmé connaître parfaitement.

Et Nous avons signé après lecture, avec *le* (*les*) déclarant (s) et les témoins.

(*Signature.*)

Observation. — I. Les personnes désignées dans cet acte doivent être indiquées par leurs prénoms, âges, professions et domicile. — II. Depuis la loi du 12 août 1902, modifiant la loi du 25 ventôse an XI, les notaires qui reçoivent de tels consentements peuvent le faire sans l'assistance d'un notaire en second ou de témoins. Par conséquent, la présence de témoins ne sera pas nécessaire lorsque l'officier de l'état civil n'aura aucun doute sur l'identité du ou des déclarants.

De la notification imposée aux majeurs de 21 ans, à défaut de consentement.

425. — Au-dessus de 21 ans, la nouvelle loi du 21 juin 1907 établit le régime de la liberté. Il n'est pas absolu pourtant car la loi a maintenu pour le majeur qui n'est pas assuré de rapporter le consentement de ses parents à l'officier de l'état civil, le jour du mariage, l'obligation d'accomplir une formalité qui permettra aux père et mère directement et personnellement informés du projet d'union, d'élever les objections qu'ils jugeront utiles, ou de former, s'il y a lieu, opposition au mariage suivant les règles posées aux articles 173 et suivants du Code civil. Jusqu'à l'âge de 30 ans (Art. 151, § 1), le fils ou la fille devra faire notifier l'union projetée à ses père et mère ou à celui des deux dont le consentement ne pourra être obtenu (Art. 151, § 2) (Circ. min. justice, 12 juillet 1907, rapportée aux annexes).

426. — Cette formalité qui remplace l'acte respectueux consiste en une simple notification du projet de mariage.

427. — La notification prescrite par l'article 151 sera faite à la requête de l'intéressé par un notaire instrumentant sans le concours d'un deuxième notaire ni de témoins.

Cet acte, visé pour timbre et enregistré gratis, énoncera les prénoms, noms, professions, domiciles et résidences des futurs époux, de leurs pères et mères, ainsi que le lieu où sera célébré le mariage.

Il contiendra aussi déclaration que cette notification leur est faite en vue d'obtenir leur consentement et qu'à défaut il sera passé outre à la célébration du mariage à l'expiration du délai de trente jours francs (Art. 154 du Code civil modifié par la loi du 21 juin 1907).

D'après les termes précis et formels de l'article 154 nouveau du Code civil, la notification implique nécessairement une réquisition préalable qui doit faire l'objet d'un acte écrit revêtu de toutes les formes légales propres à faire foi en justice en cas de contestation. La gratuité du timbre et de l'enregistrement édictée par ledit article profite à tous les actes nécessaires à l'accomplissement de la nouvelle formalité. Elle s'applique dès lors aussi bien à la réquisition qu'à la notification, alors même que ces formalités seraient constatées par deux actes séparés, dressés par des notaires différents. D'autre part, les expéditions de ces actes, destinées à être remises soit aux parents, soit à l'officier de l'état civil, profitent de l'exemption du timbre au même titre que les minutes, mais la disposition fiscale de l'article 154 est évidemment de droit étroit, et par suite on ne saurait en étendre le bénéfice à d'autres actes que ceux qui s'y trouvent mentionnés, c'est-à-dire à la réquisition et à la notification. Il s'ensuit que l'immunité d'impôt ne doit pas être appliquée notamment aux actes qui seraient dressés pour constater le dissentiment des parents dans les cas spécifiés par les articles 148, 150 et 152 nouveaux du Code civil, pas plus d'ailleurs qu'aux actes de procédure et au jugement dans l'instance prévue au deuxième alinéa de ce dernier article (Instruction de la Direction générale de l'Enregistrement du 5 novembre 1907).

428. — Il n'était pas nécessaire à peine de nullité sous la législation prescrivant des actes respectueux que leur notification fut faite à la personne des ascendants : en cas d'absence, elle pouvait être faite à leur domicile, à la condition que le notaire ne se soit pas présenté en leur absence malicieusement et pour ne pas recevoir de réponse (Nombreux arrêts). La copie pouvait être laissée, à défaut de serviteurs, au portier de la maison (Cour Paris, 12 avril 1836) ; à défaut de ceux-ci, elle pouvait être portée immédiatement au maire (Cour Caen, 12 décembre 1812 ; Cour Amiens, 8 juin 1869, etc.). Celui-ci n'a pas à donner son visa (Cour Rouen, 7 octobre 1824). Il en serait de même pour la notification prescrite par la nouvelle loi.

429. — Les diverses indications suivantes données pour le cas où la formalité de l'acte respectueux n'aurait pas pu être accomplie trouveraient également leur application au regard de la formalité de la notification.

430. — Si les enfants sont dans l'impossibilité absolue de communiquer avec leurs ascendants, soit parce que le domicile de ces derniers se trouve en pays étranger ou bien parce que la guerre ou toute autre circonstance rend la communication difficile et souvent impossible, il suffira de produire un acte de notoriété le constatant, dressé dans la forme de l'article 70 du Code civil (Circ. min. just., 11 messidor an XII).

431. — En cas d'impossibilité de faire notifier des actes respectueux au père du futur, habitant l'étranger, en raison de l'éloignement de la résidence du consul et des frais qu'entraînerait par suite le déplacement du chancelier, il peut, par application de la circulaire du 11 messidor an XII, être suppléé aux actes respectueux par un acte de notoriété constatant cette impossibilité (Décision ministérielle).

432. — Lorsque l'ascendant auquel devrait être fait un acte respectueux[1] réside à l'étranger et que les autorités locales refusent leur concours par le motif que leur législation n'édicte pas semblable formalité, il n'y a pas lieu de dresser l'acte de notoriété prévu par l'article 155 du Code civil, puisque l'ascendant n'est pas absent. D'autre part, la circulaire du 2 messidor an XII, qui envisage le cas où l'ascendant demeurerait en un pays où la guerre ou toute autre circonstance rend la communication difficile et parfois impossible, est également inapplicable.

Il convient que le futur époux s'adresse au consul de France et lui demande, en lui envoyant tous les renseignements utiles, de faire recevoir le consentement de l'ascendant au projet de mariage; à défaut de consentement, de faire dresser un acte respectueux, ou même, si, en raison de l'éloignement, ces actes ne peuvent être facilement reçus, de certifier tout au moins, en relatant cette difficulté, que l'ascendant a été informé par ses

1. Actuellement une *notification*.

soins du projet de mariage et a été mis à même de former opposition.

Le Code civil exige, en effet, simplement la preuve que les ascendants ont été consultés une seule fois et mis en demeure de donner leur consentement ou de faire opposition. Si l'ascendant demeure en France, la mise en demeure consiste dans un acte respectueux; s'il habite à l'étranger et que l'éloignement de sa résidence ne permette pas au consul de faire dresser l'acte respectueux, l'accomplissement de la formalité peut être prouvé par un acte quelconque, dont la sincérité est appréciée par l'officier d'état civil sous la surveillance des magistrats du ministère public. Une attestation du consul paraît devoir offrir toutes les garanties désirables.

Le ministre des Affaires étrangères a bien voulu assurer le concours de nos agents à l'étranger pour l'exécution des mesures exposées ci-dessus (Décision insérée au *Bull. off. min. just.*, 1894, p. 90).

Aux termes de l'article 119 du décret du 3 novembre 1909, les droits de chancellerie diplomatique sont de 20 francs par chaque vacation.

Responsabilité des officiers de l'état civil.

433. — L'officier de l'état civil qui n'aura pas exigé la justification de la notification prescrite par l'article 151 sera condamné à l'amende prévue en l'article précédent (Art. 157 du Code civil modifié par la loi du 21 juin 1907).

§ 3. — *Certificat de publication.*

434. — Si des publications ont été faites dans plusieurs communes, les parties remettront un certificat délivré par l'officier de l'état civil de chaque commune, constatant qu'il n'existe point d'opposition (Art. 69 du Code civil).

435. — Ce certificat est délivré à l'expiration du délai de dix jours. Sa délivrance donne droit à la prestation d'un émolument de 0 fr. 30. Le prix du timbre (0 fr. 60) doit être remboursé à l'officier de l'état civil. (V. circ. min. int., 6 avril 1807).

436. — Il y a lieu à légalisation de la signature de l'officier de l'état civil qui délivre ce certificat si celui-ci doit être produit hors de l'arrondissement dans lequel il a été délivré.

FORMULE DE CERTIFICAT DE PUBLICATION SANS OPPOSITION

Nous, *Antoine Delbard, maire* de *Saint-Julien*, certifions que la publication du mariage entre..... (reproduire la teneur de l'acte de publication) a été affichée le *seize janvier courant* à la porte de la maison commune où elle est restée affichée pendant les dix jours prescrits par la loi, et qu'il n'est survenu aucune opposition au mariage.

Fait à *Saint-Julien, le 28 janvier 1913.*

(*Signature et cachet.*)

437. — S'il y a eu opposition, la fin de la formule après les mots « prescrits par la loi » est modifiée ainsi :

... et qu'opposition à ce mariage a été formée au nom du père et de la mère de la future par exploit de *Granier*, huissier à *Saugias*, en date du 22 janvier.

Fait..., etc.

438. — En cas d'opposition, l'officier de l'état civil ne pourra célébrer le mariage avant qu'on en ait remis la mainlevée, sous peine de trois cents francs d'amende et de tous dommages-intérêts (Art. 68 du Code civil).

439. — Si l'opposition a été ultérieurement levée, ajouter :

... mais que mainlevée de cette opposition a été donnée par les opposants (*ou* le tribunal civil de *Chambéry*) dans un acte reçu par Me *Berthauld*, notaire à *Saugias*, en date *du 26 janvier*.

Fait..., etc.

§ 4. — *Certificat de contrat de mariage.*

440. — Toutes conventions matrimoniales seront rédigées, avant le mariage, par acte devant notaire. Celui-ci délivrera aux parties, au moment de la signature du contrat, un certificat sur papier libre et sans frais, énonçant ses nom et lieu de résidence, les noms, prénoms, qualités et demeures des futurs époux, ainsi que la date du contrat. Ce certificat indiquera qu'il doit être remis à l'officier de l'état civil avant la célébration du mariage (Art. 1394 du Code civil, L. du 10 juillet 1850).

§ 5. — *Dispenses ou autorisations nécessaires en certains cas pour contracter mariage.*

A) *Age.*

441. — L'homme avant dix-huit ans révolus, la femme avant quinze ans révolus ne peuvent contracter mariage (Art. 144 du Code civil).

442. — Néanmoins, il est loisible au chef de l'Etat d'accorder des dispenses d'âge pour des motifs graves (Art. 145 du Code civil).

443. — Ces dispenses ne doivent généralement être accordées à l'homme qu'après dix-sept ans accomplis et à la femme qu'après quatorze ans révolus. Cette règle n'est pas absolue, mais on ne pourrait y déroger que dans des circonstances très rares et pour des causes exceptionnelles (Circ. min. just., 11 novembre 1875).

444. — Cette dispense est le plus souvent réclamée dans l'intérêt de la jeune femme ; aussi, lorsque la future épouse est plus âgée que celui qu'elle désire épouser, on craint qu'elle n'ait usé de l'influence que son âge lui donnait et la demande est difficilement accueillie (Même circ.).

445. — Les pièces à produire par les intéressés sont : une demande sur papier timbré, signée des futurs, constatant le consentement spécialement donné à la demande par les parents tant du requérant mineur que de l'autre partie si elle est également mineure quant au mariage; et l'acte de naissance de chacun des pétitionnaires (Même circ.).

446. — Les dispenses sont accordées par un décret rendu sur le rapport du ministre de la Justice (Arrêté 20 prairial an XI, art. 1er).

447. — Il est dû des droits de sceau s'élevant à 175 fr. 25 pour l'obtention de ce décret.

448. — L'ampliation du décret est, à la diligence du Procureur de la République et en vertu d'ordonnance du président, enregistrée au greffe du tribunal civil de l'arrondissement dans lequel le mariage sera célébré. Une expédition de cette ampliation dans laquelle il sera fait mention de l'enregistrement demeurera annexée à l'acte de la célébration du mariage (Arr. 20 prairial an XI, art. 5).

449. — Les droits à payer au greffier lors de la remise de l'ampliation et de l'expédition sont de 14 fr. 56 se décomposant ainsi :

Timbre du réquisitoire du Procureur de la République à fin de transcription, et de l'ordonnance du Président	»	60
Enregistrement de l'ordonnance	5	63
A reporter	6 fr.	23

Report	6 fr.	23
Mention au répertoire	»	45
Transcription sur le registre du greffe : frais de timbre	»	60
Emolument du greffier	1	63
Pour l'expédition de l'acte de transcription, timbre	3	60
Quatre rôles d'expédition	1	80
Légalisation	»	25
	14 fr.	56

B) *Alliance.*

450. — En ligne collatérale, le mariage est prohibé entre beaux-frères et belles-sœurs légitimes ou naturels (Art. 162 du Code civil).

451. — Néanmoins il est loisible au Chef de l'État de lever pour des causes graves les prohibitions aux mariages entre beaux-frères et belles-sœurs (Art. 164 du Code civil).

452. — Pour les dispenses d'alliance, la cause la plus grave qui puisse être invoquée est la situation des enfants d'un premier lit, auxquels il importe d'assurer la protection d'un oncle qui deviendra pour eux un second père, les soins d'une tante qui leur servira de mère. Les autres motifs qui peuvent être invoqués sont : l'amélioration de position constituée par le mariage en faveur de l'un des futurs ; l'assistance assurée aux ascendants ; les intérêts d'une exploitation agricole industrielle ou commerciale ; une indivision avantageuse maintenue ; des liquidations, des partages, des procès même évités ou terminés (Circ. min. just., 11 novembre 1875, *Rec. off. des circ.*, tome III, p. 398).

453. — Les relations qui s'étaient établies du vivant du conjoint ne doivent plus être une cause absolue du rejet de la demande (Circ. min. just., 18 novembre 1904, *Bull. off. min. just.*, 1904, p. 173).

454. — L'article 228 du Code civil défend à la femme de contracter mariage moins de dix mois après la dissolution du mariage précédent. Aucun délai n'est imposé à l'homme ; la nouvelle jurisprudence de la chancellerie, admet donc que des dispenses peuvent être accordées avant l'expiration d'une année de veuvage pour l'homme (Même circ.).

455. — Des dispenses sont nécessaires pour la célébration du mariage d'un veuf ou d'une veuve avec la sœur ou le frère du défunt, alors même que cette sœur ou ce frère sont, comme le défunt lui-même, enfants naturels *non reconnus*, mais ayant une possession d'état conforme à leur acte de naissance.

456. — Pour les dispenses d'alliance, les pièces à fournir sont : demande sur papier timbré signée des futurs et portant le consentement des parents s'il est nécessaire ; actes de naissance des deux futurs ; acte de mariage constitutif de l'alliance; acte de décès du conjoint décédé (Circ. 11 novembre 1875).

457. — Les droits de sceau pour ces dispenses sont de 300 fr. 25.

458. — L'ampliation du décret de dispense est enregistrée au greffe du tribunal (V. n° 448), et les droits de greffe sont également de 14 fr. 56 (V. n° 449).

C) *Parenté.*

459. — Le mariage est encore prohibé entre l'oncle et la nièce, la tante et le neveu (Art. 163 du Code civil) ainsi qu'entre grand-oncle et petite-nièce et grand'tante et petit-neveu (Déc. min. just., 25 juillet 1876, *Bull. off. du min.*, 1876, p. 129; Cass., 28 novembre 1877).

460. — Les dispenses de parenté, bien plus que les dispenses d'alliance, doivent être motivées sur des causes graves, car, indépendamment des liens du sang qui unissent les parties, et qui, d'après les données de la science, peuvent être une cause de dégénération, il existe le plus souvent entre l'oncle et la nièce, la tante et le neveu une assez grande différence d'âge; enfin, la parenté suppose des sentiments de protection et d'autorité d'une part, de déférence et de respect de l'autre, qui s'accordent mal avec l'affectueuse égalité qui doit régner entre les époux (Circ. min. just., 11 novembre 1855, *Rec. off. des circ.*, tome III, p. 398).

461. — La prohibition de mariage ne s'étend pas aux liens d'une parenté naturelle (Même circ.).

462. — Il est à remarquer que le mariage d'un oncle ou d'une tante ne crée aucun lien de parenté entre son conjoint et ses neveux (Même circ.).

463. — Pour les dispenses de parenté, les pièces à fournir sont : demande signée des futurs et portant consentement des parents de ceux qui sont encore mineurs quant au mariage ; actes de naissance des futurs ; actes de mariage des auteurs communs ou les actes de mariage d'un auteur commun (suivant qu'il s'agit de parenté germaine, consanguine ou utérine) ; l'acte de mariage des parents de l'un des futurs conjoints qui établit l'état légitime d'oncle et nièce, ou de tante et neveu (Même circ.).

464. — Les droits de sceau sont de 300 fr. 25. L'ampliation est enregistrée au greffe du tribunal (V. n° 448) et des droits s'élevant à 14 fr. 56 sont dus au greffier (V. n° 449).

D). *Militaires.*

1° Officiers.

a) *Armée de terre.*

465. — Les officiers de tout grade, en activité de service, ne pourront à l'avenir se marier qu'après en avoir obtenu la permission par écrit du ministre de la Guerre (Décr. 18 juin 1808, art. 1er).

Le ministre de la Guerre a décidé (Circulaire du 1er octobre 1900) que les gouverneurs militaires et les commandants de corps d'armée accorderont directement et par délégation les autorisations de mariage aux officiers et assimilés placés sous leurs ordres jusqu'au grade de colonel inclusivement.

Les permissions de mariage ne sont valables que pendant six mois à partir de leur date, sauf au titulaire à en demander le renouvellement.

466. — Ces dispositions sont applicables aux fonctionnaires du contrôle de l'administration de l'armée, aux intendants, sous-intendants et aux adjoints, aux officiers de santé militaire de toutes classes et de tous grades et aux officiers d'administration (Décr. 28 août 1808 et circ. min. guerre, 23 juin et 3 août 1855), aux officiers de gendarmerie (Décr. 1er mars 1854), et aux vétérinaires militaires (Décr. 12 juin 1852, art. 35), aux gardes d'artillerie et aux adjoints du génie auxquels les articles 11 et 12 de la loi du 13 mars 1875 donnent le rang d'officier (Cir. min. int., 3 mars 1879, *Bull. off. du min. just.*, 1880, p. 287).

b) *Armée de mer.*

467. — Les officiers et aspirants de marine, les officiers des troupes d'artillerie de marine, les officiers du génie maritime, les administrateurs de marine, et enfin tout officier militaire et civil du département de la marine nommé par le Chef de l'Etat, ne peut se marier sans en avoir obtenu la permission par écrit du ministre de la Marine (Décr. 3 août 1808, art. 1er).

c) *Officiers réformés.*

468. — Les officiers réformés et jouissant d'un *traitement de réforme* sont soumis aux dispositions de ces décrets (Avis du Conseil d'État, 21 décembre 1808).

d) *Officiers démissionnaires ou pensionnés.*
Officiers de réserve.

469. — La nécessité d'une autorisation n'est pas imposée aux officiers dont la démission a été acceptée ou qui ont été admis à la *pension de réforme* ou de retraite (Circ. 4 mai 1816).

Les officiers en retraite employés dans les services de l'armée n'ont pas besoin d'autorisation pour se marier. Il en est de même des officiers de réserve et de territoriale.

2° Sous-Officiers et Soldats.

a) *Armée de terre.*

470. — Les sous-officiers et soldats en activité de service appartenant aux troupes de terre (Décr. 16 juin 1808, art. 2) ou à l'administration militaire (Décr. 28 août 1808, art. 2) ne peuvent se marier qu'après en avoir obtenu la permission du Conseil d'administration de leur corps.

471. — Les invalides (Décr. 29 juin 1863,

art. 241, 242 et 243) sont assimilés aux militaires de l'armée active.

472. — S'il n'y a pas de conseil d'administration, l'autorisation est accordée par le commandant du corps et visée par le supérieur hiérarchique (Décr. min. guerre, 18 décembre 1860).

473. — Les autorisations de mariage sont accordées aux sous-officiers, caporaux et soldats des sections d'infirmiers militaires et de commis et ouvriers militaires d'administration par les gouverneurs militaires ou généraux commandant les corps d'armée sous les ordres desquels les sections dont ces militaires font partie se trouvent placées (Décr. min. guerre, 23 juin 1877).

474. — La permission délivrée aux sous-officiers de gendarmerie et aux gendarmes doit être visée par le colonel (Décr. 1er mars 1854, art. 539).

475. — Les sous-officiers et soldats de la garde municipale de Paris doivent obtenir l'autorisation du préfet de police sur l'avis du Conseil d'administration de leur corps (Ord. 27 décembre 1831).

476. — Les jeunes soldats mis à la disposition du ministre de la Guerre à partir du 1er octobre de l'année de l'inscription sur les tableaux du recensement (Art. 33 de la loi du 21 mars 1905) ne peuvent plus contracter mariage à partir de cette époque, lors même qu'ils ne seraient point encore incorporés, qu'après avoir obtenu, par l'intermédiaire du bureau de recrutement, l'autorisation du général commandant la subdivision de région dans laquelle ils sont domiciliés (Voir la Circ. min. int., 3 décembre 1883, *Bull. off. du min. just.*, 1884, p. 78 et Circ. min. guerre, 16 novembre 1905).

477. — Les hommes de la réserve de l'armée active, ainsi que les hommes envoyés en congé par application des articles 90 et 91, peuvent se marier sans autorisation (Loi du 21 mars 1905, art. 48). Cette faculté est suspendue par le fait de la mobilisation.

b) *Armée de mer.*

478. — Les sous-officiers ou soldats en activité de service appartenant aux troupes de mer ne peuvent se marier qu'après en avoir obtenu la permission du conseil d'administration de leur corps (Décr. 3 août 1808, art. 2).

479. — Les inscrits maritimes en activité de service sont autorisés par le conseil d'administration du bâtiment sur lequel ils sont embarqués ou de la division à laquelle ils appartiennent (Règl. 7 novembre 1866, art. 103; circ. marine, 19 mars 1870).

480. — Les agents appartenant au personnel entretenu de la marine : commis et écrivains titulaires des différents corps; magasiniers, distributeurs et préposés au dépôt du corps des comptables ; maîtres principaux et maîtres entretenus des arsenaux ; conducteurs et dessinateurs des travaux hydrauliques ; magasiniers et commis aux vivres entretenus de la flotte ; chefs guetteurs et guetteurs du service électro-sémaphorique, sont autorisés par le préfet maritime, le gouverneur de la colonie, le conseil d'administration du bâtiment ou le directeur de l'établissement où ils sont employés (Circ. min. marine, 1er juin 1866 ; circ. min. int., 8 mars 1872).

Les pompiers de la marine, liés en vertu d'un engagement, sont autorisés par le directeur des mouvements du port avec visa du préfet maritime (Même circ.).

3° Responsabilité des Officiers de l'état civil.

481. — Tout officier de l'état civil qui sciemment aura célébré le mariage d'un sous-officier ou soldat lié au service, sans s'être fait remettre les permissions accordées, ou aura négligé de les joindre à l'acte de la célébration du mariage, sera destitué de ses fonctions (Décr. 16 juin 1808, art. 3).

482. — Pour couvrir absolument sa responsabilité, le maire a donc le droit d'exiger la justification de la situation de tout futur époux au point de vue militaire. Cette justification résultera soit du livret militaire, soit du certificat en tenant lieu.

483. — Mais la mention dans l'acte de mariage que le futur a justifié de sa situation au point de vue militaire n'est prescrite par aucune loi. C'est seulement dans l'acte de mariage d'un officier, sous-officier ou soldat lié au service actif que le maire est tenu de mentionner la permission qu'il doit en outre annexer à l'acte.

§ 6. — *Indigents.*

484. — Les pièces nécessaires au mariage des indigents, à la légitimation de leurs enfants naturels et au retrait de ces enfants déposés dans les hospices, seront réclamés et réunis par les soins de l'officier de l'état civil de la commune dans laquelle les parties auront déclaré vouloir se marier (L. 10 décembre 1850, art. 1er, § 1).

485. — Les termes généraux dans lesquels l'article 1er est conçu ne permettent de faire aucune distinction. Il y aura donc lieu de réclamer, soit en France, soit à l'étranger, non seulement les pièces relatives à la célébration du mariage, mais encore les actes indispensables pour lever les obstacles qui s'opposeraient à l'union des parties. Les demandes en dispense d'âge, de parenté ou d'alliance, seront instruites de cette manière (Circ. min. just., 29 mars 1851, *Rec. off. des circ.*, tome II, p. 176).

a) *Preuve de l'indigence.*

486. — L'officier de l'état civil doit exiger tout d'abord que les réclamants justifient régulièrement de leur indigence (Même circ.).

Seront admises au bénéfice de la loi les personnes qui justifieront d'un certificat d'indigence, à elles délivré par le commissaire de police, ou par le maire dans les communes où il n'existe pas de commissaire de police, sur le vu d'un extrait du rôle des contributions, constatant que les parties intéressées paient moins de dix francs, ou d'un certificat du percepteur de leur commune portant qu'elles ne sont pas imposées (Même loi, art. 6, § 1er).

487. — Ces pièces doivent être produites par ceux qui invoquent le bénéfice de la loi. L'officier de l'état civil peut néanmoins éclairer de ses conseils les parties intéressées et faire dans leur intérêt les démarches qui lui paraîtront utiles pour faciliter la constatation de leur indigence (Même circ.).

1° Visa du certificat d'indigence.

488. — Le certificat d'indigence sera visé et approuvé par le juge de paix du canton. Il sera fait mention dans le visa de l'extrait des rôles ou du certificat négatif du percepteur (Même loi, art. 6, § 2).

FORMULE DE CERTIFICAT D'INDIGENCE A DÉLIVRER PAR LA MAIRIE

Le maire de la commune de....

Vu la demande à lui faite par... domicilié dans cette commune, tendant à obtenir la délivrance gratuite des pièces nécessaires au mariage qu'il se propose de contracter avec....

Vu l'article 6 de la loi du 10 décembre 1850;

Vu le certificat de non imposition délivré par le percepteur de la résidence du postulant (*ou* vu l'extrait des impositions délivré par le percepteur duquel il résulte que le postulant est imposé d'une somme de);

Déclare qu'il est à sa connaissance que le nommé est en état d'indigence.

En foi de quoi le présent certificat lui est délivré pour obtenir, en franchise de droits et conformément à la loi précitée, les actes et pièces nécessaires à son mariage.

Fait à....

(*Cachet de la mairie.*) (*Signature.*)

Nous, juge de paix du canton de... vu le certificat de non imposition (*ou* l'extrait du rôle à l'appui du certificat ci-dessus), avons visé et approuvé ledit certificat, en exécution de l'article 6 de la loi du 10 décembre 1850.

(*Cachet de la justice de paix.*) (*Signature.*)

489. — Le bénéfice de la loi du 10 décembre 1850 n'est acquis que moyennant la production du certificat d'indigence, délivré dans les formes et dans les conditions prévues par l'article 6.

On s'est demandé s'il n'y avait pas lieu de supprimer la nécessité du visa donné par le juge de paix. On a allégué que l'accomplissement de cette formalité entraînait des inconvénients, qui n'étaient compensés par aucun avantage sérieux. Les parties intéressées sont obligées, en effet, de se transporter au chef-lieu du canton, lorsqu'elles n'y résident pas, et c'est pour elles une source de dépenses et une perte de temps; même, lorsqu'elles habitent au chef-lieu, elles sont encore souvent obligées de sacrifier une journée pour se présenter devant le juge de paix.

Cette question, débattue à la Chambre des Députés, au cours de la discussion de la loi du 20 juin 1866, a été tranchée dans le sens du maintien du visa du juge de paix. Mais le Gouvernement a promis de prendre des mesures pour rendre aussi simple que possible l'accomplissement de cette formalité.

Désormais, au lieu de remettre le certificat d'indigence à la personne qu'il concerne, le maire ou le commissaire de police qui aura dressé cette pièce l'enverra par la poste au juge de paix, en y joignant le certificat négatif ou l'extrait du rôle délivré par le percepteur. Après avoir apposé, s'il y a lieu, son visa sur le certificat d'indigence, le juge de paix renverra, par la même voie, les pièces à la mairie ou au commissariat de police, où elles seront tenues à la disposition des intéressés. Cette double transmission aura lieu sans frais, les maires et les commissaires de police, d'une part, et le Juge de paix de leur canton, d'autre part, jouissant entre eux de la franchise postale pour la correspondance qui intéresse leurs services.

490. — Les juges de paix doivent remplir avec le plus grand soin le contrôle que la loi leur confie et ne donner leur visa qu'en complète connaissance de cause ; il importe d'empêcher les fraudes ou les conplaisances qui seraient préjudiciables pour le Trésor. Il peut être indispensable, pour leur permettre de se renseigner, qu'ils fassent venir auprès d'eux la partie intéressée ;

mais ils ne devront y avoir recours qu'à titre exceptionnel; ils ne perdront jamais de vue qu'il convient d'éviter, autant que possible, des déplacements à des personnes pour lesquelles une perte de temps entraîne une perte de salaire (Circ. de M. le Garde des Sceaux du 23 juillet 1896, *Bull. off. Min. Just.*, 1896, p. 40. — *Jurisprudence municipale*, 1896, IIe partie, p. 117).

Français résidant à l'étranger, visa diplomatique.

491. — Bien que la loi du 10 décembre 1850 n'impose pas spécialement l'obligation du visa diplomatique pour les pièces nécessaires au mariage des indigents, en l'absence d'une convention diplomatique spéciale, il est indispensable que le certificat d'indigence délivré par les autorités étrangères soit revêtu de ce visa. En effet, toute personne qui veut faire usage en France d'un acte passé à l'étranger doit établir que cet acte est conforme aux lois du pays dans lequel il a été dressé, et que le signataire d'acte avait qualité pour le délivrer : cette double preuve résulte de la légalisation donnée par l'agent diplomatique français (Let. min. just. à proc. Rép. Versailles, 9 août 1878, *Bull. off. du min.*, 1878, p. 83).

492. — Serait également suffisante la légalisation donnée par le consul en France de la nation à laquelle appartient le fonctionnaire qui a délivré le certificat d'indigence pourvu que la signature de ce consul soit revêtue du visa du département des affaires étrangères (Let. min. just. au Procureur de la République Paris,

30 septembre 1883, *Bull. off. du min.*, 1883, p. 130).

2° Délivrance du certificat en plusieurs exemplaires.

493. — Le certificat sera délivré en plusieurs originaux lorsqu'il devra être produit à plusieurs bureaux d'engistrement (Même loi, art. 8, § 1er).

b) *Actes auxquels s'applique le bénéfice de la loi.*

494. — Les extraits des registres de l'état civil, les actes de notoriété, respectueux, de consentement, de publications, de délibération du conseil de famille, les certificats de libération du service militaire, les dispenses pour cause de parenté, d'alliance ou d'âge, les actes de reconnaissance des enfants naturels, les actes de procédure, les jugements et arrêts dont la production sera nécessaire dans les cas prévus par l'article 1er, seront visés pour timbre et enregistrés gratis lorsqu'il y aura lieu à enregistrement.

Il ne sera perçu aucun droit de greffe ni aucun droit de sceau au profit du Trésor sur les minutes et originaux, ainsi que sur les copies ou expéditions qui en seraient passibles.

L'obligation du visa pour timbre n'est pas applicable aux publications civiles ni aux certificats constatant la célébration civile du mariage.

Les actes respectueux comme les actes de consentement seront exempts de tous droits, frais et honoraires, à l'égard des officiers ministériels qui les recevront; il en sera de même pour les actes de consentement reçus, à l'étranger, par les agents diplomatiques ou consulaires français (Art. 4 de la loi du 10 décembre 1850, modifié par la loi du 20 juin 1896).

495. — La loi du 20 juin 1896 s'est préoccupée d'une façon toute spéciale du mariage des indigents.

Elle range les actes respectueux dans la catégorie de ceux, compris dans l'article 4 de la loi du 10 décembre 1850, qui doivent être visés pour timbre et enregistrés gratis.

Elle prescrit la gratuité absolue des actes respectueux et des actes de consentement à l'égard des officiers publics qui les recevront. Cette disposition, quelque absolue qu'elle soit, comporte toutefois une exception pour le cas où la notification d'un acte respectueux obligerait un notaire à se transporter à plus d'un myriamètre de sa résidence ; on ne saurait lui faire supporter les frais occasionnés par son transport et il est en droit de les réclamer à la partie intéressée (Cir. du Garde des Sceaux du 23 juillet 1896[1]).

La notification qui remplace l'acte respectueux doit, semble-t-il, bénéficier des conditions de gratuité prévues par la loi du 20 juin 1896.

1. Voir cependant n° 301 les dispositions de l'article 23 du décret réglant le tarif légal des notaires du ressort de Riom, où il est dit que pour le mariage des indigents la gratuité s'étend même aux frais de voyage.

1° Droits d'expédition.

496. — La taxe des expéditions des actes de l'état civil requises pour le mariage des indigents est réduite, quels que soient les détenteurs de ces pièces, à *trente centimes* lorsqu'il n'y aura pas lieu à légalisation, et à *cinquante centimes* lorsque cette dernière formalité devra être accomplie (Même loi, art. 5, § 1).

497. — Bien qu'un droit de *vingt centimes* soit accordé aux greffiers pour la légalisation, il est à remarquer que la loi du 2 mai 1861 et le tarif de 1854 ne leur allouent plus aucun droit lorsque les actes sont dispensés du timbre et de l'enregistrement.

498. — Le droit de recherche alloué aux greffiers par l'article 14 de la loi du 21 ventôse an VII, les droits de légalisation perçus au Ministère des Affaires Etrangères ou dans les chancelleries de France à l'étranger sont supprimés en ce qui concerne l'application de la présente loi (Même loi, art. 5, § 2).

499. — Les actes, extraits, copies ou expéditions ainsi délivrés, mentionneront expressément qu'ils sont destinés à servir à la célébration d'un mariage entre indigents, à la légitimation ou au retrait de leurs enfants naturels déposés dans les hospices. Ils ne pourront servir à autres fins sous peine de 25 francs d'amende, outre le paiement des droits, contre ceux qui en auront fait usage, ou qui les auront indûment délivrés ou reçus (Même loi, art. 7, § 1er et 2).

2° Droits de greffe et de sceau.

500. — Il ne sera perçu aucun droit de greffe ni aucun droit de sceau au profit du trésor sur les minutes et originaux, ainsi que sur les copies ou expéditions qui en seraient passibles (Art. 4).

3° Visa pour timbre et enregistrement gratis.

501. — Les actes auxquels est applicable la loi seront visés pour timbre et enregistrés gratis, lorsqu'il y aura lieu à enregistrement (Art. 4).

502. — L'obligation du visa pour timbre n'est pas applicable aux publications civiles ni au certificat constatant la célébration civile du mariage (Art. 4).

503. — Le certificat d'indigence sera remis au bureau de l'enregistrement, où les actes, extraits, copies ou expéditions devront être visés pour timbre et enregistrés gratis. Le receveur en fera mention dans le visa pour timbre et dans la relation de l'enregistrement.

504. — Les réquisitions du procureur de la République tiendront lieu de ce certificat pourvu qu'elles mentionnent le dépôt du certificat d'indigence au parquet.

505. — Les certificats d'indigence ou réquisitions du procureur de la République doivent rester entre les mains du receveur de l'enregistrement, qui leur donne un numéro d'ordre et les enliasse pour les représenter aux employés supérieurs (Circ. dir. enreg., 1er février 1851).

c) *Annexes à l'acte de mariage.*

506. — L'extrait du rôle ou le certificat du percepteur sera annexé aux pièces déposées pour la célébration du mariage (Art. 8, § 3).

d) *Application de la loi aux étrangers.*

507. — La loi du 10 décembre 1850 est applicable au mariage entre Français et étrangers ; elle est exécutoire aux colonies (Art. 9).

508. — Mais elle n'est pas applicable au mariage de deux conjoints, tous deux étrangers (Lett. min. just. au Procureur général Amiens, 18 juillet 1877, *Bull. off. du min.*, 1877, p. 91 ; Circ. préf. Seine, 22 novembre 1887, *Bull. off. du min.*, 1887, p. 247).

509. — Aux termes d'un arrangement conclu le 4 juin 1889 entre la France et la Belgique, les dispositions édictées par la loi du 10 décembre 1850 seront applicables aux mariages contractés en France entre Belges, tant que les Français continueront à jouir en Belgique des mêmes avantages.

e) *Intervention du procureur de la République.*

1° Sur la demande du maire.

510. — Les expéditions des pièces nécessaires au mariage des indigents pourront, sur la demande du maire, être réclamées et transmises par le procureur de la République (L. 10 décembre 1850, art. 1er, § 2).

511. — La loi a confié à l'officier de l'état civil la protection des indigents ; mais les moyens d'action de ce fonctionnaire sont très bornés, et il y aurait à craindre que son intervention ne demeurât souvent inefficace. Le 2e § de l'article 1er a eu pour objet de remédier à cet inconvénient en conférant aux procureurs de la République le droit de réclamer et de transmettre, sur la demande du maire, les expéditions des pièces nécessaires au mariage. — Que le maire soit arrêté par une difficulté, aussitôt il consulte, il se décharge d'une correspondance trop épineuse ; le procureur de la République intervient et prend la place administrative du maire, si toutefois il ne lui suffit pas d'éclairer ce fonctionnaire sur la ligne de conduite qu'il doit suivre (Circ. min. just., 29 mars 1851, *Rec. off. des circ.*, tome II, p. 179).

2° D'office.

512. — Les procureurs de la République pourront, dans les mêmes cas, agir d'office et procéder à tous actes d'instruction préalables à la célébration du mariage (Art. 2).

513. — Tous jugements de rectification ou d'inscription des actes de l'état civil, toutes homologations d'actes de notoriété et généralement tous actes judiciaires ou procédures nécessaires au mariage des indigents seront poursuivis et exécutés d'office par le ministère public (Art. 3).

514. — Désormais, le ministère public aura la charge de poursuivre les intérêts de l'indigent sans qu'il puisse y avoir lieu dans aucun cas à l'intervention des avoués (Même circ.).

§ 7. — *Etrangers.*

a) *Certificats d'aptitude.*

515. — Les officiers de l'état civil n'ont pas en principe à exiger des étrangers qui se marient en France d'autres formalités que celles prescrites par la loi française (Circ. min. just., 16 février 1855, *Rec. off. des circ.*, tome II, p. 290).

Toutefois, il importe de rappeler aux futurs époux, notamment à ceux originaires de la Suisse, de Bade, de la Bavière, du Wurtemberg et de la Hesse, les dangers auxquels ils s'exposent en négligeant de se pourvoir de l'autorisation préalable des autorités dont ils dépendent, car dans certains pays les mariages célébrés en France ne sont valables que s'ils ont été précédés de formalités spéciales et notamment de cette autorisation (Même circ.) (V. aux annexes une note du Ministère de la Justice relative au mariage des Suisses en France).

Un certain nombre d'officiers de l'état civil croient devoir exiger des étrangers désireux de contracter mariage en France un certificat établissant leur capacité matrimoniale suivant la loi de leur pays.

Cette prétention n'est nullement fondée. L'article 4 de la convention de La Haye du 12 juin 1902, pour régler les conflits de loi en matière de mariage, dispose il est vrai que : « Les étrangers doivent, pour se marier, établir qu'ils remplissent les conditions nécessaires d'après la loi indiquée par l'article 1er (Loi nationale). Cette justification se fera soit par un certificat des agents diplomatiques ou consulaires autorisés par l'Etat dont les contractants sont les ressortissants, soit par tout autre mode de preuve, pourvu que les conventions internationales ou les autorités du pays de la célébration reconnaissent la justification comme suffisante. »

Mais, même dans l'hypothèse où les étrangers désireux de contracter mariage en France sont des ressortissants de pays ayant adhéré à la convention de La Haye, les futurs époux ne sont pas dans l'obligation de présenter à l'officier de l'état civil un certificat établissant leur capacité matrimoniale, tout autre mode de preuve peut être admis si les autorités compétentes reconnaissent la justification suffisante.

C'est ainsi que d'après une note insérée au *Bulletin officiel du Ministère de la Justice*, en 1909, p. 94, il n'y a pas lieu d'exiger des sujets belges désirant contracter mariage en France un certificat d'agent diplomatique ou consulaire belge établissant la capacité des intéressés. Les officiers de l'état civil français doivent se borner à constater, en se reportant à des notes antérieures insérées dans le même bulletin, que les futurs conjoints originaires de Belgique produisent les justifications exigées par la loi matrimoniale de leur pays.

A plus forte raison, lorsqu'il ne s'agit pas d'étrangers auxquels les dispositions de La Haye sont applicables, n'y a-t-il pas lieu d'exiger d'eux un certificat de cette nature. Il n'existe en effet aucune disposition imposant aux officiers de l'état civil de vérifier la capacité matrimoniale de cette catégorie d'étrangers.

Depuis un jugement du tribunal de Rouen, en date du 26 janvier 1842, la jurisprudence est fixée en ce sens que l'officier de l'état civil français ne peut exiger des futurs époux étrangers que les conditions indiquées par la loi française et qu'il n'y a pas lieu d'exiger absolument la justification de leur aptitude d'après les lois de leur patrie. Des instructions ministérielles en date du 16 février 1855 engagent les officiers de l'état civil à se conformer à cette décision.

En conséquence, les maires ne doivent exiger des étrangers aucun certificat d'aptitude et peuvent procéder à la célébration aux risques et périls des futurs époux sans rechercher les dispositions qui leur sont inconnues de la loi étrangère.

Mais si l'officier de l'état civil ne doit pas exiger le certificat dont il s'agit, il peut toujours accepter une pièce de ce genre qui pourra lui être fournie notamment dans le cas où la loi nationale de l'étranger est plus facile que la loi française au point de vue de la capacité matrimoniale (Note du 1er août 1911 insérée au *Bull. off. min. just.*, 1911, p. 82).

516. — *Belges.* — Certains officiers de l'état civil se fondant sur les termes de l'article 4 de la convention de La Haye du 12 juin 1902, sur le mariage, croient devoir exiger des sujets belges désireux de faire célébrer leur union en France des certificats établissant qu'il remplissent les conditions fixées pour le mariage par leur loi nationale.

Cette pratique n'est pas justifiée.

Une note insérée au *Bulletin officiel* (1888, p. 19) a fait connaître aux officiers de l'état civil français la loi matrimoniale belge et précisé par là même les justifications à produire par les futurs conjoints. Les modifications apportées en matière de mariage par les lois belges du 26 décembre 1891 et du 30 avril 1896 ont été également signalées aux officiers de l'état civil par des notes insérées au *même Bulletin* (1892, p. 120 et 1897, p. 30) (Voir aux annexes ces deux lois).

D'autre part l'article 4 susvisé de la convention de La Haye dispose que la justification par l'étranger qu'il remplit les conditions nécessaires pour le mariage, peut se faire soit par un certificat des agents diplomatiques ou consulaires, soit par tout autre mode de preuve pourvu que les conventions internationales ou les autorités du pays de célébration reconnaissent la justification comme suffisante.

Or, aucune convention de cette nature n'est intervenue entre la France et la Belgique.

Dans ces conditions, et étant donné que la Belgique admet que ses officiers de l'état civil doivent se borner à s'assurer que les futurs époux remplissent en fait les conditions et produisent les pièces qu'exige leur loi nationale, il y a lieu d'admettre qu'en France un certificat d'agent diplomatique ou consulaire belge n'est pas nécessaire pour déterminer la capacité des intéressés. Nos officiers de l'état civil devront donc simplement constater, en se reportant aux notes susvisées que les futurs conjoints originaires de Belgique produisent les justifications exigées par la loi matrimoniale de leur pays (Note du 15 mars 1909, *Bul. off. min. justice*, p. 94).

b) *Pièces à produire.*

517. — Le gouvernement français n'a pas qualité pour servir d'intermédiaire entre les étrangers résidant en France et l'administration du pays auquel ils appartiennent. C'est seulement dans les cas exceptionnels où l'intérêt français se trouverait engagé, que le département des Affaires Etrangères peut intervenir officieusement pour presser la délivrance d'un acte à l'étranger et faciliter le règlement des difficultés qui en retarderaient la production.

518. — Les intéressés doivent donc s'adresser soit à la légation de leur pays à Paris, soit au consul de leur nation le plus rapproché de la résidence (Let. du min. des Affaires Etrangères, 6 juin 1881, *Bull. off. min. just.*, 1881, p. 34).

519. — Lorsqu'il s'agit d'un mariage entre Français et étranger, auquel cas la loi de 10 décembre 1850 est applicable (Art. 3), cette communication peut être faite par les officiers de l'état civil ou les membres du parquet (Même lettre).

1° Actes de naissance.

520. — Si l'état civil n'est pas organisé dans le pays où est né l'étranger et si ce dernier produit des documents équivalents, émanés des autorités de son pays qui ne peuvent laisser aucun doute sur la date de sa naissance et sur sa filiation, il n'est pas indispensable de produire un acte de notoriété devant suppléer à l'acte de naissance.

Anglais et Américains. — Impossibilité de produire un acte de naissance. — L'attention de la Chancellerie a été plusieurs fois appelée sur la difficulté qu'éprouvent parfois, pour satisfaire aux prescriptions de l'article 70 du Code civil, les sujets anglais et les citoyens des Etats-Unis d'Amérique, qui veulent contracter mariage devant nos officiers de l'état civil.

Beaucoup de ces étrangers nés dans des pays où l'état civil n'est pas régulièrement établi ou ne l'est que depuis peu de temps, se trouvent dans l'impossibilité soit de produire l'extrait d'un registre équivalent à nos registres de naissance, soit d'y suppléer par un acte de notoriété dressé par un magistrat français sur la déclaration de sept témoins, acte qui ne serait en la plupart des cas qu'une véritable attestation de complaisance.

Les étrangers, au point de vue de leur capacité à contracter mariage sont régis par leur statut personnel. Nous ne pouvons à cet égard exiger d'eux d'autres garanties que celles prescrites ou autorisées par leur propre législation.

Dès lors, si d'après la loi du pays auquel appartient le futur, certains certificats tiennent lieu d'acte de naissance et font foi de l'état civil des personnes qu'ils concernent, les officiers d'état civil appelés à célébrer un mariage doivent accepter ces certificats et les considérer comme suffisants pour remplacer les justifications énoncées dans l'article 70 du Code civil.

L'ambassade d'Angleterre et l'ambassade des Etats-Unis ont soumis à la chancellerie qui les a approuvés des modèles de certificats qui offrent toutes les garanties désirables.

Le consulat ou l'ambassade reçoit une attestation relative à l'état civil, puis un jurisconsulte anglais ou américain certifie que d'après les lois du pays auquel appartient le futur :

1° L'état civil proprement dit et notamment l'enregistrement obligatoire des naissances n'existait pas en...... (pays où est né le futur) dans l'année...... (époque de la naissance) ;

2° A défaut d'un acte de naissance ses éléments essentiels peuvent être établis par tous les moyens de preuve et notamment par une déclaration en la forme ci-annexée (Pour les Etats-Unis, déclaration sous la foi du serment affidavit) ;

3° Une telle déclaration tient lieu d'acte de naissance, équivaut à un acte de notoriété et fait foi de son contenu tant en justice que hors.

Enfin le consulat ou l'ambassade certifie que

le jurisconsulte a qualité pour délivrer le certificat de coutume et que foi est due à son attestation.

Ces certificats doivent être acceptés par les officiers d'état civil pour tenir lieu d'actes de naissance (Lettres du Garde des Sceaux au procureur de la République de la Seine, 28 avril 1891, de Paimbœuf du 5 juillet 1892, de Nîmes du 1er juin 1894, *Bul. off. minis. just.*, 1894, p. 107).

2° Consentement.

521. — *Belges.* — Aux termes de la loi belge du 30 avril 1896, le fils et la fille qui n'ont pas atteint l'âge de vingt et un ans accomplis ne peuvent pas contracter mariage sans le consentement de leur père et mère; en cas de dissentiment, le consentement du père suffit. Au-dessus de cet âge il peut être passé outre à la célébration du mariage à défaut de consentement un mois après la notification d'un seul acte respectueux (Voir aux annexes les dispositions de la loi belge).

522. — *Espagnols.* — La loi espagnole exige que les enfants mineurs de 23 ans rapportent le consentement de leur père; en cas de décès ou d'empêchement, celui de la mère, des ancêtres paternels et maternels, et à leur défaut du conseil de famille (Code civil promulgué le 24 juillet 1839, art. 46 et 320). — Au-dessus de 23 ans, ces enfants doivent demander le consentement du père ou à défaut celui de la mère. Trois mois après, s'il n'y a pas de réponse ou si elle est défavorable ils peuvent contracter mariage (Art. 47).

523. — *Italiens.* — La loi italienne impose aux fils mineurs de 25 ans et aux filles mineures de 21 ans l'obligation de produire le consentement de leurs parents. Le code italien n'admet pas la formalité des actes respectueux. Des ascendants ont toutefois le droit de former opposition au mariage de leurs enfants âgés de plus de 25 ans ou de 21 ans (Circ. min. just., 26 janvier 1876, *Bull. off. du min. just.*, 1876, p. 31). Il est donc inutile d'exiger en France des sujets italiens, âgés de plus de 25 ans ou de 21 ans, selon qu'ils sont fils ou filles, la preuve du consentement de leurs père, mère ou, à défaut de ceux-ci, de leurs aïeuls ou aïeules, puisque la loi italienne ne leur impose pas cette obligation (Circ. min. just., 10 mars 1883, *Bull. off. du min.*, 1883, p. 27).

524. — La dispense de justifier du consentement implique nécessairement celle de produire les actes de décès des ascendants (Même circ.).

525. — *Suisses.* — La loi fédérale suisse du 24 décembre 1874 dispose que les Suisses des deux sexes, âgés de 20 ans révolus, peuvent valablement contracter mariage sans le consentement de leurs ascendants ou tuteurs. Les officiers de l'état civil peuvent donc procéder au mariage des Suisses sans exiger le consentement préalable des parents du futur époux ou leurs actes de décès, à la condition que le futur époux produise un acte de naissance qui justifiera de son âge et un document établissant sa nationalité. Ce document sera le plus souvent un certificat délivré par la légation de Suisse à Paris ou par le consul suisse le plus rapproché, légalisé par le Ministère des Affaires Etrangères et attestant la nationalité de l'intéressé (Circ. min. just., 2 août 1884, *Bull. off. du min.*, 1884, p. 169).

Formes du consentement.

526. — Les officiers de l'état civil appelés à célébrer le mariage d'étrangers doivent exiger en principe que le consentement des ascendants, même habitant l'étranger, soit donné par acte authentique. Dans le cas seulement où il y a impossibilité, on peut regarder les actes sous seings privés comme revêtus d'un caractère suffisant d'authenticité lorsqu'un fonctionnaire du pays atteste que l'acte a été fait en sa présence et légalise les signatures.

3° Publications.

527. — Il n'y a lieu d'exiger des publications à l'étranger qu'au cas où la législation du pays d'origine de l'étranger édicte elle-même la nécessité des publications et où il se trouve, par suite, dans ce pays des autorités qui peuvent y procéder. Le maire peut seulement, pour dégager sa responsabilité, demander aux intéressés pour l'annexer à l'acte de mariage un certificat de coutume délivré par leur légation et constatant que les publications des mariages des nationaux ne sont point exigées ni même prévues par les lois régissant leur statut personnel.

528. — *Italiens*. — La loi italienne offre un

seul moyen de garantir dans une certaine mesure les droits des ascendants de former opposition au mariage des majeurs de 25 ou de 21 ans. L'article 100 du code italien prescrit aux nationaux qui veulent se marier à l'étranger de faire procéder dans le lieu de leur dernier domicile en Italie aux publications prescrites par les articles 70 et 71 du même code. Cette obligation subsiste, quel que soit l'âge des époux et quel que soit le temps depuis lequel ils ont pris résidence à l'étranger. Les officiers de l'état civil devront, avant de procéder au mariage, exiger un certificat en due forme constatant que cette obligation a été remplie (Cir. min. just., 26 janvier 1876, *Bull. off. du min.*, 1876, p. 21).

L'obligation de procéder à des publications en Italie subsiste, alors même qu'il serait justifié que les ascendants, résidant eux-mêmes en France, ont connaissance du projet de mariage et y donnent leur assentiment. La nécessité des publications n'a pas seulement en effet pour objet de permettre aux ascendants d'user du droit d'opposition que la loi leur confère, elle est encore une garantie que les futurs se trouvent à tous les points de vue dans les conditions de capacité exigées pour contracter mariage. L'accomplissement de cette formalité peut seul assurer dans ce royaume, si les parties y revenaient un jour, la validité du mariage contracté à l'étranger (Lett. min. just. à Proc. gén. Aix, 1er mars 1877, *Bull. off. du min.*, 1877, p. 15).

Toutefois, si les autorités italiennes se refusent à accomplir les formalités de publications parce que l'intéressé est insoumis, ce refus ne peut avoir pour effet une impossibilité absolue de contracter mariage, et le maire peut passer outre à la célébration de ce mariage, s'il a acquis la certitude que les futurs ont fait de vaines démarches près de leurs consuls pour obtenir la publication en Italie de leurs projets d'union (Note min. justice, *Bull. off.*, 1894, p. 252).

Les consuls italiens résidant en France ont reçu des instructions pour faciliter à leurs nationaux la délivrance et la production des certificats de publication, et c'est entre leurs mains que les demandes de certificats doivent être déposées (Lett. min. just. à proc. Rép. Lille, 26 septembre 1878, *Bull. off. du min.*, 1878, p. 90).

529. — *Hongrois*. — La loi hongroise exige comme la loi française que le mariage soit précédé de publications. Elle porte expressément que les publications doivent être faites en Hongrie pour les sujets hongrois qui se marient à l'étranger. La preuve de l'accomplissement de cette formalité résulte d'un certificat qui est délivré à l'intéressé par le ministre royal de la justice. Les officiers de l'état civil avant de célébrer le mariage d'un sujet hongrois devront exiger la production de ce certificat. Ils n'auront aucune autre pièce à réclamer en ce qui touche la justification que les publications légales ont été faites dans le pays d'origine (Note min. justice, 30 juin 1896, *Bull. off. min. just.*, 1896, p. 33). Ce certificat ne devra être exigé que des sujets hongrois à l'exception des Croates et Slavons (Note min.

justice, septembre 1896, *Bull. off. min. just.*, 1896, p. 47).

530. — *Belges.* — Les dispositions de la loi belge sont intégralement reproduites aux annexes.

Dispense d'âge, d'alliance et de parenté.
(Circ. min. just., 30 juin 1910, aux Procureurs généraux.)

531. — La question s'est posée de savoir si les étrangers se trouvant dans l'un des cas prévus par les articles 144, 162 et 163 du Code civil devaient toujours, avant la célébration de leur mariage en France, obtenir des dispenses du gouvernement français, si notamment les articles 145 et 164 du Code civil devaient être appliqués lorsque la loi nationale des étrangers n'édicte aucune prohibition ou prévoit elle-même la délivrance de pareilles dispenses.

Il importe tout d'abord de dégager les principes de la convention de La Haye du 12 juin 1902, promulguée en France le 21 juin 1904, sur les conditions de validité du mariage : « Le droit de contracter mariage, dispose l'article 1er, est réglé par la loi nationale de chacun des époux, à moins qu'une disposition de cette loi ne se réfère expressément à une autre loi. »

Cette règle générale ne comporte aucune réserve en ce qui concerne l'âge de la puberté. D'autre part, suivant l'article 2 de la même convention, la loi du lieu de la célébration ne peut interdire le mariage des étrangers, qui serait contraire à ses dispositions relatives aux degrés de parenté et d'alliance, que dans les cas où la prohibition est absolue.

En conséquence, quand la prohibition peut être levée en France, des dispenses ne devront point être exigées des étrangers qui, dans leur pays, n'auraient point à en solliciter pour contracter mariage. Ainsi un oncle et une nièce appartenant à un pays d'après la législation duquel ce mariage est licite pourront se marier en France, puisque l'article 164 permet au Chef de l'Etat de lever les prohibitions de l'article 163. Mais si, d'après la législation étrangère applicable aux futurs époux, le mariage de l'oncle et de la nièce doit être autorisé spécialement, comme c'est le cas en Belgique, il faudra et il suffira que l'oncle et la nièce produisent à l'autorité française les dispenses obtenues des autorités de leurs pays.

La convention de La Haye susvisée n'a force de loi en France qu'en ce qui concerne les nationaux des puissances qui y ont participé et l'ont ratifiée. A l'égard des autres étrangers, nous sommes libres de tout engagement. Néanmoins, comme la règle consacrée par les dispositions de cette convention en matière de dispenses d'âge, d'alliance et de parenté s'inspire de principes entièrement rationnels et conformes d'ailleurs en grande partie à ceux consacrés antérieurement par notre législation, j'estime qu'il faut la généraliser et l'appliquer à tous les étrangers, qu'ils appartiennent ou non à une des puissances contractantes. J'ajoute que M. le ministre des Affaires Etrangères que j'ai cru devoir consulter partage mon avis sur ce point.

Les magistrats du parquet devront donc désormais inviter les officiers de l'état civil à procéder à la célébration du mariage des étrangers, dans les cas prévus par les articles 144, 162 et 163 du Code civil sans réclamer les dispenses du gouvernement français pourvu que les futurs époux satisfassent aux conditions de validité exigées par leur loi nationale.

Toutefois comme les termes de la disposition finale de l'article 1er de la Convention ont donné lieu à des divergences d'interprétation, l'officier de l'état civil agira prudemment en se faisant remettre par les intéressés un certificat de coutume dans lequel il sera stipulé notamment que les conditions de validité de leur mariage sont indépendantes des prescriptions de la loi du lieu de célébration. Vos substituts devront d'ailleurs m'en référer chaque fois qu'ils seront dans l'impossibilité de déterminer avec certitude la nationalité des futurs époux ou se trouveront en présence d'un conflit de nationalité.

Je crois devoir préciser enfin, encore que cela résulte des principes exposés ci-dessus, que le futur époux appartenant à la nationalité française mais contractant mariage avec un étranger devra justifier de la délivrance de dispenses par le gouvernement français.

4° Légalisation des pièces produites pour contracter mariage.

532. — Les actes à produire pour contracter mariage en France par les **Luxembourgeois**, les **Al-**

saciens-Lorrains[1] et les Belges doivent être admis par les officiers de l'état civil lorsqu'ils ont été légalisés soit par le président d'un tribunal, soit par un juge de paix ou son suppléant. Aucune autre légalisation ne doit être exigée, hormis le cas où il y aurait lieu de mettre en doute l'authenticité des pièces produites (Conventions des 24 décembre 1867 avec le Luxembourg, 14 juin 1872 avec l'Allemagne et 18 octobre 1879 avec la Belgique; *Bull. off. du min.*, 1879, p. 269; 1895, p. 62 et 1899, p. 206).

533. — Dans les conventions signées avec l'Italie le 26 juillet 1851 (Art. 8), le Portugal le 11 juillet 1866 (Art. 7), et l'Autriche-Hongrie le 11 décembre 1866 (Art. 9), il est expressément stipulé que les consuls auront le droit de traduire et de légaliser toute espèce de documents émanant des autorités ou fonctionnaires de leurs pays.

534. — Les autres conventions consulaires attribuent aux consuls le traitement qui est ou serait accordé aux agents de la nationalité la plus favorisée : il en résulte qu'il y a lieu de reconnaître d'une manière générale aux agents de toutes les nations étrangères avec lesquelles nous sommes liés par des conventions le pouvoir de légaliser en France les actes ou documents émanés des fonctionnaires des pays qu'ils représentent.

535. — Pour quelques pays avec lesquels il

1. Voir pour la légalisation des actes produits par les Alsaciens-Lorrains le numéro 227.

n'a pas été conclu d'actes diplomatiques de cette nature, le même régime a été établi par l'usage et en vertu du principe de réciprocité qui régit habituellement, en l'absence de stipulations conventionnelles, les rapports internationaux et en particulier la situation des agents consulaires.

536. — Il convient donc d'accepter, soit en vertu de conventions expresses, soit à raison de la réciprocité, la légalisation de tous les consuls étrangers en France, sous la seule réserve que leurs signatures soient revêtues du visa du département des affaires étrangères (Let. min. just. à proc. Rép. Paris, 30 septembre 1883, *Bull. off. du min.*, 1883, p. 130).

SECTION IV

FORMALITÉS DE LA CÉLÉBRATION

537. — Le jour désigné par les parties (V. n°s 386, 387, 388 et 389), après les délais des publications (V. n° 353), l'officier de l'état civil, dans la maison commune (V. n°s 384 et 385), en présence de quatre témoins, parents ou non parents, fera lecture aux parties des pièces relatives à leur état et aux formalités du mariage et du chapitre VI du titre du mariage sur les droits et les devoirs respectifs des époux.

538. — Il interpellera les futurs époux, ainsi que les personnes qui autorisent le mariage, si elles sont présentes, d'avoir à déclarer s'il a été fait un contrat de mariage et, dans le cas de l'affirmative, la date de ce contrat, ainsi que les nom et lieu de résidence du notaire qui l'aura reçu (L. 10 juillet 1850).

539. — Il recevra de chaque partie, l'une après l'autre, la déclaration qu'elles veulent se prendre pour mari et femme; il prononcera, au nom de la loi, qu'elles sont unies par le mariage, il en dressera acte sur-le-champ (Art. 75 du Code civil).

§ 1er. — *Témoins.*

540. — Le père, ou tout autre ascendant consentant à son défaut au mariage, peut être témoin. En exigeant pour les futurs mineurs le consentement de leurs père et mère, la loi a voulu entourer le mariage de certaines garanties. La présence de témoins à l'acte n'a d'autre but que d'augmenter la foi due à cet acte et de le revêtir d'une formalité d'où découle l'authenticité. Ces deux formalités sont indépendantes, et rien ne s'oppose à ce qu'elles soient remplies par le même individu.

§ 2. — *Lecture.*

541. — Bien que la lecture des pièces et du chapitre VI du titre du mariage ne soit pas prescrite à peine de nullité, l'officier de l'état civil ne doit pas s'en dispenser. Cette lecture fait connaître aux parties contractantes l'étendue de l'engagement et les conditions du contrat; elle offre en outre l'avantage de donner à une fille dont on aurait forcé les inclinations le temps de réclamer à la face du public (Conseil d'Etat, séance du 14 fructidor an IX).

§ 3. — *Contrat de mariage.*

542. — Lorque les futurs époux se présenteront devant lui, l'officier de l'état civil les interpellera ainsi que les personnes qui autoriseront le mariage, si elles sont présentes, d'avoir à déclarer s'il a été fait un contrat de mariage, et dans le cas de l'affirmative, la date de ce contrat, ainsi que les nom et lieu de résidence du notaire qui l'aura reçu. Tous ces renseignements devront d'abord se trouver énoncés dans le certificat que les parties produiront ordinairement et que l'officier de l'état civil devra réclamer si l'on omettait de le lui représenter. La loi ne charge le maire d'interpeller les personnes qui autorisent le mariage qu'autant qu'elles sont présentes; par conséquent, à l'égard de celles qui ne comparaîtront pas et qui auront donné leur consentement par écrit, il doit passer outre sans exiger des déclarations dont l'obtention entraînerait d'inutiles retards (Circ. min. just., 31 novembre 1850, *Rec. off. des circ.*, tome II, p. 162).

§ 4. — *Consentement des futurs.*

543. — L'officier de l'état civil peut célébrer le mariage d'un sourd-muet à la condition que celui-ci ait manifesté très clairement sa volonté de contracter mariage. Si le sourd-muet sait écrire, son consentement sera donné par écrit, et sa réponse sera jointe à l'acte de mariage ; s'il ne sait pas écrire, il suffit que sa volonté soit exprimée par signes.

§ 5. — *Rédaction et signature de l'acte.*

544. — L'acte doit être immédiatement rédigé et signé par les époux, leurs père et mère, les témoins et l'officier de l'état civil.

L'ordre à suivre pour l'apposition des signatures est celui-ci : l'époux, l'épouse, les père et mère de l'époux, les père et mère de l'épouse, les témoins de l'époux, ceux de l'épouse, l'officier de l'état civil (Circ. préf. Seine, 20 décembre 1880).

545. — On ne doit point admettre l'apposition d'autres signatures au bas de l'acte de mariage. Les parents et amis qui assistent au mariage n'ont point à signer l'acte.

§ 6. — *Enonciations de l'acte.*

546. — On énoncera dans l'acte de mariage :

1° Les prénoms, noms, professions, âges, lieux de naissance et domiciles des époux ;

2° S'ils sont majeurs ou mineurs ;

3° Les prénoms, noms, professions et domiciles des pères et mères ;

4° Le consentement des pères et mères, aïeuls et aïeules, et celui du conseil de famille, dans les cas où ils sont requis ;

5° La notification prescrite par l'article 151, s'il en a été fait ;

6° Les oppositions, s'il y en a eu ; leur mainlevée, ou la mention qu'il n'y a point eu d'opposition ;

7° La déclaration des contractants de se prendre pour époux, et le prononcé de leur union par l'officier public ;

8° Les prénoms, noms, âges, professions et domiciles des témoins et leur déclaration s'ils sont parents ou alliés des parties, de quel côté et à quel degré ;

9° La déclaration faite sur l'interpellation prescrite par l'article 75 du Code civil qu'il a été ou qu'il n'a pas été fait de contrat de mariage, et, autant que possible, la date du contrat, s'il existe, ainsi que les nom et lieu de résidence du notaire qui l'aura reçu ; le tout à peine contre l'officier de l'état civil de l'amende fixée par l'article 50.

Dans le cas où la déclaration aurait été omise ou serait erronée, la rectification de l'acte, en ce qui touche l'omission ou l'erreur, pourra être demandée par le procureur de la République, sans préjudice du droit des parties intéressés, conformément à l'article 99.

Il sera fait mention de la célébration du mariage en marge de l'acte de naissance des époux (Art. 76 du Code civil modifié par les lois des 21 juin et 17 août 1907).

547. — Cet article n'indique pas toutes les énonciations nécessaires. C'est ainsi que l'acte doit énoncer :

Le lieu de la célébration du mariage : soit la mairie; soit la maison du maire, à défaut de mairie; soit la maison d'un des futurs, en cas d'impossibilité pour celui-ci de se déplacer (V. nos 384 et 385).

En ce dernier cas, le procès-verbal de l'officier de l'état civil constatant la nécessité de ce transport n'a pas besoin d'être fait par acte séparé, il est même plus régulier d'en insérer l'extrait dans l'acte de mariage (Circ. min. just., 11 mai 1811).

L'acte doit également indiquer que les portes de la maison sont restées ouvertes (Circ. min. just., 16 octobre 1852). C'est ce qui résulte de l'emploi du mot « publiquement. »

D'autres énonciations que celles prescrites par l'article 76 peuvent être encore nécessaires.

Par exemple :

1° Si les futurs sont beau-frère ou belle-sœur, ou oncle et nièce, la mention des dispenses doit être faite ;

2° Si le futur est militaire, l'indication de la permission accordée par l'autorité militaire est nécessaire ;

3° Si le mariage a pour objet de légitimer un enfant naturel, l'acte doit contenir la reconnaissance de l'enfant, à moins qu'elle n'ait été faite antérieurement.

548. — Les officiers de l'état civil qui auraient procédé à la célébration des mariages contractés par des fils ou filles n'ayant pas atteint l'âge de vingt-et un ans accomplis sans que le consentement des pères et mères, celui des aïeuls et aïeules et celui du conseil de famille, dans le cas où il est requis, soit énoncé dans l'acte de mariage, seront, à la diligence des parties intéressées ou du procureur de la République près le tribunal civil de première instance de l'arrondissement où le mariage aura été célébré, condamnés à l'amende portée en l'article 192 du Code civil (Art. 156 du Code civil modifié par la loi du 21 juin 1907).

549. — Les enfants nés hors mariage, autres que ceux nés d'un commerce incestueux ou adultérin, pourront être légitimés par le mariage subséquent de leurs père et mère, lorsque ceux-ci les auront légalement reconnus avant leur mariage, ou qu'ils les reconnaîtront dans l'acte même de célébration (Art. 331 du Code civil) (V. n° 280, le texte de la loi nouvelle du 7 novembre 1907, qui autorise dans certains cas la légitimation d'enfants adultérins).

La légitimation peut avoir lieu même en faveur des enfants décédés qui ont laissé des descendants, et, dans ce cas, elle profite à ses descendants (Art. 332 du Code civil).

Les enfants nés d'un commerce incestueux entre beau-frère et belle-sœur ou oncle et nièce peuvent être reconnus et légitimés par le mariage que leurs père et mère contractent en vertu de dispenses concédées par le chef de l'Etat (Cass., 22 janvier 1867 et 27 janvier 1874; Cours Amiens, 14 janvier 1864, et Rennes, 17 juin 1879).

550. — Tout étranger peut, lors de son mariage en France avec une Française, légitimer un enfant naturel bien que son statut personnel s'y oppose (Cass., 23 novembre 1857; Cour Rennes, 5 janvier 1887).

551. — Mention de la légitimation doit être faite en marge de l'acte de naissance (Art. 331 du Code civil complété par la loi du 17 août 1897).

552. — Si des époux voulaient légitimer un enfant déjà légitimé précédemment par d'autres époux, l'officier de l'état civil ne devrait pas s'y opposer.

FORMULE ORDINAIRE D'ACTE DE MARIAGE

COMMUNE
DE CLAIROIX

ARRONDISSEMENT
DE COMPIÈGNE

DÉPARTEMENT DE L'OISE

Le *trente et un mai* mil neuf cent *treize*, *quatre* heures du *soir*, devant Nous, *Paul-Frédéric Millat*, *maire* de *Clairoix*, ont comparu publiquement en la maison commune : *Jean-Léon-Lucien Baugy*, *garde forestier de l'Etat*, né à *Varengeville-sur-Mer* (*Seine-Inférieure*), le *douze juillet mil huit cent soixante-quinze*, *demeurant à Compiègne*, *3*, *rue Hurtebise*, fils *majeur de Ferdinand Baugy*, *et de Claire Boureuilles*, *son épouse*, *tous deux décédés*, d'une part; *et Juliette-Léonie Périnet*, *sans profession*, née à *Clairoix*, le *cinq octobre mil huit cent soixante-seize*, *demeurant à Clairoix*, *villa des Lilas*, fille *majeure de Jérôme Périnet*, *employé de l'octroi de Compiègne*, *et de Fanny-Rose Brunet*, *son épouse*, *sans profession*, *domiciliée à Clairoix*, *villa des Lilas*, d'autre part. Les futurs époux déclarent qu'il *n'a pas été fait de contrat de mariage*.

Aucune opposition n'ayant été faite, les contractants ont déclaré l'un après l'autre vouloir se prendre pour époux et nous avons prononcé, au nom de la loi, que *Jean-Léon-Lucien Baugy et Juliette-Léonie Périnet* sont unis par le mariage.

Dont acte, en présence de *Fernand-Louis Jugant, trente-cinq ans, garde forestier, 16, rue des Lombards, à Compiègne, Camille-Rosalie Brat, quarante ans, sans profession, à Varengeville-sur-Mer (Seine-Inférieure), cousine de l'époux; Justin Périnet, trente-trois ans, employé à la sous-préfecture de Compiègne, villa des Lilas, à Clairoix, frère de l'épouse; Adolphe-André Périnet, trente ans, chauffeur mécanicien, 60 bis, avenue des Ternes, à Paris, frère de l'épouse.*

Lecture faite, les époux et les témoins ont signé avec nous.

(*Signatures.*)

553. — C'est intentionnellement qu'il n'est point parlé dans cet acte de la lecture faite aux époux de certains articles du Code civil ni des pièces relatives à leur état. Cette lecture doit être faite, d'après l'article 75 du Code civil, mais l'article 76 ne prescrit pas que mention de la lecture doit être portée dans l'acte.

Il en est de même de la lecture des pièces relatives à l'état des époux. Actuellement dans un grand nombre de départements on peut lire la formule suivante :

« Les actes préliminaires produits par les époux sont. . . . . . »

Ces mots et toute la liste qui suit pourront être supprimés sans inconvénient; il suffira que les pièces soient jointes au registre du mariage, lors de l'envoi annuel au greffe du double qui doit y être déposé, auquel on devra annexer un simple relevé sur papier libre des pièces non produites, sous cette forme :

Indication des pièces non annexées dont les originaux existent dans les archives de notre commune.

1° Naissance de l'époux......, 12 juillet 1875;

2° Transcription du jugement de divorce de l'époux......, 5 mai 1912;

3° Décès du premier mari de l'épouse......, 26 avril 1910.

554. — Il est inutile d'indiquer le lieu et la date du décès des père et mère.

L'article 76, paragraphe 3 apporte une exception à la règle générale de l'article 34 et dispense d'énoncer l'âge des père et mère.

L'âge des époux doit toujours être indiqué par la formule « né à ......, le...... » et non « âgé de...... » Cette précision n'est pas nécessaire en ce qui concerne l'âge des témoins.

Si les père et mère de l'un des futurs époux ont même domicile, on indiquera ce domicile commun par la formule « domiciliés à...... » et non « domiciliés *ensemble* à...... » Il ne devra point être indiqué que le futur époux ou la future épouse demeure « *avec ses père et mère......* »

La loi du 21 juin 1907, modifiant l'article 76 du Code civil, a décidé que l'acte de mariage ne mentionnerait plus la publication préalable. — Par voie de conséquence, il n'y a pas lieu de mentionner dans l'acte de mariage la dispense de publication et de tout délai prévue par l'article 169 du Code civil, la comparaison entre le registre des publications et le registre des mariages suffira, la dispense accordée par le Procureur de la République étant jointe au dossier du mariage.

Lorsque les futurs époux ont plus de trente ans, rien dans la rédaction de l'acte de mariage ne devra indiquer la présence et le consentement de leurs père et mère. Lorsqu'ils ont plus de vingt et un ans il n'y aura jamais lieu d'indiquer quels sont leurs grands-parents.

Il n'y aura lieu de mentionner la situation militaire du futur époux que si celui-ci, soit comme officier, soit comme sous-officier, soldat ou marin en activité de service, doit produire l'autorisation de ses supérieurs hiérarchiques à son mariage.

Il est inutile d'énoncer dans l'acte de mariage que les pièces produites ont été paraphées par le maire et les parties intéressées.

Lorsque les témoins ne sont ni parents ni alliés des époux, les indications *ami de l'époux* ou *voisin de l'époux* sont inutiles.

FORMULE D'ACTE DE MAIRIAGE POUR DIVERS CAS SPÉCIAUX

XVIe ARRONDISSEMENT DE PARIS

Le *trente et un mai* mil neuf cent *treize*, *quatre* heures du soir,

Mariage à la mairie.

devant Nous, *Paul-Frédéric Millat, adjoint au maire* du *XVIIIe arrondissement* de Paris, ont comparu publiquement en la maison commune......

Mariage à domicile.

Nous, *Paul-Frédéric Millat, adjoint au maire* du *XVIIIe arrondissement de Paris, nous sommes transporté au n° 15 de la rue Lepic, sur le vu d'un certificat de M. Galici, docteur en médecine, pour procéder au mariage de Jean-Léon-Lucien Baugy, etc...* (*profession, âge, domicile, résidence et filiation du futur époux*) *et de......* (*énonciations relatives à la future épouse*). *Nous avons alors fait ouvrir les portes de la maison en vue de célébrer publiquement ledit mariage.* Les futurs époux déclarent qu'il n'a pas été fait de contrat de mariage, etc......

Reprise de l'acte de mariage célébré à la mairie.

........*Jean-Léon-Lucien Baugy, commis libraire, né à Varengeville-sur-Mer (Seine-Inférieure), le douze juillet mil huit cent quatre-vingt-dix,*

Ajouter lorsque l'acte de naissance n'a pas été produit :

...... *ainsi qu'il résulte d'un acte de notoriété,*

Dispense d'âge :

...... *autorisé par décret accordant dispense d'âge......*

Résidence et domicile confondus.	*domicilié et résidant, 15, rue Lepic, à Paris, dix-huitième arrondissement.*
Résidence différente du domicile.	*domicilié à Varangeville-sur-Mer et résidant 15, rue Lepic, à Paris, dix-huitième arrondissement,*

fils *majeur* / *mineur* de..

A. — Le futur époux est un enfant légitime ; les père et mère sont tous deux en état de manifester leur consentement.

1° Parents présents et consentants :

...... *Ferdinand Baugy, cultivateur* et de *Louise-Amélie Geoffroy, son épouse, sans profession, domiciliés à Varengeville-sur-Mer, présents et consentants......;*

2° Parents consentants mais non présents :

...... *Ferdinand Baugy,* etc... (comme ci-dessus)

domiciliés à Varengeville-sur-Mer, consentants par acte authentique......,

3° Le futur époux a moins de 21 ans; le père consent au mariage, non la mère (Art. 148, C. civ.) :

...... *Ferdinand Baugy, cultivateur, domicilié à Varengeville-sur-Mer, présent et consentant,* et de *Louise-Amélie Geoffroy, son épouse, sans profession, également domiciliée à Varengeville-sur-Mer, à laquelle notification a été faite par Me Dollon, notaire audit lieu......,*

4° Le futur époux a plus de 21 ans et moins de 30 ans. Les parents ne consentent pas au mariage :

...... *Ferdinand Baugy, cultivateur,* et de *Louise-Amélie Geoffroy son épouse, sans profession, domiciliés à Varengeville-sur-Mer, auxquels notification a été faite par Me Dallon, notaire audit lieu, le vingt-deux avril mil neuf cent treize......,*

5° Le futur époux a moins de 21 ans, ses parents sont divorcés, le divorce a été prononcé au profit de la mère à laquelle a été confié la garde des enfants. La mère consent au mariage, non le père (Art. 152, alinéa 1er) :

...... *Ferdinand Baugy, cultivateur, domicilié à Varengeville-sur-Mer, auquel notification a été faite par Me Dollon, notaire audit lieu,* et de *Louise-Amélie Geoffroy, son épouse, sans profession, demeurant à Saint-Martin-de-Valamas (Ardèche), présente et consentante......,*

6° Le futur époux est mineur, les parents sont divorcés, le tribunal a autorisé le mariage (Art. 152, alinéa 2) :

...... *Ferdinand Baugy, cultivateur, domicilié à Varengeville-sur-Mer,* et de *Louise-Amélie Geoffroy, son épouse, sans profession, demeurant à Saint-Martin-de-Valamas (Ardèche), autorisé par jugement du tribunal de Dieppe, en date du premier mai mil neuf cent treize.*

B. — Le futur époux est un enfant légitime; le père

seul ou la mère seule peut manifester son consentement.

7° Père décédé.

...... *Ferdinand Baugy, décédé,* et de *Louise-Amélie Geoffroy, sa veuve, sans profession, demeurant à Varengeville-sur-Mer, présente et consentante......,*

8° Père aliéné :

...... *Ferdinand Baugy, sans profession, domicilié à Villejuif (Seine), dans l'impossibilité de manifester son consentement,* et de *Louise-Amélie Geoffroy, son épouse, sans profession, demeurant 12, boulevard Thiers, à Montreuil (Seine), présente et consentante......*

C. — Le futur époux, enfant légitime, a moins de 21 ans, les parents sont décédés, il reste encore des ascendants au 2e degré.

9° Les quatre grands-parents sont présents et consentants :

...... *Ferdinand Baugy* et de *Louise-Amélie Geoffroy, son épouse, tous deux décédés, petit-fils, du côté paternel, de Joseph Baugy, sans profession,* et de *Mariette Point, son épouse, sans profession, domiciliés à Varengeville-sur-Mer,* et *du côté maternel* de *Félicien Godin, meunier,* et de *Félicie-Euphrasie Orradoux, son épouse, sans profession, domiciliés à Margon (Eure-et-Loir), tous quatre présents et consentants,*

10° Les grands-parents paternels sont décédés; le grand-père maternel consent au mariage, non la grand'mère :

...... *Ferdinand Baugy* et de *Louise-Amélie Geoffroy, son épouse, tous deux décédés sans autres ascendants survivants que Félicien Godin, aïeul maternel, domicilié à Margon (Eure-et-Loir), à laquelle notification a été faite, par Me Dollon, notaire audit lieu......,*

11° Il ne reste plus qu'un ascendant dans chaque ligne, il y a dissentiment entre eux :

...... *Ferdinand Baugy* et de *Louise-Amélie Geoffroy, son épouse, tous deux décédés, sans autres ascendants survivants que Joseph Baugy, aïeul paternel, sans profession, domicilié à Varengeville-sur-Mer, auquel notification a été faite par Me Dollon, notaire audit lieu, et Félicie-Euphrasie Orradoux, veuve Godin, aïeule maternelle, sans profession, domiciliée à Margon (Eure-et-Loir), présente et consentante.*

D. — Le futur époux est un enfant légitime, il a moins de 21 ans, tous ses ascendants sont décédés.

12° ...... *Ferdinand Baugy* et de *Louise-Amélie Geoffroy son épouse, tous deux décédés, autorisé par délibération du conseil de famille prise à Dieppe, en date du sept avril mil neuf cent treize.*

E. — Le futur époux est un enfant naturel.

13° Il a été reconnu par son père et par sa mère qui consentent au mariage :

...... *Ferdinand Baugy*, etc... (La formule est la même que la formule 1°, les mots « son épouse » étant supprimés)..... ;

14° Il a moins de 21 ans; celui de ses père et mère qui a sur lui l'exercice de la puissance paternelle consent au mariage, non l'autre (Art. 383, alinéa 1er du Code civil) :

...... *Ferdinand Baugy*, etc..... (La formule est la même que les formules 3° et 5°, les mots « son épouse » étant supprimés)....... ;

15° Il n'a été reconnu que par sa mère :

...... *Louise-Amélie Baugy, journalière, domiciliée à Varengeville-sur-Mer, présente et consentante*...... ;

16° Il n'a été reconnu que par son père, et la mère n'est pas désignée dans l'acte de naissance :

...... *Ferdinand Baugy, cultivateur, domicilié à Varengeville-sur-Mer, présent et consentant.*

17° Il a plus de 21 ans et il n'a pas été reconnu :

.... *père et mère non dénommés*......,

18° Il a plus de 21 ans, n'a pas été reconnu, le nom de sa mère figure dans son acte de naissance :

...... *Louise-Amélie Baugy, journalière, domiciliée à Varengeville-sur-Mer*......,

19° Il a moins de 21 ans et n'a pas été reconnu (Art. 159 et 389 du Code civil) ou s'il a été reconnu, ses parents sont décédés :

(Indiquer la filiation comme aux n°s 13, 15, 16, 17 ou 18 ci-dessus, et ajouter) :

...... *autorisé par jugement du tribunal civil de la Seine, en date du sept avril mil neuf cent treize*......,

20° Il a moins de 21 ans, il est pupille de l'Assistance publique (Art. 13 de la loi du 27 juin 1904) :

(Indiquer la filiation comme ci-dessus et ajouter) :

...... *autorisé en date du sept avril mil neuf cent treize*, par le conseil de famille de l'Assistance publique des Alpes-Maritimes......

F. — Le futur époux a plus de 21 ans et moins de 30 ans. Il ignore le lieu du décès ou du dernier domicile de ses père et mère (Art. 155 du Code civil).

21° Il y a un jugement déclarant l'absence des parents :

...... *Ferdinand Baugy, cultivateur*, et de *Louise-Amélie Geoffroy, son épouse, sans profession, absents, déclarés tels par un jugement du tribunal civil de Dieppe en date du vingt-six avril mil neuf cent treize ;*

22° Il y a un jugement ordonnant l'enquête sur l'absence des parents :

...... *Ferdinand Baugy, cultivateur*, et de *Louise-Amélie Geoffroy, son épouse, sans profession, absents, ainsi qu'il résulte d'un jugement du tribunal civil de*

Dieppe, en date du vingt-six avril mil neuf cent treize, qui a ordonné l'enquête......,

23° Il y a un acte de notoriété :

...... *Ferdinand Baugy......* (*comme ci-dessus*), *sans profession, absents, ainsi qu'il résulte d'un acte de notoriété dressé, le vingt-six avril mil neuf cent treize, par le juge de paix d'Offranville* (*Seine-Inférieure*),

24° Le décès des père et mère est attesté par les grands-parents :

...... *Ferdinand Baugy* et de *Louise-Amélie Geoffroy son épouse, petit-fils, du côté paternel,* de *Mariette Point, veuve Baugy, sans profession, domiciliée à Varengeville-sur-Mer, et, du côté maternel, de Félicie-Euphrasie Orradoux, veuve Godin, sans profession, domiciliée à Margon* (*Eure-et-Loir*), *lesquelles nous ont attesté le décès des père et mère......,*

25° Serment du futur époux :

...... *Ferdinand Baugy* et de *Louise-Amélie Geoffroy, son épouse, lequel a déclaré sous serment que le lieu du décès et celui du dernier domicile de ses père et mère lui sont inconnus......*

SUITE DE L'ACTE DE MARIAGE

...... *veuf de Rosalie Cordier......,*
ou
...... *veuf en premières noces de Rosalie Cordier et, en secondes noces, de Juliette-Jeanne-Louisa Aubenizel,*
ou
divorcé de Rosalie Cordier......

Le futur époux est soldat ou sous-officier :

...... *autorisé en date du sept avril mil neuf cent treize par décision du conseil d'administration de son* { *régiment.* / *corps.* }

Il est officier :

...... *autorisé en date du sept avril mil neuf cent treize par* { *le général commandant le XIe corps d'armée......* / *le ministre de la guerre......* / *le ministre de la marine......*

...... d'une part......

Et...... (énonciations relatives à la future épouse).

......d'autre part......

Dispense de parenté ou d'alliance (oncle, nièce, tante, neveu, beau-frère, belle-sœur) :

...... *Les futurs époux sont autorisés par décret accordant dispense* { *de parenté......* / *d'alliance......*

Erreur orthographique ou omission (Avis du Conseil d'Etat du 30 mars 1808) :

A. *Les père et mère du futur époux attestent qu'on doit attribuer à* { *une omission* ou *une erreur*

le fait que { *le prénom de Marius ne figure pas à l'acte de naissance du futur époux dans la désignation de son père, alors qu'il figure à l'acte de naissance de ce dernier......* ou *le nom de Baugy a été orthographié Beaugy dans l'acte de naissance du futur époux, alors qu'il est régulièrement orthographié Baugy dans celui de son père.*

B. *Les père et mère du futur époux attestent dans l'acte de consentement ci-annexé qu'on doit attribuer à*, etc. (le reste comme ci-dessus).

C. *Il résulte du procès-verbal du conseil de famille ayant autorisé au mariage le futur époux qu'on doit attribuer à......* (le reste comme ci-dessus).

D. *Les quatre témoins attestent sous serment que l'on doit attribuer à une erreur le fait que, dans l'acte de naissance du futur époux, son père est*

nommé *Beaugy* au lieu de *Baugy*
prénommé *Fernand* au lieu de *Ferdinand*
dénommé *Fernand Beaugy* au lieu de *Ferdinand Baugy*.

E. *La mère du futur époux* (pour les mineurs) ou *Les futurs époux et les quatre témoins* (pour les majeurs) — *atteste (nt) sous serment qu'on doit attribuer à une* { *omission* ou *erreur* } *le fait que dans l'acte de décès du père du futur*, etc......

L'un des futurs époux est mineur ou tous deux sont mineurs :

...... Les futurs époux, *ainsi que les personnes qui autorisent le mariage déclarent......*

Pas de contrat de mariage.	...... *qu'il n'a pas été fait de contrat de mariage.*
Contrat de mariage.	...... *qu'un contrat de mariage a été reçu le seize avril mil neuf cent treize, par Me Dollon, notaire à Offranville.*
Il y a eu une opposition; l'opposant en a donné mainlevée amiable.	...... *Mainlevée de l'opposition à Nous signifiée le deux avril mil neuf cent treize a été donnée par acte en date du huit avril mil neuf cent treize, signifié le dix avril mil neuf cent treize.*
Jugement ou arrêt de mainlevée d'opposition.	...... *Mainlevée de l'opposition à Nous, signifiée le deux avril mil neuf cent treize, a été donnée par jugement du Tribunal civil de la Seine en date du trente avril mil neuf cent treize, signifiée le......* ou *par arrêt de la Cour d'appel de Paris en date du dix mai mil neuf cent treize, signifié le quinze mai mil neuf cent treize.*

Il n'y a pas eu d'opposition. } ...... *Aucune opposition n'ayant été faite,*

les contractants ont déclaré l'un après l'autre vouloir se prendre pour époux et nous avons prononcé, au nom de la loi, que *Jean-Léon-Lucien Baugy* et *Juliette-Léonie Périnet* sont unis par le mariage.

Légitimation d'un enfant naturel :

Les époux ont déclaré reconnaître en vue de la légitimation, Jules-André (Juliette-André), né (e) à Louveciennes (Seine-et-Oise), le dix-huit novembre mil neuf cent sept et enregistré (e) le dix-neuf du même mois, en la mairie de cette commune comme fils (fille) de Juliette-Léonie Périnet......

Dont acte, en présence de...... (désignation des quatre témoins).

Lecture faite, les époux......

Si les époux ont moins de 30 ans :

.... *leurs pères et mères......* et les témoins ont signé avec Nous......

Ces formules demandent quelques explications :

1° Lorsque l'un des ascendants consent au mariage mais n'est pas présent à la célébration, il n'est pas nécessaire d'indiquer dans l'acte si le consentement a été rédigé par un notaire ou par un officier de l'état civil, ni à quelle date. Il suffit de joindre au dossier du mariage le consentement reçu en brevet. L'expression « consentant par acte authentique » s'applique aussi bien si le consentement a été reçu par un officier de l'état civil que s'il l'a été par un notaire;

2° Si le refus de consentement de l'un des ascendants a nécessité une notification par notaire, l'indication de la date de cette notification n'est nécessaire dans l'acte de mariage que si le futur époux a plus de 21 ans, à cause du délai de 30 jours prévu à l'article 151 *in fine;*

3° Lorsque l'un des ascendants est dans l'impossibilité de manifester son consentement, il est inutile de signaler dans l'acte de mariage la cause de cette impossibilité; il suffira de joindre le certificat médical au dossier du mariage;

4° Lorsqu'un enfant légitime se marie avec le consentement du conseil de famille, il est inutile d'énumérer les grands-parents et de dire qu'ils sont décédés, puisque cette double énonciation se trouve nécessairement dans la délibération du conseil de famille jointe au dossier du mariage;

5° Il est inutile d'indiquer que le futur époux est célibataire, lorsqu'il résulte de l'acte de mariage qu'il n'est ni veuf, ni divorcé. Lorsqu'il est divorcé, la pièce qu'il doit fournir à l'officier de l'état civil qui célébrera son second mariage est la copie de la transcription du jugement de divorce sur le registre des mariages et non pas l'acte de son premier mariage mentionnant en marge cette transcription;

6° L'avis du Conseil d'Etat du 30 mars 1908, sur les omissions ou erreurs orthographiques ne s'applique qu'à l'acte de mariage et non à l'acte de publication;

7° Tant dans la publication que dans l'acte de mariage, il ne doit pas être parlé de *domicile de droit* et de *domicile de fait*. Le domicile peut ne pas coïncider avec la résidence, mais, d'après l'article 102 du Code civil, tout Français ne peut avoir qu'un seul domicile;

8° Lorsque la légitimation d'un enfant naturel se fait dans l'acte de célébration d'un mariage, elle doit être placée après le prononcé de l'union, et les père et mère doivent être alors appelés les époux et non les futurs époux.

La formule indiquée pour la légitimation est applicable même si l'enfant a été reconnu ou par son père ou par sa mère depuis la rédaction de son acte de naissance.

Elle est encore applicable même si l'enfant est un enfant adultérin exceptionnellement légitimable aux termes de la loi du 7 novembre 1907, la validité de la légitimation résultant des pièces annexées au dossier du mariage.

§ 7. — *Pièces à remettre par le maire aux parties après la célébration du mariage.*

a) *Certificat de mariage.*

553. — Aussitôt après la signature de l'acte de mariage, le maire doit délivrer aux parties un certificat constatant sa célébration.

554. — Ce certificat doit être délivré sur papier timbré à 0 fr. 60 (L. 13 brumaire an VII, art. 12 ; décr. 9 déc. 1810 ; circ. min. just., 26 juillet 1848 ; *Rec. off. des circ.*, tome II, p. 105).

555. — Il ne peut être établi sur papier libre qu'en cas de mariage d'indigents (L. 10 décembre 1850, art. 4).

556. — Mention doit être faite sur ce certificat de l'usage auquel il est réservé.

557. — Il doit être remis au ministre du culte, qui ne peut donner la bénédiction nuptiale qu'à ceux qui justifieront, en bonne et due forme, avoir contracté mariage devant l'officier civil.

Cette justification est nécessaire alors même que les futurs, tous deux étrangers, appartiendraient à un pays où le mariage civil et religieux se confondraient en un seul et même acte (Let. min. justice du 11 mai 1892, *Bull. off. min. justice*, 1892, p. 55).

558. — Tout ministre d'un culte qui procédera

aux cérémonies religieuses d'un mariage, sans qu'il lui ait été justifié d'un acte de mariage préalablement reçu par les officiers de l'état civil, sera, pour la première fois, puni d'une amende de seize francs à cent francs (Art. 199 du Code pénal).

En cas de nouvelles contraventions, le ministre du culte qui les aura commises sera puni, savoir : pour la première récidive, d'un emprisonnement de deux à cinq ans, et pour la seconde, de la détention (Art. 200 du Code pénal).

FORMULE DE CERTIFICAT DE MARIAGE

DÉPARTEMENT
DE LA SAVOIE

ARRONDISSEMENT
DE CHAMBÉRY

MAIRIE DE SAINT-JULIEN

Le maire de la commune de *Saint-Julien* certifie que le mariage civil de

M. *Jean-Paul Jacquiet*,
demeurant à *Sorgues*,
(*s'il y a lieu*, veuf de *Zoé Carlat*),
fils de *Joseph Jacquiet*
et de *Caroline Zutter*
avec Mlle *Catherine Moréau*,
demeurant à *Saint-Julien*,
(*s'il y a lieu*, veuve de *Jacques Parant*),
fille de *Charles Moreau*
et de *Suzanne Margas*,
a été célébré aujourd'hui en cette mairie.

En foi de quoi, le présent certificat a été délivré, pour servir à la célébration du mariage religieux.

Fait en mairie, à *Saint-Julien*, le 29 *janvier* 1913.

Le maire,
(*Signature et cachet.*)

b) *Livret de famille:*

559. — Les officiers de l'état civil sont invités à remettre gratuitement aux époux, lors de la célébration du mariage, un livret de famille destiné à recevoir par extraits les énonciations principales des actes reçus par eux. Remis au chef de famille, il devra être représenté toutes les fois qu'il y aura lieu pour lui de faire dresser un acte de naissance ou de décès. A chaque nouvelle déclaration, l'officier de l'état civil apposera, à la suite de la mention sommaire consignée sur le livret, sa signature et le cachet de la mairie. Ces livrets constituent en quelque sorte un troisième dépôt des actes de l'état civil confié à la garde de chaque famille (Circ. min. just., 18 novembre 1876, *Bull. off. du min.* 1876, p. 230).

Les frais des livrets de famille constituent une dépense obligatoire pour les communes (L. 5 avril 1884, art. 136, § 4).

FORMULE DU LIVRET

DÉPARTEMENT
DE LA SAVOIE

COMMUNE
DE SAINT-JULIEN

LIVRET DE FAMILLE

Ce livret, gratuit, délivré au moment du mariage, devra être conservé avec soin par le chef de famille. On le présentera à la mairie toutes les fois qu'il y aura lieu de dresser un acte de naissance ou de décès.

(*Ces mentions sont inscrites sur la première page de la couverture du livret.*)

Département de la *Savoie*, commune de *Saint-Julien*.

MARIAGE

Du *vingt-neuf janvier mil neuf cent treize*.

Entre *Jean-Paul Jacquiet*, né *le* 26 *juin* 1875 à *Verveux*, arrondissement de *Besançon*, département du *Doubs*, profession *menuisier*, domicilié à *Sorgues*, fils de *Joseph Jacquiet* et de *Zoé Jarat*, mariés, veuf de...... et *Catherine Lecas*, née le 25 *août* 1831 à *Saint-Julien*, arrondissement de *Chambéry*, département de la *Savoie*, profession, *sans*, domiciliée à *Saint-Julien*, fille de *Jean Lecas* et de *Caroline Dancard*, mariés, veuve de...... contrat de mariage, le 24 janvier 1913 chez Me Darc, notaire à *Sorgues*.

Délivré conformément au n° 4 de l'article 136 de la loi du 5 avril 1884.

L'officier de l'état civil,

(*Signature et cachet.*)

(*Ces indications sont portées sur la première page du corps du livret.*)

DÉCÈS DES ÉPOUX

Mari.

Nom

Prénoms

Décédé le

A

L'officier de l'état civil,

(*Signature et cachet.*)

Femme.

Nom

Prénoms

Décédée le

A

L'officier de l'état civil,

(*Signature et cachet.*)

(*Ces mentions figurent au verso du premier feuillet.*)

NAISSANCE ET DÉCÈS DES ENFANTS ISSUS DU MARIAGE

Nom Prénoms Né le A L'officier de l'état civil, (*Signature et cachet.*)	Décédé le A L'officier de l'état civil, (*Signature et cachet.*)
Nom Prénoms Né le A L'officier de l'état civil, (*Signature et cachet.*)	Décédé le A L'officier de l'état civil, (*Signature et cachet.*)

(*Ces mentions figurent au recto et au verso de la deuxième page et des cinq pages suivantes dont doit se composer le livret.*)

AVIS IMPORTANT

Le livret de famille permettra d'éviter, dans la rédaction des actes postérieurs au mariage, des erreurs qui ne pourraient être rectifiées que par jugement et en occasionnant aux familles des frais et des pertes de temps.

Les familles devront donc, dans leur propre intérêt, présenter ce livret toutes les fois qu'il y aura lieu de dresser un acte civil ou même un acte notarié.

(*Cette mention doit figurer sur la dernière page de la couverture du livret.*)

c) *Certificat délivré au militaire.*

560. — Tout militaire est tenu de justifier de son mariage vis-à-vis de l'autorité supérieure (Circ. min. guerre, 2 juillet 1840).

Il en justifie par une expédition ou un certificat délivré sur papier libre par l'officier de l'état civil (Circ. min. int., 8 janvier 1874). Ce certificat mentionne l'autorité qui a accordé la permission de mariage et la date d'autorisation.

SECTION V

TRANSCRIPTION D'ACTES DE MARIAGE

§ 1er. — *Mariages des Français à l'étranger.*

561. — Le mariage contracté en pays étranger entre Français et entre Français et étranger sera valable, s'il a été célébré dans les formes usitées dans le pays, pourvu qu'il ait été précédé de la publication prescrite par l'article 63, au titre des « Actes de l'état civil, » et que le Français n'ait point contrevenu aux dispositions contenues au chapitre précédent (Art. 170 du Code civil complété par la loi du 21 juin 1907).

Il en sera de même du mariage contracté en pays étranger, entre un Français et un étranger, s'il a été célébré par les agents diplomatiques ou par les consuls de France, conformément aux lois françaises.

Toutefois, les agents diplomatiques ou les consuls ne pourront procéder à la célébration du mariage entre un Français et une étrangère que dans les pays qui seront désignés par décrets du Président de la République (Art. 170 du Code civil modifié par la loi du 29 novembre 1901.).

Par décret du 29 décembre 1901, les agents

diplomatiques, consuls généraux, consuls et vice-consuls de France en Turquie, en Perse, en Egypte, au Maroc, à Mascate, au Siam, en Chine et en Corée sont autorisés à procéder au mariage d'un Français avec une étrangère toutes les fois qu'ils en seront requis. La même faculté est accordée aux agents consulaires qui ont reçu les pouvoirs d'officiers de l'état civil dans les conditions prévues par l'article 7 de l'ordonnance du 26 octobre 1833.

Dans une circulaire explicative de ce décret, M. le ministre des Affaires Etrangères appelle leur attention sur les recommandations suivantes :

1° Tout d'abord ne célébrer une union de ce genre qu'après en avoir été requis par les intéressés et s'être assuré qu'ils se trouvent réellement dans l'impossibilité de se marier selon les formes locales devant l'autorité compétente du pays : les prévenir à cet effet que leur mariage, s'il est contracté en chancellerie, ne sera nécessairement valable qu'en France;

2° Exiger de l'étrangère la justification de sa capacité quant au mariage d'après les lois de son pays, c'est-à-dire la preuve qu'au moment où elle va contracter mariage devant l'agent diplomatique, elle serait en situation de se marier également devant les autorités de son pays d'origine.

562. — Dans les trois mois après le retour du Français sur le territoire de la République, l'acte de célébration du mariage contracté en pays étranger, dans les conditions prévues par le paragraphe 1er de l'article précédent, sera transcrit sur les registres publics des mariages du lieu de son domicile (Art. 171 du Code civil modifié par la loi du 29 novembre 1901).

Il ne peut être transcrit que sur la demande formelle de l'intéressé ou sur celle d'un mandataire muni d'un pouvoir *ad hoc*.

563. — L'officier de l'état civil doit procéder à la transcription sans se préoccuper de la validité du mariage lui-même. La transcription est une simple formalité qui a pour but de faire connaître en France le mariage célébré à l'étranger, mais qui n'en préjuge pas la validité au point de vue de la loi française. Il est seulement du devoir de l'officier de l'état civil de s'assurer que l'expédition qui lui est transmise présente tous les caractères d'authenticité nécessaires.

564. — Les officiers de l'état civil sont fondés à refuser d'opérer sur leur registre la transcription d'un acte de mariage contracté en France entre un Français et une étrangère dans l'hôtel d'un agent diplomatique étranger, ce mariage étant radicalement nul (Cour Paris, 6 avril 1869).

§ 2. — *Mariages des militaires et marins de l'Etat aux armées.*

565. — Le mariage aux armées est célébré par les autorités indiquées au n° 224. Une expédition de l'acte doit être adressée au ministre de la Guerre ou de la Marine qui en assure la transcription sur le registre de l'état civil du dernier domicile du mari.

§ 3. — *Mariages résultant d'une procédure criminelle.*

566. — Lorsque la preuve d'une célébration légale du mariage se trouve acquise par le résultat d'une procédure criminelle, l'inscription du jugement sur les registres de l'état civil assure au mariage, à compter du jour de sa célébration, tous les effets civils, tant à l'égard des époux qu'à l'égard des enfants issus de ce mariage (Art. 198 du Code civil).

Pour la formule de transcription, voir à la page 53 après le n° 145.

CHAPITRE VII

ACTES DE DIVORCE

SECTION PREMIÈRE

TRANSCRIPTION DES JUGEMENTS OU ARRÊTS DE DIVORCE

§ 1er. — *Délais dans lesquels doit être faite la signification du jugement ou de l'arrêt de divorce.*

567. — La décision qui prononce le divorce est signifiée dans un délai de deux mois à partir du jour où elle est devenue définitive (Art. 252 du Code civil; L. 18 avril 1886[1]).

a) *Jugements contradictoires.*

568. — Si la décision qui a prononcé le divorce émane du tribunal de première instance et si elle a été rendue contradictoirement, elle devient défi-

1. Les indications qui suivent sont pour la plupart extraites d'une circulaire adressée le 27 juillet 1887 par M. le Procureur de la République près le tribunal de la Seine à tous les maires du département.

nitive le lendemain du jour où expirent les délais d'appel.

569. — Les délais d'appel courent pour les jugements contradictoires à partir de la signification du jugement à personne ou à domicile (Art. 443 du Code de procédure civile). Ces délais sont de deux mois. Ils s'entendent non point de deux fois trente jours, mais de deux mois calculés d'après le calendrier grégorien; ils sont francs, c'est-à-dire que le jour de la signification et celui de l'échéance ne sont pas comptés dans ce délai, conformément à l'article 1033 du Code de procédure civile, dont les dispositions sont générales et doivent servir de règle pour le calcul des délais.

570. — C'est donc du lendemain du jour de l'échéance des délais d'appel que court le délai de deux mois pour transcrire le jugement de divorce sur les registres de l'état civil.

b) *Jugements par défaut.*

571. — La loi du 18 avril 1886 (Art. 247 du Code civil) permet de faire opposition à ces jugements.

572. — Il faut, pour qu'un jugement par défaut soit définitif, attendre successivement l'expiration des délais d'opposition et d'appel.

573. — Les délais d'opposition varient selon

que le jugement par défaut a été rendu faute de comparaître ou faute de conclure.

1° Défaut faute de comparaître.

574. — Si le jugement a été signifié à l'époux défendeur, le délai pour faire opposition est d'un mois à partir du jour de cette signification (Art. 247). C'est à l'expiration de ce délai d'un mois que courent les délais d'appel.

575. — Si, au contraire, le jugement a été signifié non pas à la personne de l'époux défendeur, mais seulement à son domicile, le président du tribunal ordonne, à la requête du demandeur, que ledit jugement soit rendu public; la publication en est faite dans les journaux désignés par ce magistrat dans son ordonnance.

Les délais d'opposition sont alors de huit mois, à compter du dernier acte de publicité (Art. 247), et c'est à l'expiration de ces huit mois que commencent à courir les délais de l'appel.

2° Défaut faute de conclure.

576. — Quand l'époux défendeur a connu la demande, constitué avoué et manifesté l'intention de se défendre, le droit commun reprend son empire. Aux termes de l'article 157 du Code de procédure civile, l'opposition à un jugement rendu contre une partie qui a constitué avoué n'est recevable que pendant huitaine, à compter du jour de la signification à avoué (Trib. Seine, 26 mars 1889).

c) *Arrêts contradictoires.*

577. — Si la décision prononçant le divorce émane d'une cour d'appel et si elle a été rendue contradictoirement, elle peut être attaquée par le pourvoi devant la cour de cassation. Or, en matière de divorce, le pourvoi est suspensif (Art. 248 du Code civil). Le délai pour se pouvoir en cassation est de deux mois, il court du jour de la signification de l'arrêt d'appel à la partie.

578. — Le délai de deux mois pour transcrire commence donc à courir le lendemain de l'échéance du délai de deux mois accordé pour se pourvoir en cassation.

d) *Arrêts par défaut.*

579. — En ce qui concerne les arrêts par défaut, les délais pour se pouvoir devant la cour de cassation courent à partir du jour où l'opposition n'est plus recevable (Art. 248 du Code civil).

580. — Quant au calcul des délais d'opposition, les règles rappelées ci-dessus pour les jugements par défaut sont applicables (V. n°s 574, 575 et 576).

Ce sont toutefois les délais pour se pourvoir en cassation qui remplacent les délais d'appel.

e) *Du désistement d'appel ou de pourvoi en cassation.*

581. — En matière de divorce, nul ne peut se désister du droit qu'il a d'interjeter appel ou de se pourvoir en cassation; mais une fois l'appel interjeté ou le pourvoi formé, le désistement est possible.

1° L'appel a été interjeté ou le pourvoi formé pendant le délai de deux mois accordé à cet effet, et le désistement se produit avant l'expiration de ce délai. Dans ce cas, le désistement remettant les choses en état, le délai de deux mois, accordé pour former un appel ou un pourvoi, doit être rigoureusement observé, et c'est seulement après l'expiration de ce délai que commencera à courir le délai de deux mois pour requérir la transcription, délai au cours duquel l'officier de l'état civil peut opérer la transcription de la décision qui a prononcé le divorce;

2° L'appel a été interjeté, le pourvoi a été formé, mais la cour d'appel ou la cour de cassation n'ont pas encore statué, et la partie se désiste, alors que le délai d'appel ou de pourvoi est expiré. Dans cette hypothèse, le délai de deux mois accordé par la loi pour la transcription commencera à courir du jour de la signification du désistement fait par un huissier.

Si l'époux qui s'est désisté refusait de signifier son désistement, il appartiendrait à la partie adverse de faire une sommation à fin de signification, dans un délai de trois jours, à l'expiration duquel le délai de deux mois pour transcrire commencerait à courir.

§ 2. — *Justifications de l'expiration du délai.*

582. — A la signification doivent être joints les certificats énoncés en l'article 548 du Code de procédure civile et en outre, s'il y a eu arrêt, un certificat de non pourvoi (Art. 252 du Code civil).

583. — La production de ces certificats doit être exigée rigoureusement. Ce sont : un certificat de l'avoué de la partie poursuivante, contenant la date de la signification du jugement à l'époux défendeur; l'attestation du greffier qu'il n'existe ni opposition ni appel et en outre, s'il y a eu arrêt, un certificat du greffier de la Cour de Cassation constatant qu'il n'y a pas eu de pourvoi. Lorsqu'il s'agit d'un jugement ou d'un arrêt par défaut, le certificat de l'avoué contenant la date de la signification doit indiquer en outre que cette signification a été faite à personne ou à domicile et dans certains cas, préciser la date du dernier acte de publicité prescrit par l'article 247. Si, en effet, cette circonstance n'est point connue du maire, il est exposé à transcrire un jugement de divorce sans que les délais impartis à l'époux défendeur défaillant pour faire opposition et appel soient expirés : les délais de l'opposition pour le défendeur défaillant qui n'a pas reçu *en personne* la signification du jugement sont en effet de huit mois à compter du dernier acte de publicité.

§ 3. — *Grosse du jugement ou de l'arrêt.*

584. — La production de la grosse des décisions prononçant le divorce n'est pas nécessaire, et les officiers de l'état civil peuvent se contenter d'en exiger une copie certifiée (Let. min. just. au procureur République Paris, 6 avril 1887).

§ 4. — *Par qui doit être signifié le jugement ou l'arrêt de divorce.*

585. — La signification est faite à la diligence de la partie qui a obtenu le divorce.

A défaut par elle de faire cette signification dans le premier mois, l'autre partie a le droit, concurremment avec elle, de faire cette signification dans le mois suivant (Art. 252 du Code civil).

586. — L'avoué qui a suivi l'instance en divorce n'a pas qualité pour agir au nom des parties s'il n'a pas reçu un mandat spécial à cet effet : le mandat *ad litem* est insuffisant. Les officiers de l'état civil agiront prudemment en exigeant la production de ce pouvoir spécial avant d'opérer la transcription (Cour de Nancy, 14 janvier 1888; lettre min. just. au procureur général Nancy, 4 mai 1888; *Bull. off. du min.*, 1888, p. 258).

§ 5. — *Déchéance du droit de requérir la transcription.*

587. — A défaut par les parties d'avoir requis la transcription dans le délai de deux mois, le divorce est considéré comme nul et non avenu (Art. 252 du Code civil).

588. — Les maires doivent se refuser absolument à transcrire le jugement de divorce si la réquisition ne leur a pas été adressée dans le délai de deux mois (Lettre min. just. au procureur général de Montpellier, 6 novembre 1888, *Bull. off. du min.*, 1888, p. 268).

§ 6. — *A qui doit être faite la signification.*

a) *Mariage célébré en France.*

589. — Aux termes de l'article 251 du Code civil, le dispositif du jugement ou de l'arrêt est transcrit sur les registres de l'état civil du lieu où le mariage a été célébré.

La signification doit donc être faite au maire de la commune où le mariage a été célébré.

590. — Pour vérifier s'il est compétent, l'officier de l'état civil n'a donc qu'à se reporter à l'acte de mariage inscrit sur ses registres; mais pour ce faire, il importe de connaître la date exacte du mariage. Or, les parties ne sont point en droit d'imposer au maire une recherche qui peut être longue et quelquefois difficile : c'est à elles qu'il incombe de connaître la date et le lieu de leur mariage.

b) *Mariage célébré à l'étranger.*

1° Epoux résidant toujours à l'étranger.

591. — Si le mariage a été célébré à l'étranger, la transcription est faite sur les registres de l'état civil du lieu où les époux avaient leur dernier domicile (Art. 251 du Code civil).

592. — Le maire du lieu où la transcription est requise doit donc être celui de la commune où les époux avaient leur dernier domicile.

593. — On ne peut exiger de la partie poursuivante la preuve de ce fait : il suffit, pour rester dans les termes de la loi, que la signification mentionne que la commune est bien le lieu où les époux avaient leur dernier domicile.

594. — De même, la preuve que le mariage a été célébré à l'étranger serait facile à faire par la production de l'acte de mariage. On ne peut cependant imposer cette production : d'abord, la loi ne met pas l'acte de mariage au nombre des pièces qui doivent être jointes à la signification ; ensuite, si le mariage a été célébré dans un pays lointain, ce serait en fait aboutir le plus souvent à l'impossibilité d'opérer la transcription dans le délai imparti par la loi. Il suffit d'exiger que la signification mentionne la date et le lieu du mariage.

2° Epoux rentrés en France.

595. — A ne prendre que les termes de l'article 251 du Code civil, il semblerait que la transcription du jugement de divorce dût avoir lieu, dans tous les cas, dans la commune ou dans l'arrondissement où les époux avaient leur dernier domicile avant de partir pour l'étranger, alors même qu'ils seraient, depuis leur mariage, rentrés en France; mais l'esprit de la loi paraît résister à cette interprétation. Ce que le législateur a voulu, c'est que le jugement de divorce fût transcrit au lieu où il peut être le plus facilement recherché, et ce lieu lui a paru être celui du dernier domicile en France des époux divorcés ; mais cela n'est vrai qu'au regard des époux qui, ayant quitté la France, n'y sont pas revenus ou tout au moins n'y ont pas établi à nouveau un domicile fixe. Dans ce cas, l'esprit de la loi veut que la transcription soit opérée au lieu où les époux, mariés à l'étranger et revenus en France, ont leur domicile actuel. C'est ainsi qu'aux termes de l'article 171 du Code civil, dans les trois mois après le retour du Français sur le territoire de la République, l'acte de célébration du mariage contracté en pays étranger sera transcrit sur le registre public des mariages du lieu de son domicile, et non pas du lieu du dernier domicile qu'il avait avant de quitter la France. Donc, si les époux mariés à l'étranger mais revenus en France y ont actuellement, non pas seulement une résidence passagère, mais un domicile bien certain, bien établi, c'est au lieu de ce domicile que la transcription du jugement de divorce doit être faite.

§ 7. — *Visa de l'exploit de signification.*

596. — La signification doit être accompagnée de certaines justifications, doit contenir certains renseignements en l'absence desquels il peut y avoir lieu de la tenir irrégulière et non recevable. Quand une semblable signification est faite, on ne peut cependant la considérer comme nulle et non avenue. Une conférence ou une correspondance entre le maire et l'avoué ou l'huissier des parties devient indispensable pour arriver à régulariser ou à compléter les pièces produites. Si le temps nécessaire pour opérer cette régularisation absorbe le délai imparti pour la transcription, le maire ne saurait être responsable de l'omission de cette transcription, car le point de départ dudit délai ne saurait dater que du jour où une signification régulière ou complète aurait été faite.

Il convient dès lors que tout original d'exploit de signification soit visé par le maire au moment où il en reçoit la copie. Ce visa est une garantie pour les parties puisqu'il équivaut au reçu des pièces produites. S'il est donné sans réserves, il signifie que les pièces produites sont régulières et complètes, et que rien ne s'oppose à la transcription; si les pièces sont irrégulières et incomplètes, mention sommaire est faite à la suite du visa que telle pièce n'est pas jointe à la signification ou doit être régularisée de telle sorte que la partie poursuivante se trouve ainsi avisée sans perte de temps de ce qu'elle a encore à faire. Ce visa sauvegarde la responsabilité du maire pour le cas où la transcription ne serait pas faite dans le délai imparti. Ce n'est que l'application du droit commun en matière d'exploit remis à un officier public (Voir art. 68 du Code de procédure civile).

597. — Il peut arriver que le maire ait à viser l'original et à recevoir la copie d'une signification de jugement de divorce quand la partie défenderesse à qui cet acte doit être signifié ne se trouve pas à son domicile; il doit bien se garder de confondre cette signification qui ne lui est remise qu'à la charge de la faire parvenir au destinaire avec la signification qu'on lui adresse personnellement à fin de transcription du jugement de divorce sur les registres de l'état civil.

§ 8. — *Quand doit être faite la transcription.*

598. — La transcription est faite par les soins de l'officier de l'état civil le *cinquième jour* de la réquisition, non compris les jours fériés, sous peine d'une amende de cent francs (Art. 252 du Code civil).

599. — A s'en tenir au texte de la loi, il faudrait admettre que la transcription ne peut pas être opérée les premier, second, troisième ou quatrième jours et qu'elle doit être effectuée nécessairement le cinquième. Tel ne paraît pas être le but de la disposition qui a pour principal objet d'impartir à l'officier de l'état civil un délai maximum dans lequel la transcription devra être faite. Rien ne s'oppose donc à ce que celui-ci l'opère dès la réception de la signification ou le lendemain et jours suivants, pourvu que ce soit dans les cinq jours de cette signification.

Dans le cas où il aurait par négligence omis de faire cette transcription avant l'expiration du cinquième jour, il ne devrait pas hésiter à l'opérer sans plus de retard. La cour de cassation, appelée à se prononcer sur la validité d'une semblable transcription, a décidé le 10 janvier 1912 que, si aux termes de l'article 252 du Code civil la transcription du jugement de divorce doit être faite par les soins de l'officier de l'état civil le cinquième jour de la réquisition, la loi n'a pas prononcé la nullité de cet acte pour le cas où par la négligence de cet officier le délai serait dépassé.

§ 9. — *Transcription.*

600. — Le dispositif du jugement ou de l'arrêt est transcrit sur les registres de l'état civil (Art. 251 du Code civil).

601. — Le dispositif proprement dit ne contient pas ordinairement l'indication suffisamment précise des noms et prénoms des époux divorcés. En le transcrivant purement et simplement, le maire courrait le risque d'opérer une transcription peu claire ou indéterminée et ne répondant pas à l'intention du législateur.

Il est facile d'obvier à cet inconvénient en transcrivant d'abord l'indication du nom des parties telle qu'elle se trouve toujours dans les qualités du jugement. Cette mention transcrite, le dispositif est copié à la suite (Voir le modèle de la transcription, p. 54).

a) *Erreurs dans les noms des parties.*

602. — Il arrive souvent que les époux divorcés ne sont point nommés et prénommés dans le jugement de la même manière que dans leur acte de mariage. On doit néanmoins transcrire le jugement sans y rien changer : il n'appartient pas au maire de rectifier les erreurs qui ont pu s'y glisser. Seulement si les erreurs contenues dans le jugement paraissent de nature à laisser un doute sur l'identité des parties, le maire doit se refuser à faire mention de la transcription en marge de l'acte de mariage. Il importe, en effet, qu'une mention de divorce ne figure pas en marge d'un acte de mariage auquel elle ne se rapporte pas. Le maire avertira la partie poursuivante de cette situation et il appartiendra à celle-ci de se pourvoir elle-même devant le tribunal qui aura prononcé le divorce pour faire déclarer que le jugement transcrit s'applique bien, malgré les erreurs qu'il contient, à tels époux et doit être mentionné en marge de leur acte de mariage (Circ. Procureur République Paris, 25 juillet 1887).

b) *Annexes.*

603. — La copie certifiée du jugement, celle de la signification, le certificat de l'avoué contenant la date de la signification à l'époux défendeur, le certificat du greffier constatant qu'il n'y a ni opposition ni appel, le certificat de non pourvoi s'il y a eu arrêt doivent être annexés à celui des doubles registres destiné à être déposé au greffe du tribunal. Il est de principe constant en effet que toutes les pièces produites à l'officier de l'état civil et nécessaires à la rédaction d'un acte doivent être annexées.

§ 10. — *Mention marginale.*

604. — Mention est faite du jugement ou arrêt en marge de l'acte de mariage, conformément à l'article 40 du Code civil (Art. 251 du Code civil).

605. — Malgré les termes de cet article, ce n'est évidemment point le jugement qui doit être mentionné, mais bien la transcription du jugement. D'après l'article 252 en effet le divorce n'est acquis que par le fait de la transcription régulièrement opérée; or la mention mise en marge de l'acte de mariage a pour but d'indiquer que ce mariage a été dissous. Le jugement par lui seul ne produisant pas cet effet, il est constant que c'est la mention de la transcription qui doit être faite en marge de l'acte de mariage (Circ. Proc. Rép. Paris, 27 juillet 1887).

Cette mention sera faite dans les termes indiqués à la page 65.

606. — Si l'acte de mariage célébré à l'étranger et dissous par le jugement de divorce a été transcrit en France, mention de la transcription du jugement doit être faite en marge de cet acte de mariage (Art. 251 du Code civil).

§ 11. *Divorce prononcé à l'étranger.*

607. — Il peut arriver que des personnes mariées en France et divorcées à l'étranger demandent de mentionner en marge de l'acte de leur mariage le jugement qui a prononcé leur divorce.

Si le divorce a été prononcé à l'étranger *entre Français*, le jugement ne doit être accepté pour valable qu'autant qu'il aura été rendu exécutoire par les tribunaux français ; il importe en effet que deux époux français ne soient pas tenus en France pour légalement divorcés quand la dissolution de leur mariage a pu être prononcée à l'étranger pour des motifs ou dans des conditions que n'admet pas la loi française.

Si, au contraire, il s'agit d'un jugement de divorce prononcé *entre étrangers* par les tribunaux de leur pays, les étrangers étant régis par leur statut personnel, cette décision est de plein droit valable en France et peut être mentionnée en marge de l'acte de mariage, à la seule condition de produire une expédition authentique et dûment enregistrée et légalisée de ce jugement (Circ. Proc. Rép. Paris, 27 juillet 1887; Trib. Seine, 4 décembre 1886).

§ 12. — *Enregistrement.*

a) *Transcription, mention.*

608. — La transcription du jugement ou de l'arrêt sur les registres de l'état civil et la mention qui doit être faite en marge de l'acte de mariage ne donnent ouverture par elles-mêmes à aucun droit d'enregistrement (Inst. du dir. gén. de l'enreg., 5 mai 1886, *Bull. off. du min. just.*, 1886, p. 112).

b) *Expédition.*

609. — L'article 49 de la loi du 28 avril 1816 a soumis au droit fixe de 100 francs, porté depuis à 150 francs (Loi du 28 février 1872, art. 4) les arrêts de cour d'appel qui prononcent définitivement sur une demande en divorce. Il ajoute que si le jugement qui a statué sur la demande en divorce n'est pas frappé d'appel, le droit de 100 francs (150 fr.) sera perçu sur l'acte de l'officier de l'état civil.

Cette tarification a été maintenue par l'article 17 de la loi du 26 janvier 1892 et mise en harmonie avec les dispositions de la loi du 18 avril 1886 aux termes de laquelle le divorce n'est plus prononcé par l'officier de l'état civil mais par l'autorité judiciaire, dont la décision doit être transcrite sur les registres de l'état civil et mentionnée en marge de l'acte de mariage (Art. 251 nouveau du Code civil.)

L'article 17 de la loi du 26 janvier 1872 porte en effet ce qui suit :

« Il ne pourra être perçu moins de...... cent cinquante francs (150 fr.) pour les arrêts des cours d'appels...... prononçant un divorce. — Si le jugement prononçant le divorce n'est pas frappé d'appel, le droit de cent cinquante francs continuera à être perçu sur la première expédition soit de la transcription, soit de la mention du dispositif du jugement effectué sur les registres de l'état civil. »

L'article 62 de la loi du 25 février 1901 abroge le dernier alinéa de cette disposition.

Il en résulte qu'à l'avenir, qu'il y ait ou non appel de la décision des juges de première instance, la première expédition de la transcription du jugement de divorce ou de l'acte de mariage modifié par la mention de ce jugement faite en marge, ne sera plus soumise à aucun droit d'enregistrement et ne sera plus assujettie qu'au droit de timbre, comme celles qui pourraient être délivrées ensuite.

Le droit de 150 francs (187 fr. 50 avec les décimes et doubles décimes et demi) continuera bien entendu d'être exigible sur les arrêts de cour d'appel dans les mêmes conditions que par le passé (Inst. dir. gén. enregistrement, 5 mars 1901).

§ 13. — *Effets de la transcription.*

610. — Le mariage n'est disssous que par la transcription (Tribunal Seine, 20 novembre 1888).

Si entre époux et pour le règlement de leurs intérêts pécuniaires, l'article 252 du Code civil fait remonter les effets du jugement au jour de la demande, aucune disposition ne les fait rétroagir, pour la dissolution même du mariage, au jour du jugement (Trib. Seine, 29 novembre 1888).

611. — La transcription a tellement le caractère de formalité substantielle du divorce qu'alors même qu'elle aurait été requise, si elle n'avait pas été faite avant le décès de l'un des époux, le jugement serait sans valeur aucune.

612. — C'est ce que précise l'article 244 du Code civil dans les termes suivants : « L'action en divorce s'éteint par le décès de l'un des époux survenu avant que le jugement soit devenu irrévocable par la transcription sur les registres de l'état civil. »

SECTION II

DES MARIAGES APRÈS DIVORCE

§ 1er. — *Pièces à produire par l'époux divorcé.*

613. — La personne divorcée qui désire contracter un second mariage doit produire une expédition de la transcription du jugement ou de l'arrêt qui a prononcé le divorce. Une expédition de l'acte du premier mariage portant mention de la transcription du jugement de divorce ne serait pas suffisante ; la mention mise en marge des registres de l'état civil ne tient pas lieu, en effet, de l'acte en vertu duquel elle a été opérée, mais n'est qu'une indication d'avoir à se reporter à cet acte (Circ. Procureur République Paris, 25 juillet 1887).

§ 2. — *Délai dans lequel la femme divorcée peut se remarier.*

614. — La femme divorcée pourra se remarier aussitôt après la transcription du jugement ou de l'arrêt ayant prononcé le divorce, si toutefois il s'est écoulé trois cents jours après le premier jugement préparatoire, interlocutoire ou au fond, rendu dans la cause (Art. 296 du Code civil modifié par la loi du 13 juillet 1907).

615. — Lorsque le jugement de séparation de corps aura été converti en jugement de divorce, conformément à l'article 310 du Code civil, la femme divorcée pourra contracter un nouveau mariage aussitôt après la transcription de la décision de conversion (Art. 297 du Code civil, loi du 13 juillet 1907).

§ 3. — *Nouveau mariage entre les époux divorcés.*

616. — Les époux divorcés ne pourront plus se réunir, si l'un ou l'autre a, postérieurement au divorce, contracté un nouveau mariage suivi d'un second divorce. Au cas de réunion des époux, une nouvelle célébration de mariage sera nécessaire (Art. 294 du Code civil, § 1er).

617. — Des époux divorcés pourraient donc se remarier si le second mariage contracté par l'un ou par l'autre s'est rompu par la mort de son conjoint.

618. — Les époux remariés après divorce ne peuvent former aucune nouvelle demande de divorce, pour quelque cause que ce soit, autre que celle d'une condamnation à une peine afflictive et infamante prononcée contre l'un d'eux depuis leur nouveau mariage (Art. 294 du Code civil, § 3).

§ 4. — *Nouveau mariage de l'époux divorcé pour cause d'adultère.*

619. — L'article 298 du Code civil est abrogé (L. 15 décembre 1904).

Cet article disposait que dans le cas de divorce admis en justice, pour cause d'adultère, l'époux coupable ne pouvait jamais se marier avec son complice.

CHAPITRE VIII

ACTES DE DÉCÈS

SECTION PREMIÈRE

ACTES ORDINAIRES

§ 1er. — *Déclaration de décès.*

a) *Déclarants.*

620. — L'acte de décès sera dressé par l'officier de l'état civil sur la déclaration de deux témoins. Ces témoins seront, s'il est possible, les deux plus proches parents ou voisins, ou, lorsqu'une personne sera décédée hors de son domicile, la personne chez laquelle elle sera décédée et un parent ou autre (Art. 78 du Code civil).

621. — Si la personne chez laquelle a eu lieu le décès est du sexe féminin, sa déclaration peut néanmoins être reçue.

622. — Si la personne décédée est un militaire mort en activité de service et à son corps, l'officier, quel que soit son grade, qui commandera la compagnie dont faisait partie ce militaire, sera tenu de faire aussitôt la déclaration à l'officier de l'état civil et de veiller à ce que deux officiers ou sous-officiers, où au moins un officier ou sous-officier et un soldat se tiennent à portée de servir de témoins de l'acte à dresser par l'officier de l'état civil (Circ. min. guerre, 24 brumaire an XII).

b) *Délai.*

623. — La déclaration doit être faite dans les vingt-quatre heures du décès : c'est du moins ce qui semble résulter de la loi du 20 décembre 1792 et des articles 80, 86 du Code civil.

624. — Mais la déclaration pourrait être reçue même après ce délai tant que le corps n'a pas été inhumé. Après l'inhumation, le décès ne peut plus être constaté que par un jugement.

c) *Officier compétent.*

625. — C'est l'officier de l'état civil de la commune sur le territoire de laquelle est survenu le décès qui a qualité pour recevoir la déclaration.

626. — Sa compétence cesse si le cadavre a été transporté hors du territoire de sa commune avant d'avoir été visité par lui ou son délégué.

§ 2. — *Constatation du décès.*

627. — Aucune inhumation ne sera faite sans une autorisation, sur papier libre et sans frais, de l'officier de l'état civil qui ne pourra la délivrer qu'après s'être transporté auprès de la personne décédée, pour s'assurer du décès, et que vingt-quatre heures après le décès, hors les cas prévus par les règlements de police (Art. 77 du Code civil).

a) *Délégation d'un médecin.*

628. — L'officier de l'état civil doit se transporter ou envoyer un délégué dont il est responsable auprès de la personne décédée pour s'assurer du décès (Déc. min. just., 24 avril 1836).

629. — Il fera choix à cet effet d'un ou plusieurs docteurs en médecine ou en chirurgie et, à leur défaut, d'officier de santé, qui seront chargés de constater le décès. Ces médecins seront assermentés.

FORMULE DE DÉLÉGATION AU MÉDECIN

Nous, maire de la commune de *Saint-Julien*,

Sur la déclaration à nous faite le 3 *février* à 2 heures de *l'après-midi*, que *M. Jean-Paul Jacquiet*, âgé de 35 *ans*, né à *Verveux* (*Doubs*), *menuisier*, époux de *Rose Cardin*, fils de *Jules* et de *Anne Laraud*, est décédé ledit jour à 5 heures du *matin, au hameau de Varac;*

Déléguons M. le docteur *Barnet*, à l'effet de se transporter au plus tôt dans la maison du défunt, de s'y faire représenter le corps, de constater le décès et de bien expliquer ses causes par le certificat dressé d'autre part ou dans un rapport qui nous sera transmis sans retard.

Saint-Julien, le 3 *février* 1913.

Le maire,

(*Signature et cachet.*)

b) *Visite du médecin.*

630. — Dès que la déclaration d'un décès aura été faite, le maire fera parvenir au médecin vérificateur du décès une feuille en double expédition conforme au modèle ci-dessous et sur laquelle celui-ci inscrira les nom, prénoms, sexe, âge, profession de la personne décédée, la nature de la maladie à laquelle elle a succombé et, autant que possible, sa durée et ses complications, le nom du médecin qui a soigné le malade, celui du pharmacien qui a délivré les médicaments et, autant que possible, les conditions hygiéniques du domicile (Circ. min. int., 24 décembre 1866).

FORMULE DE CERTIFICAT DU MÉDECIN DRESSÉ EN DOUBLE EXEMPLAIRE

Je soussigné, docteur en médecine, à *Saint-Julien*, agissant en vertu du mandat de visite délivré par M. le maire, certifie avoir fait aujourd'hui, à 3 heures du *soir*, la visite du corps de *Jean-Paul Jacquiet*, âgé de 35 ans, natif de *Verveux*, département du *Doubs*, exerçant la profession de *menuisier*, décédé le 3e jour du mois de *février*, à 5 heures du *matin*, *au hameau de Varac*, dans un logement situé au *rez-de-chaussée* et à l'exposition du *nord*.

Je déclare que le décès est constant et paraît avoir été causé par[1] *une fluxion de poitrine.*

Je déclare en outre qu'il a été attesté par *sa femme* que, pendant la durée de la maladie, *M. Marcant, officier de santé à Saint-Julien*, a été appelé à donner des soins

1. Relater la nature de la maladie, les causes antécédentes ou complications, la durée de la maladie, et s'il y a eu ouverture du corps.

au décédé et que les médicaments ont été fournis par M. *Sauvage, de Saint-Julien.*

Fait à *Varac*, le 3 *février* 1913.

(*Signature.*)

N.-B. — Le présent certificat doit être immédiatement transmis à M. le maire de la commune.

§ 3. — *Enonciations de l'acte.*

631. — L'acte de décès contiendra les prénoms, nom, âge, profession et domicile de la personne décédée; les prénoms et nom de l'autre époux, si la personne était veuve ou mariée ; les prénoms, nom, âge, profession et domicile des déclarants et, s'ils sont parents, leur degré de parenté. Le même acte contiendra de plus, autant qu'on pourra le savoir, les prénoms, nom, profession et domicile des père et mère du décédé et le lieu de sa naissance (Art. 79 du Code civil).

632. — L'article 79 du Code civil faisant exception à la règle générale de l'article 34, énumère limitativement les mentions de l'acte de décès.

633. — *Date du décès.* — Pour éviter les confusions qui se produisent fréquemment entre la date de réception de l'acte et celle du décès déclaré, il convient que la date qui commence l'acte soit celle du décès et non celle de la réception.

Bien que la loi ne le prescrive pas, l'acte doit en effet énoncer le jour et l'heure du décès.

La date du décès peut n'être pas établie, s'il

s'agit par exemple d'un homme dont le cadavre est retiré de l'eau et paraît y avoir séjourné plusieurs jours. Dans ce cas le lieu du décès est lui-même ignoré, et l'acte est dressé dans la commune où le cadavre a été trouvé (V. la formule ci-dessous).

634. — *Identité du défunt.* — Il peut arriver que l'identité du défunt ne soit pas établie. Il s'agit par exemple d'un blessé trouvé sur la voie publique, transporté à l'hôpital et mort sans avoir repris connaissance, ou de personnes mortes soit dans l'incendie d'un théâtre, d'un grand magasin, d'un local où se tenait une réunion publique, etc., soit dans un accident de chemin de fer, un naufrage, une catastrophe quelconque, et dont les cadavres ne sont pas reconnus. L'énumération de toutes les circonstances de nature à permettre ultérieurement l'identification doit être faite dans l'acte (Voir la formule ci-dessous).

Il arrive parfois que les noms des père et mère ne sont pas connus. Les officiers de l'état civil l'indiquent généralement ainsi : *fils de X et de X.* Cette rédaction est défectueuse, on doit y substituer la suivante : *fils de père et mère dont les noms ne nous sont pas connus* (Circ. préf. Seine, 20 décembre 1890).

Si le décédé est un enfant naturel, le nom de la mère indiqué dans l'acte de naissance devra figurer dans l'acte de décès, même si elle ne l'a pas reconnu.

635. — *Age.* — Le lieu et la date de naissance du décédé devront être indiqués chaque fois qu'ils seront connus des déclarants, avec le maximum de précision, de manière à éviter toute confusion.

636. — *Domicile*. — Il est inutile de dire que le décès a eu lieu *en cette commune* puisque l'acte de décès ne peut être reçu, sauf à être transcrit ailleurs ultérieurement dans certains cas, que dans la commune où le décès s'est produit ou est présumé s'être produit. Il suffit d'indiquer la rue, le numéro, le hameau, le lieudit, la ferme, etc.... Il en est ainsi même dans le cas des articles 81 et 82 du Code civil (Mort violente); l'acte de décès ne doit alors différer en rien d'un acte ordinaire et il doit avant tout être inscrit à la mairie du lieu du décès; le procès-verbal visé à l'article 8 ne doit pas être substitué à l'acte de décès normal.

Il est au contraire nécessaire d'indiquer, le cas échéant, que le décédé était domicilié *en cette commune*; le lieu du décès étant très souvent différent du domicile du défunt.

637. — *Nom du conjoint*. — L'indication « célibataire » est inutile si la personne décédée est une fille âgée de moins de quinze ans ou un garçon âgé de moins de dix-huit ans.

Lorsque le défunt a été plusieurs fois marié, le nom de ses épouses successives doit être signalé s'il est connu des déclarants : « *Veuf en premières noces de..., époux en secondes noces de....* » Il est inutile de signaler la date du ou des mariages du défunt.

Si le nom du conjoint est inconnu, on mettra : *marié*, le nom de l'épouse ne nous étant pas connu.

L'acte de décès ne doit pas contenir la mention que le défunt est divorcé si le jugement de divorce n'a pas été transcrit (Art. 244, § 3 du Code civil, Cour de Grenoble, 10 septembre 1887).

638. — *Qualité des déclarants.* — Si les déclarants ne sont ni parents, ni amis, ni voisins du décédé (par exemple pour décès dans les hôpitaux), aucune mention superflue ne devra suivre leurs noms, telle que « ... *Qui a dit être non parent ni ami du défunt* » ou « *Qui a dit être informé du décès.* »

639. — *Inscription sur le livret de famille.* — L'indication du décès doit être portée sur le livret de famille (V. n° 559).

FORMULE D'UN ACTE DE DÉCÈS

COMMUNE
DE MONTALBA

ARRONDISSEMENT
DE CÉRET
(Pyrénées-Orientales)

Le *quatorze mars* mil neuf cent *treize*, *six* heures du *matin*, *Pierre-Armand-Théodore Lefebvre*,

né à Perpignan (Pyrénées-Orientales) le dix février mil huit cent quarante-cinq
ou
âgé de soixante-huit ans,

métayer, *fils*

de Pierre-Jacques Lefèvre, décédé, et de Marie-Jeanne Dupont, sa veuve, sans profession, domiciliée à Arles-sur-Tech,

ou

de père et mère dont les noms ne nous sont pas connus,

célibataire,

ou

époux de *Rosalie Cordier,*

ou

veuf de *Rosalie Cordier,*

ou

divorcé de *Rosalie Cordier,*

ou

marié, le nom de l'épouse ne nous étant pas connu,

ou

divorcé ou veuf, le nom de l'épouse ne nous étant pas connu,

est décédé *en son domicile, lieu dit le Mas Pagris,*

ou

domicilié à Arles-sur-Tech (Pyrénées-Orientales), est décédé *au lieu dit le Mas Pagris.*

Dressé, le *quinze mars* mil neuf cent *treize, deux* heures du *soir,* sur la déclaration de *Pierre-Henri Lefèvre, vingt-huit* ans, *ouvrier agricole, domicilié en cette commune, fils du défunt,* et de *Jean-Marie-François Legrand, trente-six* ans, *cultivateur, domicilié en cette commune, voisin du défunt,* qui, lecture faite, ont signé avec Nous, *Léon-Charles Roussel, maire de Montalba.*

Si l'identité n'a pas été établie, la formule sera :

Le *quatorze mars* mil neuf cent *treize, six* heures du *matin,*

un *individu* ou *enfant* du sexe *masculin, dont l'identité n'a pu être établie,* est décédé *au lieu dit le Mas Pagris. Le signalement est le suivant :*

(Age approximatif, taille, couleur des cheveux et de la barbe, description détaillée du corps et des vêtements, énumération de toutes les circonstances de nature à permettre ultérieurement l'identification.)

Dressé le *quinze mars* mil neuf cent *treize*, etc.

Si la date du décès n'a pu être établie, la formule sera :

Le *quinze mars* mil neuf cent *treize, deux* heures du *soir, Nous avons constaté le décès d'un* { *individu* ou *enfant* } du sexe *masculin, dont l'identité n'a pu être établie et dont la mort paraît remonter à quatre jours.*

Le signalement est le suivant :

(Mêmes énonciations que dans le cas précédent, en précisant le lieu, le jour, l'heure et les circonstances dans lesquelles le cadavre a été trouvé.)

Dressé sur la déclaration de *Pierre-Henri Lefèvre*, etc.

§ 4. — *Permis d'inhumation.*

640. — Dans le cas où le décès paraîtrait douteux, l'officier de l'état civil retarderait la délivrance du permis d'inhumer jusqu'à certitude complètement acquise de la mort par une visite nouvelle et un rapport spécial du médecin vérificateur (Circ. min. int., 24 décembre 1866).

641. — Lorsqu'il y aura des signes ou indices de mort violente ou d'autres circonstances qui donnent lieu de le soupçonner, l'officier de l'état civil surseoira à la délivrance du permis d'inhumer et informera immédiatement l'autorité judiciaire (Même circ.) (V. nos 650 et 653).

642. — L'officier de l'état civil peut, s'il y a urgence, notamment en cas de décès survenu à la suite d'une maladie contagieuse ou épidémique, ou en cas de décomposition rapide, prescrira, sur l'avis du médecin commis par lui, la mise en bière immédiate, après la constatation officielle du décès, sans préjudice du droit d'ordonner la sépulture avant l'expiration du délai fixé par l'article 77 du Code civil (Décr. 27 avril 1889, art. 1er).

643. — Ceux qui, sans l'autorisation préalable de l'officier public, dans le cas où elle est prescrite, auront fait inhumer un individu décédé, seront punis de six jours à deux mois d'emprisonnement, et d'une amende de seize francs à cinquante francs (Art. 358 du Code pénal).

SECTION II

ACTES DE DÉCÈS DANS DIVERS CAS SPÉCIAUX [1]

§ 1er. — *Décès dans les hôpitaux ou autres établissements publics.*

644. — En cas de décès dans les hôpitaux ou les formations sanitaires, les hôpitaux maritimes, coloniaux, civils, ou autres établissements publics, soit en France, soit dans les colonies ou les pays de protectorat, les directeurs, administrateurs ou maîtres de ces hôpitaux ou établissements devront en donner avis, dans les vingt-quatre heures, à

1. Les décès survenus en mer sont constatés par des officiers instrumentaires spéciaux. Les actes de décès sont transmis pour la transcription suivant les règles reproduites plus loin sous les nos 669 et suivants.

l'officier de l'état civil ou à celui qui en remplit les fonctions. Celui-ci s'y transportera pour s'assurer du décès et en dresser l'acte, conformément à l'article 79 du Code civil, sur les déclarations dui lui auront été faites, et sur les renseignements qu'il aura pris.

Il sera tenu dans lesdits hôpitaux, formations sanitaires et établissements, un registre sur lequel seront inscrits ces déclarations et renseignements.

L'officier de l'état civil qui aura dressé l'acte de décès enverra, dans le plus bref délai, à l'officier de l'état civil du dernier domicile du défunt une expédition de cet acte, laquelle sera immédiatement inscrite sur les registres (Art. 80 du Code civil).

645. — L'expression établissements publics comprend les maisons d'éducation, les orphelinats, les maisons de retraite pour la vieillesse.

646. — Il y a lieu d'inscrire dans les actes de décès ainsi dressés les numéros matricules des militaires décédés dans les hôpitaux (Décis. min. guerre, 2 brumaire an XI).

647. — Les registres tenus dans les hôpitaux ou établissements publics n'ont aucunement le caractère de registres d'état civil et ne sauraient suppléer ceux-ci s'ils venaient à être perdus. Ces registres ne sont établis que pour l'ordre de la maison; les mentions qui y sont faites ne sont pas des actes et ne peuvent constater légalement le décès (Circ. min. int., 31 octobre 1808).

648. — L'expédition de l'acte de décès qui doit être transmise au maire du dernier domicile doit être dressée sur papier libre et sans frais (L. 13 brumaire an VII, art. 16, § 1). La transmission se fait par l'intermédiaire du préfet du département; il est ouvert dans les bureaux de chaque préfecture un registre où sont mentionnés : 1° la date de la réception de chaque acte; 2° celle de l'envoi au maire de la commune du dernier domicile du décédé ou, si celle-ci est hors du département, au préfet du département dans lequel est située cette commune; 3° le nom de la commune du décédé (Circ. min. int., 25 février 1812). — Si le dernier domicile du défunt est inconnu, l'expédition est adressée au domicile d'origine, c'est-à-dire au lieu de naissance (Lettre min., 31 août 1812).

Pour la formule de transcription, voir p. 53.

§ 2. — *Décès dans les prisons et morts violentes.*

a) *Décès en prison.*

649. — En cas de décès dans les prisons, ou maisons de réclusion et de détention, il en sera donné avis sur-le-champ par les concierges ou gardiens à l'officier de l'état civil, qui s'y transportera comme il est dit à l'article 80 et rédigera l'acte de décès (Art. 84 du Code civil) (V. n° 644).

b) *Morts violentes.*

1° Procès-verbal.

650. — Lorsqu'il y aura des signes ou indices de mort violente, ou d'autres circonstances qui donneront lieu de le soupçonner, on ne pourra faire l'inhumation qu'après qu'un officier de police, assisté d'un docteur en médecine ou en chirurgie, aura dressé procès verbal de l'état du cadavre et des circonstances y relatives, ainsi que des renseignements qu'il aura pu recueillir sur les prénoms, nom, âge, profession, lieu de naissance et domicile de la personne décédée (Art. 81 du Code civil).

651. — Quiconque aura recélé ou caché le cadavre d'une personne homicidée ou morte des suites de coups et blessures, sera puni d'un emprisonnement de dix mois à deux ans et d'une amende de cinquante francs à quatre cents francs (Art. 359 du Code pénal).

652. — Les maires et adjoints au maire sont officiers de police judiciaire (Art. 9 du Code d'instruction criminelle), et peuvent en remplir les fonctions dans les communes où il n'y a pas de commissaire de police, ainsi que dans celles où il n'y a qu'un commissaire de police, s'il se trouve légitimement empêché (Art. 14 du Code d'instruction criminelle).

FORMULE DE PROCÈS-VERBAL DE L'ÉTAT DU CADAVRE

Le vingt février mil neuf cent *treize*, *six* heures du *matin*, Nous *Antoine Delbard*, maire de *Saint-Julien*, informé par le sieur *Jacques Brunet*, âgé de *vingt-deux* ans, *menuisier*, demeurant au *hameau de Bary*, que le *sieur Pacquiet* venait d'être trouvé mort en son domicile *Grande-rue-de-Paris*, *audit hameau*, avons immédiatement envoyé mander *M. Doquant*, docteur en médecine, demeurant à *Saint-Julien*, pour qu'il se rende au lieu sus-indiqué afin de procéder, en notre présence, à la constatation du décès, à celle de l'état du cadavre et à l'examen des circonstances pouvant révéler la cause de la mort. Arrivé près du corps, nous l'avons reconnu pour être celui de *Jean-Etienne Pacquiet*, *âgé* de *trente* ans, *cordonnier*, demeurant au *hameau de Barry*, né à *Verveux* (*Doubs*) le *quatre février mil huit cent soixante et onze*, époux de *Marguerite Barat*, fils de *Joseph Pacquiet*, *cordonnier*, et de *Zoé Granet*, *sans profession*, demeurant ensemble à *Verveux* (*Doubs*). Le corps était *étendu* (*sur le lit, ou hors du lit, vêtu ou non vêtu; décrire s'il y a lieu l'état de la pièce, les meubles en désordre et toutes les circonstances de nature à faire croire à une mort naturelle ou à un crime*). M. *Doquant*, docteur en médecine, après avoir prêté serment entre nos mains d'examiner le corps et donner son avis en son âme et conscience sur la cause présumée du décès, a procédé devant nous à la visite du corps et a déclaré, ainsi que le constate le certificat signé par lui, visé par nous et joint au procès-verbal, que la mort devrait être attribuée à *un suicide par strangulation* (*ou à un meurtre*) (*s'il y a lieu*). Ayant procédé à l'interrogatoire de...... (*indiquer les noms, prénoms, âges, professions des personnes interrogées et rapporter leurs déclarations*). De quoi nous avons dressé le présent procès-verbal que les sieurs (*toutes les personnes interrogées doivent signer ou, en cas de refus, il en sera fait mention*) ont *signé avec nous après lecture*.

(*Signatures des déclarants et du maire.*)

653. — Si la mort paraît devoir être la conséquence d'un crime, le maire doit immédiatement avertir le procureur de la République (V. nos 641 et 650).

654. — En cas d'accident dans une mine, il est expressément prescrit aux maires et autres officiers de police de se faire représenter les corps des ouvriers qui auraient péri et de ne permettre leur inhumation qu'après que le procès-verbal de l'accident aura été dressé, conformément à l'article 81 du Code civil, et sous les peines portées dans les articles 358 et 359 du Code pénal (Décr. 3 janvier 1813, art. 19).

Lorsqu'il y aura impossibilité de parvenir jusqu'au lieu où se trouvent les corps des ouvriers, les exploitants, directeurs et autres ayants cause seront tenus de faire constater cette circonstance par le maire ou autre officier public qui dressera procès-verbal et le transmettra au procureur de la République à la diligence duquel, et sur l'autorisation du tribunal, cet acte sera annexé au registre de l'état civil (Même décret, art. 19).

655. — De même, en cas d'incendie ou d'inondation, si le corps n'a pu être retrouvé, le procès-verbal qui constate l'accident peut remplacer l'acte de décès et doit être annexé avec l'autorisation du tribunal au registre de l'état civil.

2° Acte de décès.

656. — L'officier de police sera tenu de transmettre de suite à l'officier de l'état civil du lieu où la personne sera décédée tous les renseignements énoncés dans son procès-verbal d'après lesquels l'acte de décès sera rédigé.

657. — Lorsque le maire aura rempli lui-même les fonctions d'officier de police judiciaire, il se servira des indications recueillies dans son procès-verbal pour dresser l'acte de décès qui devra être rédigé dans les formes ordinaires en présence de deux déclarants (V. Formule, p. 299).

c) *Exécutions capitales.*

658. — Les greffiers criminels seront tenus d'envoyer, dans les vingt-quatre heures de l'exécution des jugements portant peine de mort, à l'officier de l'état civil du lieu où le condamné aura été exécuté, tous les renseignements énoncés en l'article 79 du Code civil, d'après lesquels l'acte de décès sera rédigé (Art. 83 du Code civil).

Observations générales.

659. — Dans tous les cas de mort violente, ou dans les prisons et maisons de réclusion, d'exécution à mort, il ne sera fait sur les registres aucune mention de ces circonstances, et les actes de décès seront simplement rédigés dans les formes prescrites par l'article 79 (Art. 85 du Code civil) (V. n° 633).

660. — Le ministère public doit requérir d'office la rectification des actes de décès qui contiennent des énonciations interdites par l'article 85 (Lettre min. just., 19 janvier 1837). Et il y a lieu à rectification alors même que l'acte aurait été dressé en pays étranger.

Toutefois, comme la prohibition édictée par ledit article 85 a seulement pour objet de prévenir la défaveur qui résulterait pour une famille de la mention d'une mort violente, le ministère public n'aurait pas à poursuivre la rectification d'un acte constatant que le décédé s'est noyé accidentellement.

SECTION III

ACTES DE PRÉSENTATION D'UN ENFANT SANS VIE

§ 1er. — *Déclaration.*

661. — La mort de l'enfant au moment de la naissance ne dispense pas les personnes présentes ou celles chez lesquelles l'accouchement aurait eu lieu de l'obligation de déclarer l'accouchement conformément à la loi (Cass., 27 juillet 1872).

662. — La déclaration doit être faite dans les formes réglées par les articles 55 et 56 du Code civil, c'est-à-dire par un déclarant assisté de deux témoins.

§ 2. — *Enonciations de l'acte.*

663. — Lorsque le cadavre d'un enfant, dont la naissance n'a pas été enregistrée, sera présenté à l'officier de l'état civil, cet officier n'exprimera pas qu'un tel enfant est décédé, mais seulement qu'il lui a été présenté sans vie; il recevra de plus la déclaration des témoins touchant les noms, prénoms, qualités et demeures des père et mère de l'enfant, et la désignation des an, jour et heure auxquels l'enfant est sorti du sein de sa mère (Décr. 4 juillet 1806, art. 1er).

§ 3. — *Inscription sur le registre de décès.*

664. — Cet acte sera inscrit à sa date sur les registres des décès, sans qu'il en résulte aucun préjugé sur la question de savoir si l'enfant a eu vie ou non (Même décr., art. 2).

Les mots *né* et *naissance* doivent être évités dans la rédaction.

665. — Cet acte doit figurer à la table des décès sous l'indication du nom de famille du père de l'enfant.

La confusion entre la date du décès et celle de la réception de l'acte ne pouvant avoir qu'une importance minime quand il s'agit d'un enfant mort-né, la date de la présentation a été laissée en tête de l'acte qui le concerne.

FORMULE D'ACTE DE PRÉSENTATION D'UN ENFANT MORT-NÉ

COMMUNE
DE MONTALBA

ARRONDISSEMENT
de
CÉRET
(Pyrénées-Orientales)

Le *quinze mars* mil neuf cent *treize*, *deux* heures du *soir*, *Pierre-Henri Lefèvre*, *vingt-huit* ans, *ouvrier agricole*, *domicilié en cette commune*, *et Jean-Marie-François Legrand*, *trente-six* ans, *cultivateur*, *domicilié en cette commune*, Nous ont présenté un enfant sans vie, du sexe *masculin*, *dont est accouchée au lieu dit le Mas Pagris le quatorze mars mil neuf cent treize, six heures et demie du soir, Marie-Jeanne Dupont, vingt-cinq ans, sans profession, épouse de Pierre-Jacques Lefèvre, vingt-neuf ans, métayer, domiciliés en cette commune, lieu dit le Mas Pagris,*

ou

dont la mère non dénommée est accouchée au lieu dit le Mas Pagris le quatorze mars mil neuf cent treize, six heures et demie du soir;

lesquels déclarants ont, lecture faite, signé avec Nous, *Léon-Charles Roussel, maire de Montalba.*

SECTION IV

DES TRANSCRIPTIONS D'ACTES DE DÉCÈS

§ 1er. — *Décès en France ou dans les colonies.*

666. — L'expédition de l'acte de décès d'une personne morte dans les hôpitaux militaires, civils, ou autres établissements publics, doit être envoyée par l'officier de l'état civil qui aura dressé cet acte à l'officier de l'état civil du dernier domicile de la personne décédée, celui-ci l'inscrira immédiatement sur les registres (Art. 80 du Code civil, § 3) (V. n° 644).

Dans les communes d'Algérie, les officiers d'état civil appelés à dresser les actes de décès des militaires morts à l'hôpital ne se préoccupent généralement pas de faire transcrire l'acte en en adressant une copie au maire du lieu du dernier domicile du défunt, ainsi que le prescrit l'article 80 du Code civil modifié par la loi du 8 juin 1893. Cette transcription est cependant de la plus haute importance pour les familles des militaires défunts, afin qu'elles puissent se procurer facilement en France un acte de décès qu'elles se trouveraient dans l'impossibilité d'obtenir en Algérie, dans l'ignorance où elles peuvent être du lieu de décès, surtout lorsqu'il est en territoire militaire.

Les règlements militaires, d'accord avec l'article 80 du Code civil qui prescrit également la tenue dans les hôpitaux d'un registre de décès, ordonnent à l'officier d'administration gestionnaire d'un hôpital d'envoyer, au maire du lieu du dernier domicile du militaire défunt, un extrait du registre dont il s'agit. Cet extrait, délivré à titre de simple renseignement, n'a auprès des tribunaux ou des autorités civiles aucune valeur légale. Il ne saurait donc servir à la transcription.

Cependant ces extraits de registres de décès sont assez fréquemment transcrits sur les registres d'état civil, par des maires de France qui ne reçoivent pas en vue de la transcription la copie d'acte de décès. D'autres maires auxquels cette copie n'est pas non plus envoyée ne croient pas devoir transcrire l'extrait du registre de décès.

Ainsi, d'une part on se trouve en présence de décès non constatés dans les mairies du lieu du dernier domicile et, d'autre part, de décès constatés d'une façon irrégulière et incomplète puisque l'extrait du registre de décès tenu dans les hôpitaux est sans valeur légale et ne contient pas toutes les indications que doit recevoir l'acte de décès.

M. le ministre de l'Intérieur, dans une circulaire du 15 février 1899, a cru devoir appeler l'attention des Préfets sur ces faits et les a priés de recommander aux maires de ne transcrire à l'avenir sur les registres de l'état civil que des actes émanant d'un officier qui a compétence pour le dresser.

667. — En cas de mort violente, l'officier de l'état civil du lieu du décès qui a rédigé l'acte de décès envoie une expédition de cet acte à celui du dernier domicile de la personne décédée qui l'inscrit sur les registres (Art. 82 du Code civil).

668. — Les expéditions transmises sont sur papier libre (L. 13 brumaire an VII, art. 16, § 1er).

Pour la formule de transcription, voir p. 53.

§ 2. — *Décès en mer.*

669. — En cas de décès pendant un voyage maritime et dans les circonstances prévues à l'article 59, il en sera, dans les vingt-quatre heures et en présence de deux témoins, dressé acte par les officiers instrumentaires désignés en cet article et dans les formes qui y sont prescrites (V. n° 264).

Les dépôts et transmissions des originaux et expéditions seront effectués conformément aux distinctions prévues par les articles 60 et 61 (V. nos 265 à 267).

La transcription des actes de décès sera faite sur les registres de l'état civil du dernier domicile du défunt ou, si ce domicile est inconnu, à Paris (Art. 86 du Code civil) (V. nos 265 à 267).

Les expéditions transmises seront sur papier libre (L. 13 brumaire an VII, art. 16).

670. — Si une ou plusieurs personnes inscrites au rôle d'équipage ou présentes à bord, soit sur un bâtiment de l'Etat, soit sur tout autre bâtiment, tombent à l'eau sans que le corps puisse être retrouvé, il sera dressé un procès-verbal de disparition par l'autorité investie à bord des fonctions d'officiers de l'état civil. Ce procès-verbal sera signé par l'officier instrumentaire et par les témoins de l'accident, et inscrit à la suite du rôle d'équipage.

Les dispositions des articles 60 et 61, relatives au dépôt et à la transmission des actes et des expéditions, seront applicables à ces procès-verbaux (Art. 87 du Code civil).

671. — En cas de présomption de perte totale d'un bâtiment ou de disparition d'une partie de l'équipage ou des passagers, s'il n'a pas été possible de dresser les procès-verbaux de disparition prévus à l'article précédent, il sera rendu par le ministre de la Marine, après une enquête administrative et sans formes spéciales, une décision déclarant la présomption de perte du bâtiment ou la disparition de tout ou partie de l'équipage ou des passagers (Art. 88 du Code civil).

La présomption de décès sera déclarée comme il est dit à l'article précédent, après une enquête administrative et sans formes spéciales, par le ministre de la Marine, à l'égard des marins ou militaires morts aux colonies, dans les pays de protectorat ou lors des expéditions d'outre-mer, quand il n'aura pas été dressé d'acte régulier (Art. 89 du Code civil).

672. — Le ministre de la Marine pourra transmettre une copie de ces procès-verbaux ou de ces décisions au procureur général du ressort dans lequel se trouve le tribunal, soit du dernier domicile du défunt, soit du port d'armement du bâtiment, soit enfin du lieu du décès, et requérir ce magistrat de poursuivre d'office la constatation judiciaire des décès.

Ceux-ci pourront être déclarés constants par un jugement collectif rendu par le tribunal du port d'armement, lorsqu'il s'agira de personnes disparues dans un même accident (Art. 90 du Code civil).

673. — Les intéressés pourront également se pourvoir à l'effet d'obtenir la déclaration judiciaire d'un décès dans les formes prévues aux articles 855 et suivants du Code de procédure civile. Dans ce cas, la requête sera communiquée au ministre de la Marine, à la diligence du ministère public (Art. 91 du Code civil).

674. — Tout jugement déclaratif des décès sera transcrit à sa date sur les registres de l'état civil du dernier domicile, ou, si celui-ci est inconnu, à Paris. Il sera fait mention du jugement et de sa transcription, en marge des registres, à la date du décès.

Les jugements collectifs seront transcrits sur les registres de l'état civil du port d'armement; il pourra en être délivré des extraits individuels.

Les jugements déclaratifs de décès tiendront

lieu d'actes de l'état civil, et ils seront opposables aux tiers, qui pourront seulement en obtenir la rectification conformément à l'article 96 du Code civil (Art. 92 du Code civil).

§ 3. — *Décès aux armées.*

675. — Les actes de décès seront dressés comme il est dit au paragraphe 224.

Le ministre de la Guerre ou de la Marine à qui l'expédition des actes dressés aura été transmise, devra en assurer la transcription en la faisant parvenir à l'officier de l'état civil du dernier domicile du décédé.

Cet extrait sera sur papier libre (L. 13 brumaire an VII, art. 16).

§ 4. — *Décès dans les lazarets.*

676. — Les actes de décès seront dressés en présence de deux témoins. Expédition des actes de décès sera adressée, dans les vingt-quatre heures, à l'officier ordinaire de l'état civil de la commune où sera situé l'établissement, lequel en fera la transcription (L. 31 mars 1822, art. 19).

Cette expédition sera sur papier libre (L. 13 brumaire an VII, art. 16).

Pour la formule de transcription, voir p. 54.

§ 5. — *Décès à l'étranger.*

677. — L'un des doubles registres des actes de décès concernant des Français, dressés à l'étranger par les agents diplomatiques ou par les consuls, est adressé au ministre des Affaires Etrangères (V. n° 227).

Les actes dressés par les autorités étrangères peuvent être transmis à ce ministère et y rester déposés pour en être délivré expédition. Ils peuvent également être transcrits à la demande des intéressés sur les registres de l'état civil français (Circ. min. just., 11 mai 1875, *Rec. off. des circ.*, tome III, p. 352) (V. n° 140).

Pour la formule de transcription, voir p. 53.

SECTION V

DES AVIS DE DÉCÈS

§ 1er. — *Personne laissant pour héritiers des mineurs ou des absents.*

678. — L'arrêté du Directoire exécutif, en date du 22 prairial an V, prescrit aux agents municipaux des communes où ne réside pas un juge de paix, de notifier à ce magistrat la mort de toute personne laissant pour héritiers des pupilles, des mineurs ou des absents.

Cette disposition vise exclusivement les communes rurales. La mesure qu'elle prescrit a été adoptée dans les mairies de Paris à la suite d'une entente entre les ministres de la Justice et de l'Intérieur (Circ. préf. Seine, 18 septembre 1884 et 1er février 1886).

Le ministre de l'Intérieur a décidé, sur la demande du ministre de la Justice, que la mesure serait étendue à tout le territoire de la République.

Lors de la déclaration de chaque décès, l'officier de l'état civil devra demander aux déclarants si le défunt laisse des héritiers mineurs ou absents ou des pupilles (Circ. min. int., 10 décembre 1887).

Une circulaire du même ministre, en date du 15 novembre 1910, invite les maires à ne pas omettre de faire au juge de paix les communications prescrites par l'arrêté du 22 prairial an V.

679. — Toutes les fois qu'il y aura lieu, l'officier de l'état civil devra remplir et adresser au juge de paix du canton la feuille de déclaration dont le modèle suit :

DÉPARTEMENT
d

ARRONDISSEMENT
d

CANTON
d

RÉPUBLIQUE FRANÇAISE

COMMUNE D

DÉCLARATION DE DÉCÈS

Nom et prénoms :
Age :
Nationalité :
Profession :
Marié ou veuf :
Le défunt laisse :

(1) Héritiers mineurs (2).

(1) Héritiers absents (2).

(1) Pupilles (2).

(1) Le nombre s'il est possible.
(2) Les désigner s'il est possible.
(1) Le nombre s'il est possible.
(2) Les désigner s'il est possible.

Domicile du décédé :
Date du décès :

A , le 191 .

Le Maire,
(*Signature et cachet.*)

§ 2. — *Etrangers.*

a) *Avis au juge de paix.*

680. — Un certain nombre de conventions passées avec des puissances étrangères imposent aux juges de paix l'obligation de prévenir dans le plus bref délai possible les consuls de ces puissances. Ces magistrats ne peuvent accomplir ce devoir s'ils ne sont avisés par les maires des décès qu'ils doivent notifier eux-mêmes aux consuls, autorisés par des traités à administrer et à liquider les successions (Cir. min. int., 10 décembre 1887).

681. — Voici la liste des pays qui ont conclu avec la France des traités relatifs aux règlements des successions des étrangers décédés en France : Autriche-Hongrie, 11 décembre 1866; Birmanie, 24 janvier 1873; Bolivie, 9 décembre 1834; Brésil, 8 janvier et 7 juin 1826; Chili, 15 septembre 1846; Costa-Rica, 12 mars 1848; République dominicaine, 25 octobre 1882; Equateur, 6 juin 1843; Espagne, 7 janvier 1862; Grèce, 7 janvier 1876; Guatemala, 8 mars 1848; Honduras, 22 février 1856; Italie, 26 juillet 1862; Mascate (Etat de), 17 novembre 1844; Nicaragua, 11 avril 1859; Pérou, 9 mars 1861; Perse, 12 juillet 1855; Portugal, 11 juillet 1866; Russie, 1er avril 1874; Salvador, 5 juin 1878; Iles Sandwich, 29 octobre 1857; Siam, 15 août 1856; Venezuela, 24 octobre 1856.

682. — Alors même que l'étranger décédé n'appartiendrait pas à un pays ayant signé une convention relative au règlement des successions de ses nationaux décédés en France, le maire devrait aviser le juge de paix du décès. Les instructions contenues dans la circulaire du

10 décembre 1887 (V. n° 680) sont générales et invitent les maires à aviser les juges de paix du décès de tous les étrangers.

683. — L'avis est donné au juge de paix par l'envoi de la déclaration de décès dont le modèle est indiqué ci-dessus (V. n° 679).

b) Avis au préfet.

684. — Immédiatement après la signature de l'acte de décès d'un étranger, le maire doit adresser une expédition entière de cet acte sur papier libre au sous-préfet si la commune est située dans le ressort d'un chef-lieu d'arrondissement et au préfet si elle est située dans le ressort d'un chef-lieu de département (Circ. min. int., 26 janvier 1836, 10 mars 1855 et 17 mai 1864).

c) *Envoi d'expéditions pour l'exécution de certaines conventions.*

685. — Tous les semestres, le maire doit faire parvenir au préfet, par l'intermédiaire du sous-préfet, les expéditions sur papier libre des actes de décès des étrangers de nationalité italienne, luxembourgeoise, belge, monégasque, chilienne, suédoise et norvégienne, etc. Cet envoi est exigé en vertu des conventions conclues le 13 janvier 1875 avec l'Italie, le 14 juin 1875 avec le grand-duché de Luxembourg, le 25 août 1876 avec la Belgique, le 24 mai 1881 avec la principauté de Monaco (Circ. min. just., 11 mai 1875,

Rec. off. des circ., tome III, p. 349, et la Suède et Norvège les 9 novembre 1904 et 16 janvier 1907) (V. nos 154 et 161 l'énumération complète des états qui ont conclu ces conventions).

§ 3. — *Légionnaires et médaillés.*

686. — Après le décès de chaque légionnaire, les maires doivent envoyer sans délai au Procureur de la République copie sur papier libre de l'acte de décès qu'ils auront dressé (Circ. min. int., 10 juillet 1817, *Rec. off. des circ.*, tome Ier, p. 79) (V. n° 23).

D'autre part, dans le courant du mois qui suit l'expiration de chaque trimestre, les préfets doivent envoyer au ministre de la Justice deux états en double expédition, comprenant les noms des membres de la Légion d'honneur et des décorés de la médaille militaire décédés dans le département (Circ. min. just., 15 mars 1870, *Rec. off. des circ.*, tome III, p. 153).

Pour permettre au préfet d'établir ces états, les maires doivent lui fournir, selon les instructions que celui-ci leur a données, soit une expédition sur papier libre des actes de décès, soit un état nominatif des légionnaires et médaillés morts dans leur commune. Les maires devront avoir soin d'indiquer par une annotation en marge de l'expédition ou par une mention dans une colonne ouverte à cet effet dans l'état nominatif, en quelle qualité le légionnaire décédé a été admis ou promu dans l'ordre, si c'est comme civil ou comme militaire. De plus, si le légionnaire était fonctionnaire, il importe d'indiquer quelle était sa fonction.

687. — Les généraux, commandant les divisions militaires territoriales, doivent adresser mensuellement au ministre de la Guerre des états nominatifs indiquant les décès de légionnaires survenus dans l'étendue de leur circonscription parmi les anciens militaires ou militaires en activité de service (Circ. min. guerre, 24 février 1838).

Pour faciliter l'établissement de ces états, les maires doivent fournir à la gendarmerie ou directement au général commandant la subdivision, si leur commune n'est pas dotée d'une gendarmerie, un état indiquant les nom, prénoms du défunt, sa position militaire, la date, le lieu du décès ainsi que le grade dans la Légion d'honneur.

MODÈLE D'ÉTAT

Etat des membres de la Légion d'honneur (*ou* des décorés de la médaille militaire) décédés dans le mois de *mars* 1913.

NOMS et PRÉNOMS	DATES et lieux de NAISSANCES	DATE du DÉCÈS	GRADE	OBSERVATIONS

Dressé par nous, maire de la commune de *Saint-Julien*, le 2 avril 1913.

Le Maire (*Signature et cachet.*)

§ 4. — *Pensionnaires de l'Etat.*

688. — Les officiers de l'état civil doivent envoyer au préfet, par l'intermédiaire du sous-préfet, une expédition sur papier libre des actes de décès des rentiers viagers ou pensionnaires de l'Etat, avec indication du montant de la rente viagère ou de la pension.

689. — Sont compris dans ces notifications les anciens militaires de la République et de l'Empire auxquels il a été alloué une pension en vertu de la loi du 5 mai 1869.

690. — Doivent y être également compris les aveugles qui touchent des secours annuels et viagers de l'hospice national des Quinze-Vingts (Circ. min. int., 18 février 1879).

691. — Ainsi que les orphelines des armées de terre et de mer qui auraient été inscrites aux termes du décret du 7 avril 1873 pour recevoir une allocation de 200 francs à l'âge de vingt-cinq ans ou à l'époque de leur mariage et qui seraient décédées, soit avant d'être parvenues à ces termes de paiement, soit après, mais sans avoir réclamé le remboursement de leur allocation (Circ. direct. gén. Caisse des dépôts et consignations, 8 décembre 1873).

692. — Les maires doivent en outre envoyer à l'intendant ou sous-intendant militaire une expédition sur papier libre des actes de décès d'anciens militaires pourvus d'une solde de retraite ou de non-activité (Circ. min. int., 22 novembre 1814).

§ 5. — *Fonctionnaires publics civils ou militaires.*

a) *Civils.*

693. — Le maire doit aviser immédiatement le juge de paix de son canton du décès de tout dépositaire public ou ancien fonctionnaire public qui, par la nature de ses fonctions, peut être dépositaire de papiers appartenant à l'Etat (Voir art. 911 du Code de procédure civile, § 3).

Le juge de paix a le droit de procéder à l'apposition des scellés (Cour Paris, 8 mai 1829).

b) *Militaires.*

694. — Aussitôt après le décès d'un maréchal de France, d'un officier général ou assimilé, d'un officier supérieur ou assimilé, d'un chef de corps ou de service, en activité de service ou en retraite, le maire du domicile du décédé informe de ce décès l'autorité militaire (Circ. min. guerre, 22 janvier 1890, *Bull. off. du min. just.*, 1890, p. 105).

C'est le général commandant la région militaire qui doit être avisé, à moins qu'il ne s'agisse du décès de maréchaux de France, officiers généraux chargés de missions spéciales, officiers généraux membres du conseil supérieur de guerre, officiers généraux commandant les régions et gouverneurs militaires, présidents des comités d'armes, fonctionnaires du contrôle de l'administration de l'armée, intendants généraux, médecin inspecteur général, médecins et pharmaciens inspecteurs; en ce cas, l'avis du décès doit être donné au ministre de la Guerre (Même circ., décret 22 janvier 1890, art. 2).

§ 6. — *Hommes de vingt à quarante-cinq ans.*

695. — Toutes les municipalités doivent être pourvues d'un registre à souches qui leur est fourni par la préfecture, et dont la dépense peut être prélevée sur le fonds des cotisations municipales. Aussitôt après avoir dressé l'acte de décès de tout homme âgé de vingt à quarante-cinq ans, les officiers de l'état civil doivent détacher de ce registre un bulletin sur lequel ils inscrivent les indications voulues et qu'ils adressent immédiatement au bureau de recrutement de la subdivision de la commune (Circ. min. int., 20 mars 1877, 29 janvier 1883, 21 mars 1888, 1er mars 1889 et 19 juin 1890).

696. — Les gendarmes ont reçu l'ordre de profiter de leurs tournées dans les communes pour vérifier, à l'aide des registres de l'état civil, si les décès de ces hommes sont régulièrement signalés par le maire au bureau de recrutement. Toutes facilités doivent être données par le maire aux gendarmes pour leur permettre d'accomplir leur mission (Circ. min. int., 3 mai 1889).

C'est un nouveau cas à ajouter à ceux dans lesquels la communication des registres ne peut être refusée par le maire (V. nos 74, 75 et 76).

§ 7. — *Mort violente.*

697. — En cas de mort violente, l'officier de l'état civil doit aviser immédiatement le procureur de la République (V. nos 641, 650 et 653).

§ 8. — *Relevé pour le bureau d'enregistrement.*

698. — Dans le mois qui suit chaque trimestre, un relevé certifié des actes de décès reçus pendant le trimestre, doit être fourni au receveur de l'enregistrement du canton (L. 22 frimaire an VII, art. 55) (V. n° 209).

L'imprimé servant à l'établissement de ce relevé est fourni par le receveur.

§ 9. — *Enfant en nourrice.*

699. — Toute personne qui a reçu chez elle, moyennant salaire, un nourrisson ou un enfant en sevrage ou en garde, est tenue de déclarer le décès de cet enfant dans les vingt-quatre heures.

Le maire qui reçoit cette déclaration en donne avis, dans le délai de trois jours, au maire de la commune habitée par la personne qui a mis l'enfant en nourrice. Ce dernier avise du décès cette personne dans le même délai de trois jours (Loi du 23 décembre 1874, art. 9).

ANNEXES

ANNEXE I

Echange des actes de l'état civil entre la France, la Suède et la Norvège. Modification à la périodicité des envois pour les actes de même nature concernant les sujets monégasques. Rappel des formalités prescrites pour les envois des actes concernant les étrangers (Circ. min. int., 1er février 1905).

Monsieur le Préfet,

Une convention, en date du 9 novembre 1904, approuvée par décret du 4 décembre suivant, publiée au *Journal officiel* du 14 du même mois, a pour objet d'assurer entre la France et le gouvernement suédois un échange régulier des actes de l'état civil intéressant les nationaux des deux pays.

Aux termes de cet arrangement « les deux gouvernements s'engagent à se remettre réciproquement, sans frais, des expéditions des actes de mariage, des actes de reconnaissance d'enfants naturels et des actes de décès dressés sur le territoire français et le territoire suédois respectivement et concernant des citoyens de l'autre Etat. »

L'échange de ces expéditions doit avoir lieu tous les six mois à partir du 1er janvier 1905. Vous aurez donc à m'envoyer pour la première fois, en juillet prochain, les actes reçus dans les diverses communes de votre département pendant le cours du premier semestre de cette année.

La nouvelle convention ne diffère des arrangements du même ordre, conclus jusqu'à présent avec des puissances étrangères, que par la suppression de la formalité de la légalisation. Vous remarquerez, en outre, qu'elle ne vise que des actes de l'état civil des Français et des Suédois. Il n'y a pas été inséré de stipulation pour l'échange avec l'Administration norvégienne ; mais il a été verbalement convenu que néanmoins, et sans attendre l'établissement d'une complète réciprocité, l'Administration française effectuerait la transmission des actes de l'état civil applicables aux Norvégiens, tout comme de ceux concernant les sujets suédois.

Vous devrez vous conformer aux instructions que mes prédécesseurs vous ont adressées en ce qui concerne les pays avec lesquels existent des conventions d'échange et dont le nombre se trouve désormais porté à sept : l'Italie, le Luxembourg, la Belgique, la principauté de Monaco, l'Autriche-Hongrie, le Chili et la Suède et Norvège. Je crois cependant utile de vous rappeler les dispositions principales de ces instructions.

Les expéditions reproduisant *intégralement* l'acte seront légalisées par un fonctionnaire de votre préfecture (exception faite pour les Suédois et les Norvégiens). En outre, il importe que les actes contiennent des indications suffisantes sur le lieu d'origine ou le dernier domicile des individus qu'ils concernent et si ces mentions n'avaient pas été insérées au moment où ils ont été dressés, les maires auraient soin de les porter en note à la suite de la copie. L'oubli de ces prescriptions a été l'objet de fréquentes réclamations de la part des gouvernements étrangers.

Le mode d'envoi a été réglé par les circulaires des 27 décembre 1875 et 26 décembre 1876 (*Bull. off. min. int.*, 1876, p. 141 et 1877, p. 14) qui contiennent des indications très précises à ce sujet et vous fournissent le modèle d'un bordereau à établir. A l'expiration de chaque semestre, vous devez me faire parvenir, sous le timbre du 4e bureau de la direction du personnel et du secrétariat, des expéditions des actes de l'état civil reçus dans toutes les communes de votre département et qui concernent les étrangers dont j'ai indiqué plus haut les nationalités.

Les expéditions classées par communes et par arrondissements seront accompagnées d'un bordereau en double exemplaire indiquant très exactement les noms des communes, ceux des parties et la nature de l'acte. Si aucun acte n'avait été reçu pendant le semestre, il y aurait lieu néanmoins de me transmettre un double bordereau négatif. Autant que possible, vous ne ferez parvenir qu'un envoi par semestre, mais, dans tous les cas, vous devrez toujours réunir dans un seul bordereau tous les individus appartenant à une même nationalité. Enfin, pour faciliter le travail de contrôle et éviter toute erreur, il y a lieu d'inscrire à l'encre rouge, au coin supérieur gauche de chaque acte, un numéro d'ordre correspondant à celui qui est porté dans la première colonne du bordereau.

Seule de toutes les conventions conclues avec les différents pays étrangers, celle qui a été signée avec la principauté de Monaco prévoit l'échange des actes de l'état civil à l'expiration de chaque trimestre. Cette différence de traitement a été la cause de fréquentes erreurs, aussi ai-je cru devoir prier mon collègue, M. le ministre des Affaires Etrangères, d'intervenir auprès du gouvernement princier pour obtenir que les envois des actes concernant les sujets monégasques soient effectués par semestre comme ceux qui s'appliquent aux autres étrangers. M. le ministre de Monaco à Paris ayant donné son assentiment à cette proposition, vous pourrez désormais adopter une règle uniforme pour toutes les nationalités et ne faire que des envois semestriels.

Vous voudrez bien porter ces instructions à la connaissance des maires de votre département par la voie du *Recueil des actes administratifs* de la préfecture. Ils ne devront pas perdre de vue que la convention conclue avec le gouvernement suédois reçoit son application à partir du 1er janvier dernier.

ANNEXE II

Circulaire de M. le Garde des Sceaux, en date du 31 décembre 1906, relative à l'application de la loi du 30 novembre 1906 concernant les extraits de naissance des enfants naturels et légitimes.

Monsieur le Procureur général,

Désireux d'affranchir les enfants naturels et légitimés des inconvénients graves que pouvait présenter pour eux la faculté accordée à toute personne de se procurer une copie de leur acte de naissance en vue d'en divulguer les énonciations, le législateur a décidé, par la loi du 30 novembre 1906, qu'il existerait désormais deux espèces d'extraits des registres de naissance.

D'une part, les « copies » intégrales ou expéditions littérales des actes inscrits aux registres, dans la forme où elles ont été délivrées jusqu'à ce jour, ont été maintenues. Pourront les obtenir, sans autorisation d'aucune sorte, et après simple justification de leur qualité, le Procureur de la République, l'enfant, ses ascendants et descendants en ligne directe, son conjoint, son tuteur ou son représentant légal, s'il est mineur ou en état d'incapacité. Tout autre personne qui désirera obtenir une de ces copies devra demander l'autorisation de se la faire délivrer au juge de paix du canton où l'acte a été dressé ; cette demande sera établie, soit sous forme de requête sur papier libre, soit simplement sous forme de lettre missive. Au cas où le pétitionnaire ne saurait ou ne pourrait signer, cette impossibilité serait constatée par le maire de son domicile ou le commissaire de police, qui attesterait en même temps que la demande est faite sur l'initiative de l'intéressé. Le magistrat appréciera, en ne perdant pas de vue les intentions du législateur qui a voulu faire des « copies » l'exception, si les motifs allégués ont une valeur suffisante pour justifier une dérogation au droit commun, et fera connaître par écrit sa décision motivée au pétitionnaire.

L'autorisation ou le refus de l'accorder ne devra entraîner aucun frais. La réponse du juge sera établie sur papier libre et remise au pétitionnaire, soit directement, soit par la poste, s'il a fait l'avance du coût de l'affranchissement, soit encore par l'intermédiaire des personnes avec lesquelles le juge de paix peut correspondre en franchise.

Au cas où le demandeur ne croirait pas devoir s'incliner devant un refus du magistrat cantonal, il porterait sa requête devant le président du tribunal civil qui statuerait par ordonnance de référé.

Le législateur, malgré la précision apparente de la formule dans laquelle il a traduit sa pensée, ne peut avoir voulu organiser une procédure contentieuse de référé, selon les prescriptions des articles 806 et suivants du Code de procédure civile; — le demandeur n'aurait en effet aucun contradicteur à attraire devant le président; le juge de paix, véritable juge du premier degré, ne saurait être assigné devant le juge supérieur; le maire n'est pas partie dans la difficulté et n'a jamais été appelé à prendre position vis-à-vis du requérant; il en est de même de la personne dont on demande l'acte de naissance; au surplus cette personne peut être décédée; et, enfin, si elle est vivante, on ne pourrait songer à la contraindre à répondre à une assignation qui, parfois, la convoquerait devant un juge (celui du lieu de l'acte) d'une localité située dans une région fort éloignée de celle où elle possède son domicile.

Il paraît bien alors que le législateur, quoiqu'il ait parlé d'une ordonnance de référé, n'a pas abandonné, en réglementant cette seconde phase de la procédure, l'idée qui l'avait dominé en instituant le recours au juge de paix par voie de simple requête ou de lettre missive, et qu'en parlant d'ordonnance de référé, il n'a entendu envisager cette procédure qu'au point de vue de l'urgence et pour mieux accentuer son idée d'aboutir par une voie très simplifiée à une prompte solution au moyen d'une ordonnance qui interviendrait dans les mêmes conditions de rapidité qu'une ordonnance de référé.

Dans ce cas alors, on est conduit à admettre que le président ne pourra être saisi que par la voie d'une simple requête, rédigée en la forme ordinaire sur papier timbré, présentée par un avoué, et appuyée de la décision de refus émanée du juge de paix, aussi bien que de tous les documents qui seraient de nature à justifier une décision contraire. C'est au bas de cette requête que le président devra rédiger son ordonnance d'admission ou de rejet; il ne semble pas que doive s'interpréter autrement la procédure instituée par le législateur.

Outre ces « copies » conformes aux registres, il pourra être délivré désormais des « extraits » d'actes qui devront mentionner, sans autres renseignements, « l'année, le jour, l'heure et le lieu de la naissance, le sexe de l'enfant, les prénoms qui lui ont été donnés, les noms, prénoms, domiciles et professions des père et mère tels qu'ils résultent des énonciations de l'acte de naissance ou des mentions contenues en marge de cet acte et reproduisant la mention prévue au dernier alinéa de l'article 76 du Code civil. »

Ces extraits, conformes au modèle ci-annexé, devront être délivrés à la réquisition de toute personne, sans qu'elle ait à justifier des motifs de sa demande.

MODÈLE D'EXTRAIT D'ACTE DE NAISSANCE

L'an...... le (indication du jour et du mois) est né à (indication du lieu) un enfant du sexe (masculin ou féminin) qui a reçu les prénoms de...... et dont le père est le sieur(nom, prénoms, profession et domicile du père), et la mère, la dame (nom, prénoms, profession et domicile de la mère).

Certifié le présent extrait conforme aux indications portées au registre, par nous...... maire et officier de l'état civil de la commune de......

MODÈLE D'AUTORISATION DÉLIVRÉE PAR LE JUGE DE PAIX

L'an......, le......

Nous, juge de paix du canton de......

Vu la loi du 30 novembre 1906 ;

Vu la requête qui nous a été présentée par le sieur...... demeurant à ...... lequel nous a exposé que (*énoncer les motifs invoqués à l'appui de la requête*), il désire obtenir une copie, conforme au registre, de l'acte de naissance de (*nom, prénoms, date et lieu de naissance*).

Considérant que les motifs invoqués sont (ou ne sont pas) suffisants, accordons (ou refusons) au sieur...... l'autorisation de se faire délivrer la copie susvisée.

A......, le......

(*Signature du juge de paix.*)

ANNEXE III

Enfants trouvés. Parents inconnus. Noms. Choix (Circulaire de M. le ministre de la Justice du 31 décembre 1905).

Monsieur le Procureur général,

M. le Directeur de l'Assistance publique m'a signalé que des officiers de l'état civil écrivent aux registres sous un vocable unique à forme de prénom les enfants trouvés ou nés de parents inconnus qui leur sont présentés.

Une telle pratique est de nature à causer à ces enfants un grave préjudice en révélant à toute occasion leur origine illégale. Elle n'est du reste pas conforme aux intentions du législateur qui, énumérant dans l'article 58, paragraphe 2 du Code civil, les mentions à insérer au procès-verbal dressé lors de la remise de l'enfant trouvé, à l'officier d'état civil, a prescrit que « des noms » lui seraient donnés.

Je vous prie d'appeler l'attention des officiers de l'état civil de votre ressort sur cette disposition qui doit être appliquée par raison d'analogie aussi bien aux enfants nés de parents inconnus qu'aux enfants trouvés, et de les inviter à attribuer désormais à tous ces enfants un ou plusieurs prénoms et un nom patronymique.

En ce qui concerne le choix de ce dernier, une circulaire du ministre de l'Intérieur, en date du 30 juin 1812, contient à l'adresse des maires des instructions fort judicieuses qu'il convient de rappeler. Vous recommanderez en conséquence aux officiers de l'état civil de ne jamais perdre de vue que les noms attribués par eux sont susceptibles d'être portés par plusieurs générations et qu'il convient de les choisir de telle sorte qu'ils ne puissent jamais être pour leurs titulaires une cause de difficultés, de déboires ou d'ennuis.

Ces noms ne devront donc ni évoquer l'origine de l'enfant, ni appartenir à une famille de la commune, ni pouvoir être confondus avec un prénom, ni attirer l'attention par leur bizarrerie, ni prêter au ridicule.

J'attache un intérêt particulier à ce que les prescriptions ci-dessus soient strictement suivies. Je vous prie de leur donner dans votre ressort toute la publicité nécessaire, d'inviter enfin vos substituts à s'assurer de leur observation et à vous en rendre compte lorsqu'ils procéderont à la vérification des registres de l'état civil.

ANNEXE IV

Circulaire de M. le Garde des Sceaux, en date du 12 juillet 1907, relative à l'application de la loi du 21 juin 1907, concernant le mariage.

Désireux de poursuivre et de compléter l'œuvre commencée par la loi du 21 juin 1896, le Parlement s'est efforcé, par la loi du 21 juin 1907, promulguée au *Journal officiel* du 25 du même mois, de rendre les mariages plus faciles, plus rapides, moins onéreux, en modifiant la majorité matrimoniale, en simplifiant les formalités à remplir par les futurs époux et en autorisant dans le lieu où l'habitation sera prolongée pendant un mois seulement la célébration du mariage.

Age et consentement. — Désormais, la majorité pour pouvoir contracter mariage, sans qu'un défaut de consentement des parents puisse faire échec à l'union projetée, se confondra avec la majorité fixée par l'article 488 du Code civil. Le législateur a pensé que celui qui peut accomplir tous les actes, même les plus graves de la vie civile, disposer librement de sa personne et de sa fortune, reconnaître un enfant naturel, devait pouvoir également contracter librement mariage. Au surplus, aucune raison n'a paru suffisamment déterminante pour maintenir entre les fils et les filles la différence d'âge établie par l'article 148 du Code civil pour la majorité matrimoniale.

Au-dessous de 21 ans rien n'est modifié au régime antérieur au point de vue des consentements à obtenir, sauf toutefois en ce qui concerne l'enfant naturel qui n'a pas été reconnu, ou qui, après l'avoir été, a perdu ses père et mère, ou dont le père et la mère ne peuvent manifester leur volonté : cet enfant ne pourra se marier avant sa majorité qu'après avoir obtenu, non plus le consentement d'un tuteur *ad hoc*, mais celui du conseil de famille (Art. 159).

Au-dessus de 21 ans, c'est le régime de la liberté. Il n'est pas absolu pourtant, car la loi a maintenu pour le majeur qui n'est pas assuré de pouvoir rapporter le consentement de ses parents à l'officier de l'état civil, le jour du mariage, l'obligation d'accomplir une formalité qui permettra aux père et mère, directement et personnellement informés du projet d'union, d'élever les objections qu'ils jugeront utiles, ou de former, s'il y a lieu, opposition au mariage suivant les règles posées aux articles 173 et suivants du Code civil. Jusqu'à l'âge de 30 ans (Art. 151, § 1), le fils ou la fille devra faire notifier l'union projetée à ses père et mère ou à celui des deux dont le consentement ne pourra être obtenu (Art. 251, § 2).

Cette formalité, qui remplace l'acte respectueux, consiste en une simple notification du projet de mariage faite par un notaire, instrumentant sans le secours d'un second notaire ou de témoins, afin de réduire les frais dans la plus large mesure possible. L'acte de notification qui sera visé pour timbre et enregistré gratis, devra énoncer les prénoms, noms, professions, domiciles et résidences des futurs époux, de leurs père et mère, ainsi que le lieu où sera célébré le mariage; il spécifiera que cette notification a pour but d'obtenir le consentement des parents mais qu'à défaut il sera passé outre à la célébration du mariage à l'expiration d'un délai de trente jours francs (Art. 154).

Bien que les travaux préparatoires ne contiennent sur ce point aucun éclaircissement, il semble bien que la résidence visée à l'article 154 nouveau soit, pour les futurs époux, la résidence quant au mariage, telle qu'elle est définie par l'article 74 nouveau du Code civil, c'est-à-dire la résidence établie par un mois au moins d'habitation continue, et pour les parents la résidence où ils habitent ordinairement en fait.

Dans quelle forme devra être faite la notification et devra-t-elle être accomplie quand les parents seront fixés à l'étranger?

Si la législation du pays étranger prévoit une formalité analogue à celle de l'article 154, aucune difficulté ne paraît devoir s'élever : la notification sera faite dans les formes prescrites par la loi du pays en vertu de la règle : *locus regit actum*. Dans le cas contraire, devra-t-on faire notifier le projet de mariage par l'autorité consulaire, alors que cette voie entraîne des retards inévitables en raison des diverses transmissions auxquelles il est nécessaire de recourir, et peut même être d'un emploi impossible, quand les parents ne demeurent pas au lieu de résidence du consul? Sera-t-il permis, en ce dernier cas, de passer outre et dispenser les époux de rapporter la preuve que les parents ont été personnellement informés du projet de mariage? Devra-t-on, au contraire, les inviter à employer tout autre moyen assurant cette notification, une lettre recommandée, par exemple, adressée aux parents par le notaire?

La présence d'un officier public lors de la notification ne paraît plus aussi indispensable que pour la remise de l'ancien acte respectueux, puisque le notaire n'est plus appelé à recueillir la réponse des parents. La formalité essentielle semble être d'informer effectivement ces derniers du projet de mariage et de fournir à l'officier de l'état civil la preuve qu'ils l'ont connu, et, lorsque les parents demeureront à l'étranger, la prescription de l'article 154 nouveau sera suffisamment observée par une notification par lettre recommandée avec avis de réception, adressée par le notaire qui fera mention dans l'acte qu'il dressera du mode de notification et du motif qui l'a contraint à en faire usage.

L'obligation de faire une notification n'est imposée aux futurs époux que jusqu'à l'âge de 30 ans, ils peuvent ensuite se marier sans notification ni consentement d'aucune sorte.

Quand les parents seront morts ou dans l'impossibilité de manifester leur volonté, aucune notification ne devra être faite aux aïeuls et aïeules, qui conservent cependant le droit de former opposition au mariage. Quand le père seul sera décédé, les aïeuls et aïeules jouiront également du droit d'opposition, concurremment avec la mère survivante (Art. 173).

L'article 155, §§ 1, 2, 3, continue de recevoir son application, mais la déclaration à serment des époux que le lieu du décès et celui du dernier domicile de leurs parents leur sont inconnus, ne devra plus être certifiée par le serment des témoins. Cette formalité a été supprimée comme inutile.

En ce qui concerne les enfants d'époux divorcés ou séparés de corps, la règle ancienne a été maintenue : s'il y a dissentiment entre les parents, le consentement de celui des deux époux au profit duquel le divorce ou la séparation aura été prononcé et qui, en outre, aura la garde de l'enfant, suffira (Art. 152, § 1). Mais, dorénavant, celui des époux qui ne réunira pas ces deux conditions et qui consentira au mariage pourra, lorsque son ex-conjoint opposera un refus, le citer devant le tribunal de première instance du domicile de la personne qui a la garde de l'enfant. Ce tribunal, siégeant en chambre de conseil, mais statuant en audience publique et en dernier ressort, décidera s'il y a lieu de passer outre à la résistance de l'époux non consentant et d'autoriser le mariage.

Il résulte des explications contenues dans le rapport fait à la Chambre des députés par M. R. Péret, qu'il est dans l'intention du législateur que cette faculté appartienne non seulement à l'époux qui a obtenu soit le divorce à son profit, soit la garde de l'enfant, mais encore à l'époux aux torts duquel le divorce a été prononcé et qui n'a pas obtenu la garde de l'enfant.

D'autre part, quand le divorce ou la séparation aura été prononcée aux torts réciproques des conjoints, ils devront être considérés comme l'ayant tous deux obtenu à leur profit : par suite, le consentement de celui qui aura la garde de l'enfant dispensera de recourir au tribunal.

Il est conforme au vœu du législateur que, pour l'instance susvisée, l'assistance judiciaire soit accordée dans la plus large mesure (Rapport suppl. de M. Catalogne au Sénat). Dans ces conditions, vous n'hésiterez pas, Monsieur le Procureur général, à déférer au bureau de la Cour les décisions de rejet du bureau d'assistance judiciaire de première instance, toutes les fois qu'elles ne seront pas incontestablement justifiées.

Publications. — Le régime des publications préalables au mariage a été l'objet de notables modifications.

Les publications orales à la porte de la mairie, tombées d'ailleurs en désuétude, et dont il était dressé acte, seront désormais remplacées par une seule publication effectuée par voie d'affiche apposée à la porte de la maison commune. C'est cette publication qui sera transcrite sur le registre actuel des publications.

L'affiche restera apposée pendant dix jours dont deux dimanches, et le mariage ne pourra être célébré avant le dixième jour, depuis et non compris celui où l'affiche a été matériellement apposée : ainsi une publication apposée le vendredi permettra de célébrer le mariage le lundi de la seconde semaine qui suivra et à n'importe quelle heure, sans se préoccuper de l'heure de l'affichage, le délai se comptant par jour et non par heure.

La publication énoncera les prénoms, noms, professions, domicile et résidence des futurs époux (Art. 63), ainsi que leur qualité de majeur ou de mineur, et les prénoms, noms, professions et domicile de leurs père et mère. Elle mentionnera, en outre, les jours, lieu et heure où elle a été faite.

Il semble que le législateur ait eu ici en vue, comme dans l'article 154, paragraphe 2, la résidence quant au mariage qui, aux termes de l'article 74 nouveau, s'établit par un mois au moins d'habitation continue.

La publication devra être effectuée à la municipalité du lieu où chacune des parties contractantes aura son domicile ou sa résidence (Art. 166); si le domicile ou la résidence n'ont pas été d'une durée continue de six mois (Art. 167), une autre publication devra être faite, en outre, au lieu du dernier domicile, et s'il n'y a pas de dernier domicile, au lieu de la dernière résidence. Si, enfin, cette dernière résidence n'a pas eu une durée de six mois ininterrompus, il sera encore nécessaire de faire une publication au lieu de la naissance. En d'autres termes, avant de procéder au mariage d'un batelier, d'un forain, en un mot d'une personne qui, menant une vie nomade, ne possède pas de domicile connu et ne peut s'astreindre à résider dans une même commune pendant les six mois consécutifs qui précèdent son mariage, l'officier de l'état civil devra exiger la preuve que des publications ont été faites : 1° au lieu de la résidence actuelle; 2° au lieu de la dernière résidence ; 3° au lieu de la naissance.

Pour les mineurs de 21 ans, il sera encore nécessaire de faire une publication à la municipalité du domicile de ceux sous la puissance desquels se trouvent les futurs époux (Art. 158).

Lieu de la célébration. — Sous le régime antérieur à la loi du 21 juin 1907, beaucoup de personnes, ne pouvant établir qu'elles possédaient un domicile ou une résidence continue de six mois, se trouvaient empêchées de contracter mariage, et ma chancellerie était fréquemment saisie des difficultés que faisait naître la stricte application de l'article 74 ancien du Code civil. Ces difficultés se trouveront désormais heureusement écartées; le mariage pourra être célébré, soit au lieu où l'un des conjoints aura son domicile légal, c'est-à-dire son principal établissement, soit au lieu où il aura habité pendant un mois au moins d'une façon continue à la date de la publication. Rien ne permet de restreindre les termes très larges de la loi, et le mariage serait possible si cette habitation présentait un caractère nettement temporaire, même s'il n'était pas douteux que le futur époux n'est venu habiter pendant un mois dans telle commune que dans le seul but de pouvoir s'y marier, et qu'il a l'intention d'abandonner cette résidence aussitôt après la célébration. Les dispositions de l'article 167 paraissent devoir être un obstacle suffisant à la clandestinité des mariages.

Il semble certain que l'officier de l'état civil ne pourrait exiger une habitation continue pendant les dix jours de l'affichage outre le mois qui précède la publication ; les termes de l'article 74 nouveau sont formels, en effet ; c'est à la date de la publication qu'il est nécessaire, pour le futur époux, de posséder une habitation d'un mois dans la commune; cette condition est, au point de vue de la résidence, suffisante, et il ne saurait y être arbitrairement ajouté.

Dispenses. — Le Procureur de la République dans l'arrondissement duquel sera célébré le mariage pourra dispenser non seulement de la publication, mais encore de tout délai. C'est là une importante extension du droit de dispense de la seconde publication que l'article 169 ancien avait conféré au chef de l'Etat. L'arrêté du 20 prairial an XII avait donné mission aux procureurs de la République d'accorder ces dispenses, à charge d'en informer le ministre de la Justice. Bien que l'article 169 nouveau ait désormais confié directement aux chefs des parquets de première instance le droit susvisé, ces magistrats devront néanmoins rendre compte à ma chancellerie des dispenses accordées. Ils ne devront d'ailleurs en user qu'avec beaucoup de prudence et dans les mêmes circonstances qu'autrefois : grossesse, mariage *in extremis*, embarquement précipité, etc., l'article nouveau ayant reproduit les termes : « causes graves » employés dans l'article ancien.

Pénalités. — Le législateur a estimé que les pénalités prévues aux articles 156 et 157 du Code civil étaient trop rigoureuses et il a supprimé l'emprisonnement, ne laissant subsister que l'amende. L'article 193 du Code pénal subsiste d'ailleurs entièrement.

ANNEXE V

Mariage des citoyens suisses en France (Note de la chancellerie, *Bull. off. min. justice*, 1905, p. 168).

M. le chargé d'affaires de Suisse à Paris a porté à la connaissance de M. le ministre des Affaires Etrangères les renseignements suivants qui devront guider les officiers de l'état civil français requis de procéder à des mariages de citoyens suisses.

L'article 54, paragraphe 4 de la constitution fédérale de la Confédération suisse du 29 mai 1874 décide que « sera reconnu comme valable dans toute Confédération le mariage conclu (dans un canton ou) à l'étranger conformément à la législation qui y est en vigueur. »

Il en résulte que le mariage contracté par un Suisse dans un État étranger est considéré comme valable en Suisse, s'il a été célébré conformément aux conditions de forme et de fond prescrites dans cet État étranger.

Cette exception aux règles généralement admises en matière de statut personnel est prévue par l'article 1er (*in fine*) de la Convention de la Haye du 12 juin 1902 (Décret du 17 juin 1904, *Journal off.* du 26 juin suivant) sur le mariage. « Le droit de contracter mariage est réglé par la loi nationale de chacun des futurs époux, *à moins qu'une disposition de cette loi ne se réfère expressément à une autre loi.* »

En conséquence, les Suisses qui désireront contracter mariage en France devront être en principe dispensés de la justification prévue à l'article 4 de la Convention précité :

« Les étrangers doivent, pour se marier, établir qu'ils remplissent les conditions nécessaires d'après la loi indiquée par l'article 1er (c'est-à-dire la loi nationale). Cette justification se fera soit par un certificat des agents diplomatiques ou consulaires autorisés par l'Etat dont les contractants sont les ressortissants, soit par tout autre mode de preuve, pourvu que les conventions internationales ou les autorités du pays de la célébration reconnaissent la justification comme suffisante. »

Leur mariage sera en ce cas soumis aux conditions de forme et de fond prévues par la loi française.

Ce droit reconnu aux Suisses par la loi fédérale ne

Art. 7. — Le procureur du Roi près le tribunal de première instance dans l'arrondissement duquel les impétrants se proposent de célébrer leur mariage peut dispenser, pour des causes graves, de la publication et de tout délai.

La même faculté est accordée aux chefs de mission et consuls de carrière de Belgique, ainsi qu'aux agents non rétribués du corps consulaire belge jusqu'au grade de vice-consul inclusivement, pour autant qu'ils ne résident pas au siège d'une légation ou d'un consulat de carrière, sauf à ceux-ci à rendre immédiatement compte à la légation ou au consulat de carrière dont ils relèvent des causes de la dispense ou du refus de l'accorder.

Art. 8. — Le mariage sera célébré publiquement devant l'officier de l'état civil de la commune et dans la commune où l'un des époux aura son domicile ou sa résidence à la date de la publication prévue par l'article 1er de la présente loi, et en cas de dispense de publication, à la date de la célébration.

Art. 9. — L'article 4 de la loi du 16 août 1887 apportant des modifications à quelques dispositions relatives au mariage est interprété de la manière suivante :

« En cas d'indigence, l'acte de consentement prescrit par l'article 73 du Code civil pourra être reçu par l'officier de l'état civil du domicile ou de la résidence de l'ascendant et par les autorités qui ont compétence pour recevoir cet acte, par les agents diplomatiques, les consuls et vice-consuls de Belgique. »

Art. 10. — Les articles 63, 64, 65, 74, 165, 166, 167, 168 et 169 du Code civil sont abrogés.

II. — Modifications apportées à la législation belge par la loi du 30 avril 1896 (Note insérée au *Bull. off. min. justice*, 1897, p. 30).

Cette loi est ainsi conçue :

Article premier. — L'article 148 du Code civil est remplacé par la disposition suivante :

« Le fils et la fille qui n'ont pas atteint l'âge de 21 ans accomplis ne peuvent contracter mariage sans le consentement de leurs père et mère; en cas de dissentiment, le consentement du père suffit.

« Ce dissentiment peut être constaté par acte notarié, par exploit d'huissier, par procès-verbal dressé par l'officier de l'état civil ou par lettre de refus adressée à ce dernier par la mère. »

Art. 2. — L'article 149 est ainsi remplacé :

« Si le père ou la mère est mort, si l'un des deux est dans l'impossibilité de manifester sa volonté ou s'il est absent, le consentement de l'autre suffit.

« Cette impossibilité peut être constatée par une déclaration faite par le futur époux dont l'ascendant est incapable et par quatre témoins majeurs de l'un ou de l'autre sexe dans les conditions déterminées par les deux derniers alinéas de l'article 155. »

Art. 3. — L'article 150 est ainsi remplacé :

« Si le père et la mère sonts morts, s'ils sont dans l'impossibilité de manifester leur volonté ou s'ils sont absents, les aïeuls et les aïeules les remplacent.

« S'il y a dissentiment entre l'aïeul et l'aïeule de la même ligne il suffit du consentement de l'aïeul.

« S'il y a dissentiment entre les deux lignes, ce partage emportera consentement.

« Le dissentiment peut être constaté dans ces deux cas comme il est dit à l'article 148. »

Art. 4. — Les articles 151, 152 et 153 du Code civil et l'article 3 de la loi du 16 août 1887 sont ainsi remplacés :

« Art. 151. — Les enfants légitimes qui ont atteint

la majorité fixée par l'article 148 sont tenus, avant de contracter mariage, de demander par un acte respectueux et formel le conseil de leur père et de leur mère à moins que ceux-ci ne soient dans l'impossibilité de manifester leur volonté.

« Cette impossibilité peut être constatée par une déclaration faite conformément à l'article 149.

« Art. 152. — A défaut de consentement sur un acte respectueux, il pourra être passé outre, un mois après, à la célébration du mariage.

« Toutefois, si le fils ou la fille ont pas atteint l'âge de 25 ans accomplis, le père, et à défaut du père, la mère, peuvent, dans les quinze jours de la notification, prendre leur recours contre ceux-ci.

« Ce recours est formé par assignation à jour fixe devant le tribunal civil de première instance du domicile ou de la résidence de l'enfant.

« Le délai de comparution est de huitaine; le jugement n'est pas susceptible d'opposition mais il peut être frappé d'appel dans la quinzaine du prononcé s'il est contradictoire, ou de la signification, s'il est par défaut; le délai de comparution devant la Cour est de huitaine.

« Le tribunal et la Cour instruisent la cause d'urgence et entendent le procureur du Roi ou le procureur général en chambre du conseil; ils statuent en séance publique. Le ministère des avoués n'est pas requis: les parties sont tenues de comparaître en personne; elles peuvent se faire assister d'un conseil.

« Si les motifs du refus sont reconnus fondés, le juge ordonne de surseoir à la célébration du mariage.

« Art. 153. — Le futur époux qui justifie de son indigence peut faire dresser l'acte respectueux par l'officier de l'état civil de son domicile ou de sa résidence. Cet acte doit être notifié dans la huitaine au père ou à la mère par l'officier de l'état civil du domicile ou de la résidence de ceux-ci ou par son délégué. A cet effet l'officier de l'état civil qui dresse l'acte respectueux doit, le cas échéant, en transmettre immédiatement une copie certifiée conforme à l'officier de l'état civil du domicile ou de la résidence du père ou de la mère.

« L'acte respectueux n'est pas exigé du futur époux indigent si le père ou la mère, dont le conseil doit être demandé, n'a pas de demeure en Belgique. Ce fait sera attesté sous serment par le futur époux dont l'ascendant n'a pas de demeure connue en Belgique et par quatre témoins majeurs de l'un ou de l'autre sexe.

« Cette attestation sera reçue par l'officier de l'état civil du domicile ou de la résidence de l'un des futurs époux ou de l'un des témoins. Elle pourra être faite simultanément par le futur époux et les témoins ou séparément par chacun d'eux.

« L'officier de l'état civil dressera procès-verbal de la prestation de serment et de l'affirmation tant du futur époux que des témoins.

« Copie de ce procès-verbal sera envoyée dans les trois jours au procureur du Roi. Le mariage ne pourra être célébré qu'un mois après la dernière attestation. »

Art. 5. — L'article 155 du Code civil est ainsi remplacé :

« Il n'est pas nécessaire de produire soit l'acte de décès du père ou de la mère, soit les actes de décès des père et mère, lorsque, dans le premier cas, la mère ou le père et, dans le second cas, les aïeul et aïeule attestent ces décès. Il doit être fait mention de ces attestations soit dans l'acte de consentement des père, mère ou aïeuls, soit dans l'acte de mariage.

« L'absence de l'ascendant dont le consentement ou le conseil est requis est constatée par la représentation du jugement qui aurait été rendu pour la déclarer ou, à défaut de ce jugement, de celui qui aurait ordonné l'enquête. S'il n'est point intervenu pareils jugements, il y est suppléé par une déclaration faite sous serment par le futur époux dont l'ascendant est absent et par quatre témoins majeurs de l'un ou de l'autre sexe. Cette déclaration atteste que la demeure de l'ascendant est inconnue et que, depuis plus de six mois, il n'a plus donné de ses nouvelles. Elle peut être faite au moment de la célébration du mariage devant l'officier de l'état civil qui en fera mention dans l'acte.

« Elle peut également être reçue avant cette célébration par l'officier de l'état civil du domicile ou de la résidence de l'un des futurs époux ou de l'un des témoins. Elle peut être faite simultanément par le futur époux et les témoins ou séparément par chacun d'eux. L'officier de l'état civil dresse procès-verbal de la prestation de serments et de l'affirmation tant du futur époux que des témoins. »

Art. 6. — L'article 155 *bis* est ajouté au Code civil :

« Les pouvoirs conférés aux officiers de l'état civil par les art. 148, 150, 153 et 155 sont exercés à l'étranger par les agents diplomatiques, consuls et vice-consuls de Belgique. »

Art. 7. — L'article 160 du Code civil est ainsi remplacé :

« S'il n'y a ni père, ni mère, ni aïeuls, ni aïeules, s'ils se trouvent dans l'impossibilité de manifester leur volonté ou si l'ascendant dont le consentement est requis est absent, les fils ou filles mineurs de 21 ans ne peuvent contracter mariage sans le consentement du conseil de famille. »

ANNEXE VII

Etat Civil. Gens de mer. Inscrits maritimes (Circulaire du ministre de l'Intérieur du 26 avril 1902).

Les Commissaires de l'Inscription maritime sont tenus d'apostiller sur les matricules les changements survenus dans l'état civil des gens de mer et de leurs familles. Mais il est nécessaire à la bonne exécution de ce service que les maires des communes du littoral prêtent leur concours à ces administrateurs et notifient, aussi régulièrement que possible, aux quartiers intéressés les mouvements survenus dans la population maritime, chaque fois qu'il est possible de connaître la qualité d'inscrit maritime des individus au nom desquels des actes de l'état civil sont établis.

Il est vrai que fréquemment, surtout dans les grandes contrées maritimes, cette qualité ne peut être constatée, et dans ce cas les municipalités se trouvent dans l'impossibilité absolue de signaler, de leur propre initiative, aux commissaires de l'Inscription maritime, les changements d'état civil concernant des marins appartenant à leur circonscription.

Afin de combler dans la mesure du possible les lacunes qui se produisent dans de semblables conditions, les administrateurs des quartiers transmettent périodiquement aux maires des états spéciaux, que ces derniers doivent leur renvoyer après les avoir complétés. Mais les autorités municipales omettent fréquemment de donner suite aux communications de l'espèce. Il semble donc nécessaire d'appeler leur attention sur l'intérêt qui s'attache, au point de vue du fonctionnement du Service de l'Inscription maritime, à ce que les notifications et transmissions précitées soient régulièrement effectuées.

J'ai l'honneur en conséquence de vous prier de donner aux maires des Communes du littoral des instructions pour qu'ils fournissent d'office aux commissaires de l'Inscription maritime les renseignements d'état civil concernant les gens de mer lorsque la qualité et le quartier d'inscription du marin en cause seront connus et d'autre part pour qu'ils renvoient régulièrement, après les avoir dûment complétés, les états qui leur sont transmis par les commissaires de l'Inscription maritime.

En vue de faciliter les investigations des agents de la marine, il y a lieu d'inviter les maires à autoriser ces agents à compulser les registres de l'état civil toutes les fois qu'ils le jugeront utile pour rechercher les actes concernant des inscrits maritimes.

TABLE ANALYTIQUE DES MATIÈRES

TABLE DES FORMULES

Pages

LA ROCHE-SUR-YON. — IMPRIMERIE CENTRALE DE L'OUEST

LA ROCHE-SUR-YON. — IMPRIMERIE CENTRALE DE L'OUEST

www.ingramcontent.com/pod-product-compliance
Ingram Content Group UK Ltd.
Pitfield, Milton Keynes, MK11 3LW, UK
UKHW012007240726
13965UKWH00001B/214

9 782012 939059